MINERVA
福祉ライブラリー
39

ジェンダーの生活経済論
持続可能な消費のために

伊藤セツ 編著

ミネルヴァ書房

目　次

第1章
生活経済論のパラダイム　　　　　　　　　　　　　伊藤セツ

1　生活経済論を学ぶということ ……………………………………… 2
　世紀の変わり目の生活経済論の特徴…2　生活経済論とは…3
　生活維持のための行為——生産と再生産・労働と消費をどう
　とらえるか…4　本書の特徴…5

2　1990年代の生活経済論を作った主な単行本 ……………………… 5
　『生活経済学入門』…6　『生活経済論』…8　『生活の経済学と
　福祉』『21世紀の生活経済と生活保障』…10　『家庭生活の経
　済——生活者の視点から経済を考える』…12　『現代生活経済
　論』…14

3　20世紀から21世紀への流れで生活経済をみる視点 …………… 15
　関心を共有しよう…15　私たちをとりまく経済的背景…17　い
　くつかのキーワード…18

第2章
家族とジェンダー　　　　　　　　　　　　　　　堀内かおる

1　家族とは何か ………………………………………………………… 22
　多様化する家族…22　家族をとらえる視点としてのジェン
　ダー…23

2　家族の変容 …………………………………………………………… 24
　少子高齢社会の到来…24　世帯類型の特徴…24　結婚・離婚・
　未婚・非婚…24　女性と男性の生活設計とライフコース…26

3　個人の自己決定と家族 ……………………………………………… 28
　子どもにとっての家族・家族にとっての子ども…28　自己決

　　　　定と家族…29

　4　家族をめぐる女性問題・男性問題……………………………32
　　　　家事労働にみるジェンダー・バイアス…32　個人単位か世帯単位か──社会保障のあり方…35　夫婦別姓をめぐって…35　ドメスティック・バイオレンス…35

　5　21世紀の家族関係………………………………………………38
　　　　新しい家族のあり方を求めて…38　家族の「双系化」と「個人化」…38　男女共同参画社会の実現のために…40

第3章 消費と人間そしてジェンダー　　　　　伊藤セツ

　1　消費と人間………………………………………………………46
　　　　人間の消費と消費の公正・平等…46　消費と人間発達…46

　2　消費と消費者……………………………………………………47
　　　　二種類の消費と消費者…47　生産的消費（＝生産）と個人的消費…48　消費者は分類される…48　消費と階級・階層…49

　3　消費と女性………………………………………………………49
　　　　「消費と人間」から「消費と女性」へ…49　開発途上国の女性と消費…50　現在の日本での消費と女性…51

　4　消費とジェンダー………………………………………………52
　　　　二つの消費にジェンダー視点をあてはめる…52　文化研究としての消費とジェンダー…53　消費とジェンダーの諸側面…54　食とジェンダー…54　食とジェンダーをめぐるＦＡＯ等の国際的動向…55　「食の消費とジェンダー」を統計でとらえる試み…56

　5　消費のジェンダーリングからみえてくるもの………………59

第4章

変わる企業社会　日本の労働と収入　　　　　　斎藤悦子

1 企業社会の変化 …………………………………………………… 62
　　従来の日本的経営から新日本的経営へ…62　雇用の流動化…64
　　能力主義管理…64

2 働き方の変化と収入の関係 ……………………………………… 66
　　雇用の多様化と女性労働…67　賃金システムの変革…69　賃金
　　制度の実情…71

3 われわれの生活はどう変わるか ………………………………… 73
　　これからの働き方…74　働き方と労働時間の関係…76　労働者
　　の意識…77　共働きの増加…78

第5章

家計消費統計のジェンダー分析　　　　　　　　　斎藤悦子

1 家計消費統計にジェンダー分析が必要なのはなぜか ………… 84
　　家計消費統計の沿革…84　ジェンダー分析とは何か…85　ジェ
　　ンダー分析が明らかにしたこと…86

2 単身世帯家計のジェンダー分析 ………………………………… 87
　　男女別年齢階級別1世帯当たり1か月の収入…89　男女別年
　　齢階級別1世帯当たり1か月の支出…90　男女別年齢階級別
　　1世帯当たり貯蓄・負債の現在高…93　ジェンダー分析から
　　得られた女性と男性の経済的、社会的状況…94

3 夫婦共働き世帯の家計のジェンダー分析 ……………………… 95
　　夫妻の勤め先収入の現状…95　妻の就業形態別にみた家計収
　　支…96

4 母子世帯の家計収支 ……………………………………………… 98
　　母子世帯の収入…98　母子世帯の支出…99

5 ジェンダー分析を行って――政府統計の改善点 …………………… 100
   ジェンダー統計の果たす役割…100　家計収支統計ユーザーと
   しての提言…101

第6章
生活手段とサービスの体系の変遷
松葉口玲子

 1 「消費者物価指数」の採用品目からみる
   日本の消費生活様式の変化と特徴 ………………………………… 106
   地球環境問題と消費生活様式…106　1980年代までの変化…107
   1990年代の変化と特徴…110　1990年代の変化と特徴にある背
   景…111

 2 採用品目のウエイトの推移からみる生活様式の変遷 …………… 113
   輸入関連品目のウエイトの変遷…113　「消費者物価指数」採
   用品目中分類のウエイトの変遷…114　特殊分類のウエイトの
   変遷――商品とサービス…117　公共料金品目のウエイトの変
   遷…117

 3 現代消費生活の課題と求められる消費者教育・家庭科教育 …… 118
   今後の生活手段体系把握に向けて…118　新しい生活様式の創
   造と消費者教育・家庭科教育の意義…121

第7章
生活経済とアンペイドワーク
伊藤セツ

 1 生活経済と労働 ………………………………………………………… 126
   アンペイドワーク…126　人間と労働…126　地球上の人間労働
   の種類…127　報酬のある労働とない労働…128

 2 アンペイドワークがなぜ生活経済と関連するか …………………… 129
   アンペイドワーク評価の国際的取り組み…129　無報酬労働を
   サテライト勘定へ…130

3 グローバルな視点から見た
　無報酬労働の種類・範囲・分布とジェンダー……………131
　　無報酬労働評価の取り組み…131　労働する主体からの労働の
　　分類…131　アンペイドワークはジェンダーの問題…131

4 無報酬労働の認識と量的測定のこれまでの蓄積と生活経済……132
　　ドイツ連邦統計局による計算…132　国連人間開発報告『ジェ
　　ンダーと人間開発』…134　経済企画庁による日本の「無償労
　　働」の計測…134

5 無報酬労働測定目的と家政学・生活経営学の貢献………………136
　　統計のユーザーとしての貢献…136　総務庁統計局「生活時間
　　基礎調査」の実施…138　ヨーロッパ寄りかつ縦割り行政の是
　　正への発言…138

6 生活経営学の調査からの発信……………………………………139

第8章
生活時間とアンペイドワークの評価　　大竹美登利

1 アンペイドワーク評価への期待………………………………144
　　持続可能な生計の確保と女性の労働分担…144　女性の経済活
　　動におけるアンペイドワークの位置づけ…145

2 時間分類からみたアンペイドワークの枠組み………………146
　　労働時間量の把握…146　SNA活動…146　非SNA活動とサ
　　テライト勘定…148　過小評価される労働…149

3 男女の労働投入量と受取額の不均衡…………………………150
　　ペイドワークとアンペイドワークの配分…150　男女のペイド
　　ワークとアンペイドワークの配分…151　日本の男女の労働投
　　入量…152　女性の受取額…153　年齢別，労働投入量と受取額
　　の男女の配分…155

4 アンペイドワークの評価の方法と実際………………………156
　　諸外国のアンペイドワークの金銭評価…156　日本におけるア
　　ンペイドワークの金銭評価…157　アンペイドワークの評価方

法の課題…159

5　男女の労働と所得の不均衡の解消に向けて……………………161
労働と所得の不均衡…161　1日6時間のペイドワークと3時間のアンペイドワーク…161

第9章
国際的にみた貧困と消費
天野晴子

1　世界的な貧困と消費………………………………………166
国際的な視点の必要性…166　貧困への注目…166　不平等と不均衡…175

2　貧困と開発……………………………………………………175
消費と人間開発…175　人間開発の達成度…176　人間貧困と生存権の剥奪状況…178　貧困の女性化…178　ジェンダー平等の達成度…180

3　世界の中の日本……………………………………………181
日本の数値…181　指標化のもつ意味と限界…184

4　国際比較と統計……………………………………………185
国際比較統計の利用…185　生活経済と国際比較…185

第10章
持続可能な消費・生活様式へ
松葉口玲子

1　持続可能な消費・生活様式とは何か………………………190
消費生活と環境問題…190　持続可能な消費・生活様式に関する国際的動向…191　消費形態の変更と価値観の変更…193

2　生活を問い直す環境配慮型消費者行動……………………194
消費行動から生活を組み替える…194　環境家計簿…195　環境配慮型消費者行動の課題…196　環境配慮型消費者行動（環境・消費）とジェンダー…198

3 持続可能な社会にむけて——持続可能な未来のための教育 ……*200*
　　国際的に制度化された環境教育…*200*　新しい流れ——持続可能な社会のための教育への転換…*202*　学校教育における可能性——家庭科と総合的学習…*202*　非営利（市民）セクターの可能性…*203*　新たな価値観／生活様式の創造…*205*

あとがき……………………………………………………………………*211*
さくいん……………………………………………………………………*213*
世界の独立国（地図）

第1章
生活経済論のパラダイム

1 生活経済論を学ぶということ

世紀の変わり目の生活経済論の特徴

　この本を開いているあなたは，何学部の学生さん，あるいは，どういう読者の方だろうか。学生さんなら，経済学，生活科学（家政学），家庭科教育，社会福祉，社会学などを学んでいるかもしれない。学生さんは単位取得のために，教師から指定されて，一般の読者なら何かの興味からこのページを開いていると思う。

　生活経済論というような科目は，これまで主に家政学部におかれ，家庭経済学という名称で学ばれてきた。家庭経済学というと「家計簿を勉強するのですか」と質問されることがしばしばある。1990年代後半には，教育改革の一環として，日本の家政学部の改革が進み，学部の名称は生活科学部や生活環境学部と変っていった。そこでは，「家政」という用語は「生活」に置き換えられ，新入生に講義のガイダンスの時「ここの前身は家政学でした」といっても「そうかなあ」という顔をされることも珍しくはなくなった。

　本書の編者は，1970～80年代にすでに生活問題や家庭経済の研究や講義をしていた。その蓄積や経験をもとに，『家庭経済学』（伊藤　1990）という本を出版したが，その本は，題にしては珍しく，「経済学叢書」というシリーズの中に入っていた。つまり名前は家政学的だが内容は経済学的だったのである。1990年代の国際的・国内的情勢の変化を反映した社会科学のパラダイム転換(1)や，先にも触れた大学の学部改革は，家政学ばかりでなく，経済学の世界にも及んだ。生活が次第に社会化していく影響を受けて(2)，家庭生活（家政）とそれをとりまく社会の相互作用がこれまで以上に密接なものとなった反面，経済学は経

---

(1) **パラダイム転換**　ここでは理論的枠組程度の意味。もともと科学の発展の中で，ある領域で優位を占めた既存の理論的枠組が通用しない事態に遭遇すると，複数の理論的枠組が乱立し，そのうち最も有効に機能する新しい理論的枠組みに取って変わる（これをパラダイム転換という）というトーマス・クーン (1971) の説から流布した用語。現在は生活経済論も枠組乱立の時代といえる。

(2) **生活の社会化**　①個々ばらばらに私的に営まれていた生活の機能が，社会との関係で共同で営まれるようになること。②個別の家庭の内部で営まれていた生活の機能が社会的なものにとって変わられること。

済のサービス化[3]によって，より家庭生活の場に近い対象や福祉問題とも取り組まなければならなくなり，さらに，経済環境と自然環境との密接な繋がりにも目を向けなければならなくなった。ここに及んで，経済学部から生活環境学部が別れたりして，従来の家政学と経済学が名称においても類似してきたのは偶然ではない。

また，経済学に限らず，社会科学の扱う対象が，自然科学とは純粋に区分されがたくなり，生活問題，住宅問題，環境問題，に典型的に見られるように，生活現象自体が社会科学・自然科学・人文科学の複合領域にまたがり，学際的協力がなければ何一つ問題の実態把握も解決もできないという認識が強まっていった。このような時代には，従来のように例えば「経済学と家政学は関係のない領域だ」とお互いに言い合うことはできなくなったのである。

そうした中でいくつかの経済学系の大学は，経済学のカリキュラムの中に生活経済学のような科目を置くようになり，従来の経済学者や農業経済学者が生活経済という領域とも取り組むようになるし，家政学の側も家庭経済学（論）より生活経済学（論）という科目名を好むようになり，次第にこれらの区別はつけがたくなってきた。次節でみるように，体系・概念と関わってあえて「生活の経済」と「家庭の経済」を区別する立場の論者もいる（後述）が，私たちは，科目の呼称としては，当面その必要はないと考えている。1990年代の転換期を経た世紀の変わり目に，すべては流動的であり，また便宜的でもあり，ファジィであって，その時代認識の中では，定義すること自体に時代的制約という無理がかかるように思われるからである。例えば，「家政学という呼び名ではもはや魅力がない」あるいは，「教育学という呼び名を魅力あるものにしよう」という時代に，これらに代った科学の呼称に新しい定義を与えるということにそれほど重要な意味があるとは思われない。

生活経済論とは

そうはいっても，生活経済論って何だろう。先にも触れたとおり，家政学の別名は生活科学[4]と呼ばれることが多いが，経済学のなかの社会政策学，社会学

---

(3) **経済のサービス化** 有形の財貨の生産から，対人的無形のサービスの生産に，資本，労働が振り向けられていくことをいう。

のなかの生活構造論・生活調査論，社会福祉学の生活福祉論・貧困調査，工学系の都市計画論・生活行動論は，それぞれに関連領域の理論や手法を取り込んで，生活研究を行っている。従って，その意味ではこれまでと違って，それぞれの生活研究の独自性を強調する壁は崩れつつある。むしろ諸科学のもっとも得意とするところの相互補完によって生活研究は進められると考えるべきであろう。

　だから，生活経済論についても従来のように，関連領域とどう異なった枠組（パラダイム）を特徴とするかを説明する必要はない。生活経済論は，広い対象（経済法則の理論，経済学方法論，経済学説史その他経済学の各分野）を視野におさめた各種経済学の枠組を応用しながら，家政学も含む諸科学の生活研究一般の成果を組み合わせて，生活維持のための経済行為とそれを規定する法則を理解するための理論である。もろもろの生活関連科学が，それぞれに生活経済に接点を持ち，生活経済論はそれらの影響を受け，それらを吸収して発展していく。そのような，総合と融合の時代に，みなさんもこうして生活経済論に出会っている。

生活維持のための行為――生産と再生産・労働と消費をどうとらえるか

　人間はいうまでもなく自然の一部である。その人間が人間以外の自然と関わりをもって，人類の歴史を築いてきたが，その間，人類は自然に働きかけ，自然を人間の内に取り込み，自然と人間の循環という行為の中で自然を消費し，廃棄物を出したり，自然を破壊したりしてきた。自然は時として，人間の力の及ばぬ猛威をふるい，人間の生命を大量に奪うが，人間以外の自然から見れば，人間は，少なくとも地球上では，唯一合目的（目的をもっていること）的で，自己中心的な存在＝生物である。

　人間が生命を維持するための営みは，人間と自然との循環によって行われるが，この循環の行為が人間の労働である。人間は，自然に働きかける肉体的・知的能力を他の動物と区別して発達させた。その能力を労働力という。労働力

---

(4) **生活科学**　もとの家政学の現代的呼称であり，「人と人，人と環境の相互作用を研究する学問」である家政学の定義と同じである。ついでながら，ＡＥＲＡの別冊『生活科学を学ぶ』（朝日新聞社　1998）は，「家政学を学ぶ」を現代風にいい表わしたものと考えてよい。

は人間としてのさまざまな活動をするが,そのもっとも中心的な活動は,人間が生命を維持し,人間そのものを発展させ,増殖させるために欠くことのできない財貨やサービスを生産する活動・労働である。この活動を,総じて生産と再生産の労働という。生産といっても財貨だけではなくサービスも含み,再生産といっても生殖という狭い意味ではなく,人間の肉体的・精神的能力の総体としての労働力の再生産のことである。

　生産労働は,一人あるいは少数の自営で行う場合も,雇用関係に入って組織された職場で行う場合も,人間に喜びをもたらして発達させる側面をもつと同時に,人間に苦痛をもたらし,人間性を損なったり,肉体や精神を極端にまで疲労させ,労働力そのものを破壊する側面ももっている。そして,人間以外の自然に対しては,自然環境破壊という行為そのものとなる。

　人間労働力の再生産労働も,今では社会的な労働と私的な家庭内での労働(家事労働)との結びつきで行われているが,これも人間発達という側面と同時に人間破壊・環境破壊の両側面をもつことに変わりはない。

本書の特徴

　本書は1990年代の終わりから21世紀の生活経済を見据えるという性格のものである。1980年代には生活経済に関する学会・研究機関が多く創立された。それは,バブルの時代,企業の金あまりの時代と無関係ではないともいえる。この本は,そうした流れからは独立したものであり,帰属学会で言えば,戦前からの社会政策学会や戦後の日本家政学会のミックスした流れに沿っている。

　本書の執筆者は1990年代の日本の家族や生活の実態,生活環境をめぐる国際的動向,21世紀を目指す新しい地球環境の中での人間の消費に目配りして,学生の教育に若々しい感覚で当たっている者である。新しい問題意識でのテキストは,きっと多くの読者の現在進行形の感覚にぴったりとマッチするだろう。

2　1990年代の生活経済論を作った主な単行本

　1990年代は,ソ連・東欧の崩壊,東西対立の解消という世界史的情勢の激変の中で,従来の社会科学の枠組が訂正を迫られることとなった。こうした影響

は1990年代半ば頃から出版されたものから徐々に広がっていく。経済学一般に及ぼした影響が強いことはもちろんであるが，生活経済学という名称に代表される分野もその例外ではない。1990年代に入って，生活経済のテキストは多く出版されているが，本書の編者がかかわった『消費生活経済学』が1992年に出されてそれ以前の関連書はレビューしているので，ここでは，それ以降のものに限定して，生活関連学会レベルのもの3点，個人の単著2点をとりあげてみたい。本書の他に参考文献を読んでみたいという方たちへのガイダンスの意味で，それぞれの書の特徴を一言，エッセンスの引用，コメントを以下に記す。これらの本とあわせて生活経済への興味を深め，さらに本書の特徴を理解していただければ幸いである。

以下「本書」とは今皆さんが読んでいるこの本，「この書」とは，本章で取り上げている本のことをさす。

『生活経済学入門』
◉生活経済学会：原司郎・酒井泰弘編著『生活経済学入門』東洋経済新報社 1997年

生活経済学会は1985年，金融論関係の経済学者や家政学の家庭経済学領域の研究者によって創設された。その10周年を記念した論文集がこの書である。生活経済学会は，日本学術会議では，第3部経済政策研究連絡委員会に登録されている。この書のはしがきは，生活経済学の性格の一端を要領よく説明してくれている。

> 世紀の終末を迎えて，われわれは「生産者第一」の考え方から，「生活者中心」の考方へと価値の大転換を図らなければならないだろう。そのためには，こうした価値転換にふさわしい新しい学問を構築する必要がある。その学問こそ，「生活経済学」なのである。
>
> 生活経済学は，学際的な学問領域である。それを背後から支える大きな流れとして，家政学，厚生経済学，および社会政策学の3つが挙げられる。

---

(5) **日本学術会議** 1948年に創設された「学者の学会」ともいわれる総理府の管轄下にある機関である。日本の学術の動向に責任を持つ団体で，学問を7つの部門に分け，各部門に登録した学会から選出された210人の会員から成り立っている。

家政学の流れからは，家族の生活を守り，次代の生命を育てることの大切さが教えられる。厚生経済学の流れからは，ミクロ的にせよ，マクロ的にせよ，人間生活を多面的に改善するための施策の方針が明らかになる。そして，社会政策学からは，市場経済の不安定性をチェックし，人間らしい最低限の生活を守ることの必要性が示される。著者たちは，これら3つの流れを合流させることのよって，新しい生活経済学を構築し，体系化したいと強く願っている（原・酒井　1997, p. iii）。

　この書は，生活者中心に，家政学，厚生経済学[6]，社会政策学を合流させた生活経済学を特徴にしているが，これも一つの考え方である。私たち，本書の編者と執筆者も全員，家政学と社会政策学のどちらかあるいは両方と関わり合っている。この書は「家庭は消費と生産の共同体——家政学からのアプローチ」，「マーシャル[7]を現代に生かす——厚生経済学からのアプローチ」，「人間らしい生活を送る——社会政策学からのアプローチ」等，それぞれの専門分野の書き手によって三つの分野のアプローチを流れとしてとらえている（図1-1）。しかし，執筆者の一人ひとりがそれぞれ，いずれかの立場から生活経済学へアプローチしているのであって，総体として三つの分野を統合しているわけではない。

　私たち本書の執筆者の何人かは，日本家政学会と社会政策学会の両方の会員である。特に編者は，その組織文化も学問体系も異なるこの二つの学会を拠点として，一つの人格の中でこれら学問の相互関係を考え続けている。また執筆者の何人かは，日本家政学会と生活経済学会の両方に席を置いている。三つの学会にまたがっているものもいる。この書では，生活経済学は，厚生経済学を挟んで，家政学と社会政策学が図1-1のように位置づけられて対等に市民権を得ている。しかし，これらの流れは，生活経済の潮流を説明してはいても，

---

[6] **厚生経済学**（welfare economics）　資源配分の効率性と所得分配の後世に関する経済政策の基準を追求する経済学。ピグーの『厚生経済学』（1920）では，貨幣に結び付けられる限りでの満足を経済的厚生と呼び，個々人の効用の総和としての社会的厚生を最大化する方向を追求した。

[7] マーシャル（Marshall, Alfred：1842-1924）ケンブリッジ学派（ピグー，ケインズ等に受け継がれるケンブリッジ大学を中心とした実践的経済学）の創始者。イギリス経済の資本蓄積と貧困の増大という矛盾に対し，賃金引き上げや，生活水準向上に伴う労働能率向上等を求める実践的性格をもつ近代経済学の一派。主著『経済学原理』（1890）。

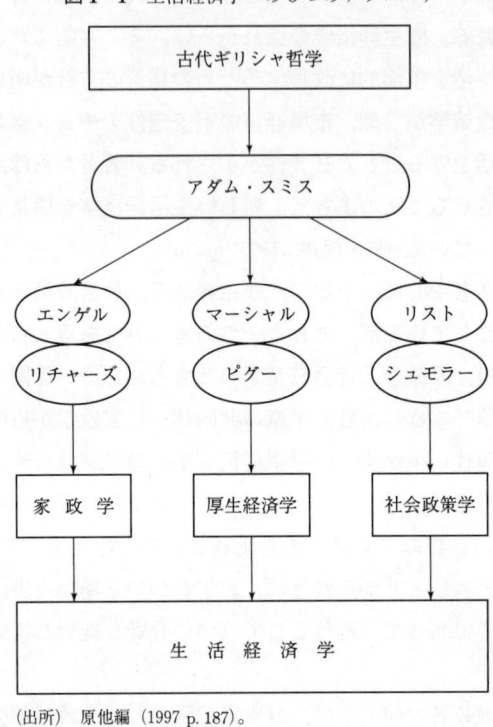

図1-1 生活経済学への3つのアプローチ

(出所) 原他編 (1997 p. 187)。

生活経済学の体系を示すことはできない。

『生活経済論』
◉日本生活学会：中川清・松村祥子編著『生活経済論』光生館 1993年
　日本生活学会は，1972年に創立された。今和次郎[8]による「生活学」の提唱から21年後である。「生活学は生活の研究批判の学である」と設立趣意書にある。同学会は1993年に『講座生活学』全8巻を出したが，その一冊に『生活経済論』がある。生活学会はもともと多分野の生活に関心ある研究者の学際的研究団体であるが，生活経済に関しても経済学，家政学だけではなく，社会学，人

---
(8) 今和次郎 (1888～1973)　建築学者，民家学研究者，風俗学者。

類学の視点からアプローチしているのが特徴である。序論によれば，この書は，生活経済論の「最前線への案内書」ではあるが，「生活経済論の体系的な解説書ではない」。しかし「現代における生活の変化を語るのに，最も鍛え上げられた方法と用語を持つ経済学の手法を使って，われわれの生活を振り返り，その方向を若干なりとも探ろうとする協同の試みである」と書かれている。確かにこの書は体系的とはいえないし，入門書でもない。しかし，個々の章のなかに，生活経済を考える重要な視点，1990年代の始めならではのトピックスがちりばめられている。それらをいくつかピックアップしてみよう。

1990年代の生活論の議論中に，「生活の単位」という問題があるが，社会政策学者でもある編者の中川清はこの書で次のようにいう。

　　　　生活が始められ，繰り返されるようになるためには，そのことを可能にする生活単位が，どのような形であれ機能しなければならず，その限りで生活を営む単位は，生命や生涯というレベルで生活を考える場合，現代においても極めて重要な意味をもつ。
　　　　生涯という形で大きく構えなくとも，生活の単位は実感できる。「行く」「帰る」という表現は，一日一日の生活の繰り返しにこそふさわしい。そこを出てゆき，そこへ帰るところ，働きに出た大人たちがやがて戻ってくるところ，外で遊びに興じていた子供たちも，夕方になるとそれぞれに帰ってくる，日々の生活行動の繰り返しの中で，無意識に戻り，帰ってゆくことが予定されてしまっている場所，それが，何人で成り立つところであれ，そこでの関係がどんなに空ろであれ，われわれは，そんな場所が確かにあるかのように日々の生活を送っている，それが生活の単位にほかならない。（中川・松村　1993, pp. 66-67）

生活の単位が世帯（家族あるいはカップル）か個人（あるいはシングル）かという二者択一的議論が多い中で，生活実態に根ざした地に足がついた説明といえよう。

また，家政学者の丸島令子は「エコロジーと生活経済」[9]を扱っているが，従来の家政学とエコロジーの関係を，生活経済との関連に限定して考察している。

---

(9) エコロジー（Ecology）　生態学。有機体と環境との間の諸関係の科学。

図1-2　エコノミー＝エコロジーの循環総体システム・モデル

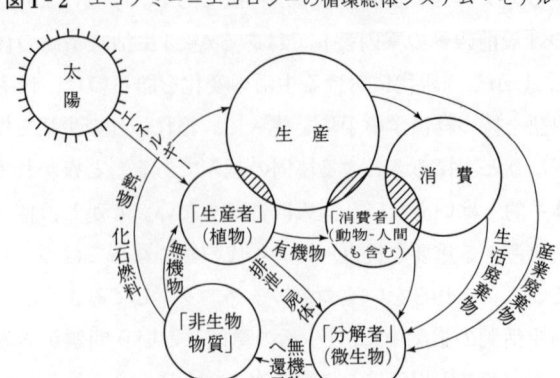

（出所）玉野井（1990 p.19）。

これは，本書が持続可能な消費と生活経済論を基底に置いていることと共通点を持つ。アメリカの家政学がヒューマンエコロジー[10]として方向付けられた歴史は古いが，その考え方が，生活学を媒介にして生活経済に改めて新しい位置付けを与えられる。またこの考えは「生命系の経済学」[11]にも連なる。

丸島が用いている「エコノミー＝エコロジーの循環総体システム・モデル」の図を載せているが，本書にも有効であるので，あえて再掲する（図1-2）。

『生活の経済学と福祉』『21世紀の生活経済と生活保障』

◉　（社）日本家政学会家庭経済学部会編『生活の経済学と福祉』建帛社　1993年，『21世紀の生活経済と生活保障——真の生活大国を目指して』建帛社　1997年

家庭経済学部会は日本家政学会の分科会として1986年に家政学者と経済学者によって創設された。この二つの書は，その5周年と10周年の記念出版である。前者は，高齢社会の経済的生活環境と生活福祉的問題が中心になっており，後者はその題のごとく家庭経済の立場からの生活大国をめざす生活保障論が全体

---

(10) ヒューマンエコロジー（Human ecology）人間生態学。家政学の別名でもある。

(11) 生命系の経済学　自然に端を発し，その物質循環から経済をとらえる考え方。ポール・エキンズ編著『生命系の経済学』（1987）など。

を貫くキーワードとなっている。この書でも，家庭経済や生活経済は多くの学問的背景や理論の混合によって成り立つものであり，体系はほとんど問題にされていない。体系ではなく何を取り上げているかの方に意味がある。後者の方では，家政的視点からの生活指標と生活大国，環境問題と生活保障，単身者への注目，少子化と生活保障，環境とリスクマネージメント[12]，持続的発展と生活福祉等，1990年代を特徴付ける課題が取り上げられている。この書で注目すべきは小川直樹の次の叙述である。

　　持続的発展という考え方は，単なる1人当たりの国内総生産（GDP）の持続的成長とは異なり，環境問題やアメニティ[14]を組み込んだ持続的発展のことである。これまでのわが国の経済成長は，まさに持続的成長に邁進し，その結果として家族領域で言うなら家庭機能をひどく外部化する方向に追い込み，脆弱化させ，生活全体に豊かさやゆとりを実感するに乏しいものにさせた。将来にわたって，安定した豊かな生活を構築していくためには，今こそ生活環境醸成型の持続的発展への道筋を真剣に考えなければならない。……そのために，生産・供給重視型から生活重視型へ，経済効率重視型から社会的公正重視型へと産業構造の転換，あるいは広く経済社会政策の転換を図る生活福祉の考え方に比重をかけていくべきである。……公的保障領域の機能としての生活福祉重視型の経済社会システムづくりが要求される。……留意すべきことは，GDPだけの持続的成長といった尺度や国の歳出抑制という視点だけで社会保障を考えることは，公的保障やサービス水準を切り下げて私的な負担を増やす可能性が目に見えて大きくなろう。そうした短絡的な発想で制度改革の論議をするとするならばそれは誤りであるということをまず確認しておきたい。そのうえで，持続的発展につながる生活福祉向上の要素を組み込んだ経済社会システムづくりと努力を重ねなければならない（小川　1997, pp. 241-244）。

この指摘は，本書の目指すところと類似している。持続的発展につながる生

---

(12) リスクマネージメント（risk management）　種々の組織において各種のリスクを管理すること。1995年の阪神・淡路大震災で，リスクマネージメントの重要性が家庭・個人のレベルで重視されるようになった。

(13) **持続的発展**　本書第10章191頁の注(2)を見よ。

(14) アメニティ（amenity）　快適環境。

活福祉向上のための生活経済論を本書は目指しているからである。

『家庭生活の経済――生活者の視点から経済を考える』
◉御船美智子著『家庭生活の経済――生活者の視点から経済を考える』放送大学教育振興会　1996年

　御船美智子のこの書は，放送大学教材として書かれているが，テキストとしての構成は，多数の執筆者によって成るものと異なって叙述に一貫性があり，かつ家庭を媒介とした「生活と経済のかかわり」の多岐の局面にわたって，独自の研究の成果を盛り込んだ柱だての網羅が見事である。この書では，「経済発展と生活の豊かさの乖離」の原因を追求しようとし，「生活の豊かさにつながる経済のあり方の」の模索のため，「経済」と「生活経済」を区別し，「家庭生活の経済」，「家庭経済」，「家計」を意図的に使い分けようとしている（御船1996, p. 4）。

　本書は，科目の呼称としては，これらの区別をしないという立場をすでに表明してはいるが，御船の考えは，生活経済論を学ぶものにとって，体系としての意味で考えさせられるところがあるので示しておきたい。まず御船が作成した図1-3を見て，その説明を，要所だけのピックアップではあるが引用しておく。

　　　家庭生活の経済的な側面が家庭経済であり，それは家庭生活にかかわる生活手段・対象とその調達・管理にかかわるすべてのことを意味する。家庭経済は貨幣量で表示されない家事や家庭内の自給的な生産も含んでいる。家庭経済の一部は，他の経済主体との取引を介するものであり，それが「家計」である。家計は対企業とのかかわりでは市場経済の中に組み込まれ，価格を介して消費や貯蓄や労働をする。対政府とのかかわりは，社会保障給付を受けたり納税するなど経済制度によって規定される。そこには医療給付や公共サービスなど貨幣を介さない現物的な給付があり，家計費に表れない部分も多い。家計費は，家計が，貨幣を介して他の経済主体と取引した結果を貨幣量で示したものである（御船　1996, p. 15）。

　　　家庭生活の経済は，単に家計，家事，家庭生活を取り巻く自然環境などを含むすべてという範囲を意味するのではなく，基礎に生活の経済の視点

図 1-3 家庭生活と家庭経済と家計と経済

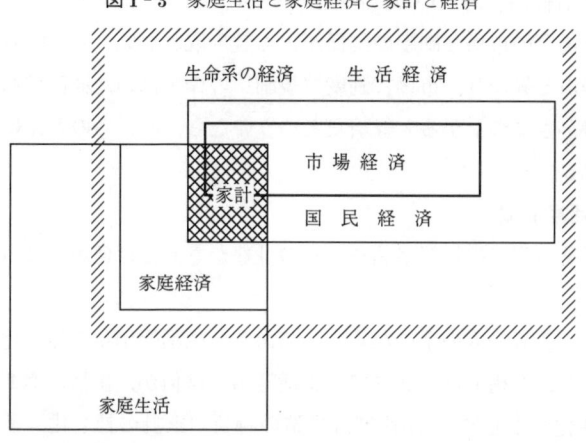

(出所) 御船 (1996 p. 15)。

をもつものである。ここで生活の経済とは生活を成立させる視点，生命を存在として大切にする視点で経済を体系的にとらえることを強調する概念として用いている。現代社会における経済問題を解決するには，制度として生活の経済を推し進めていくことが重要である (同, p. 236)。

生活の経済は，家庭だけでなく全体の経済を，生活・生命の視点で再統合する概念である。こうした生活の経済の試みは，すでに「生命系の経済」「循環の経済」という形で展開されつつある (同)。

生活の経済は，豊かな生活を実現するために有効となるであろう経済システム・制度であるから，豊かな生活をバックアップするものであり，それと同時に，豊かな生活そのもので，経済と生活が不可分となる (同, p. 245)。

御船の『家庭生活の経済』には，1990年代に市民権を得た，新しい経済学 (環境経済学[15]や文化経済学[16]等) の理論の影響と摂取によって，壮大な構図が描かれる。

図 1-3 中の「市場経済」の歴史性や国民経済との位置関係，文中の「制度

---

[15] **環境経済学**　一般に環境問題を経済学的に体系化しようとする学問。

[16] **文化経済学**　文化の享受能力を，育成されつつある消費者の需要と創造能力として重視する経済学。

としての生活経済」あるいは,「生活の経済」は「経済システム・制度」である,という場合の市場と制度の関係がよく読み取れない。「生活の経済」は,市場万能の経済と異なり,市場に制度（規制）の枠をはめた経済であり,それが「生活の豊かさにつながる」経済だというのなら,私たちの考えに共通する。

『現代生活経済論』

◉馬場康彦著『現代生活経済論——真の「豊かさ」とは何か』ミネルヴァ書房 1997年

　この書も,著者一人の手になるものであり,生活経済学の体系化を目指している。しかし,章構成は,5つで,生活経済とは何か,生活の標準化（耐久消費財の標準化を中心に）,現代家計構造の特質（家計の社会化,多就業化,金融化）,現代高齢者家計の特質（介護費用）,現代消費構造の国際比較（日米,日韓）と比較的シンプルである。

　馬場は,大河内一男・篭山京の『家庭経済学』(1960) を歴史的名著,古典と評価する。そして,大河内らの特徴である「労働力再生産過程」(17)という枠組みは,「一度取り払って」「現代の消費過程を別の枠組みから捉え直す作業」をすることをこの書の課題とする（馬場　1997, p.2-3)。しかし,「労働力の再生産」という概念は,『家庭経済学』改訂版 (1970) および大河内の絶筆とも見られる1984年第2版で,大河内・篭山自らがすでに葬り去っている。本書の編者,伊藤は,それにもかかわらず,広義の「労働力再生産」こそが,生活経済の機能であるとの立場を現在も捨ててはいない（伊藤　1990）。

　馬場は,生活の「現代生活への分岐点」を1974年におき,この年を,次の6つの理由から,生活経済にとっての分岐＝画期とし,次の6点において「現代」の出発点としている。

　　　第一に,高度経済成長が1970年に終了し,1973年のオイルショックによって1974年から本格的に低成長期に突入した。

---

(17) **労働力再生産過程**　労働力とは広義には人間の肉体的・精神的能力の総体。大河内・篭山理論では,労働力商品（労働力が労働市場で商品になること）を前提にしている。その再生産とは,生産・営業過程で賃労働をすることによって消費する労働力を,生活手段やサービスを消費することによってエネルギーを補強し,労働者個人と次代の労働力を産み出すことであり,生活の場でのそのプロセスをさす。

第二に，勤労者世帯の収入階級間格差が60年代の高度成長期には縮小し続け，1973年で最小値を記録している。それが1974年で反転して格差の拡大が始まり，現時点でも拡大し続けている。
　第三に，カラーテレビ等の主要な耐久消費財の世帯内での編成・配備が一通り完了した。
　第四に，耐久消費財の保有数量に関する収入階級格差が1974年まで縮小し続け1974年で最小になり，それ以降は格差が拡大傾向になっている。
　第五に，銀行の第二次オンライン化による他行とのネットワークが本格的に確立したのが1974年である。これによって給与の自動振込みシステムが急速に一般化し，同時に公共料金をはじめとする諸費用の自動引き落としシステムも急速に普及した。
　第六に，女子の雇用者総数1139万人のうち有配偶者の比率が1975年に50.4％に達し，初めて5割を越えた（馬場　1997）。
　そして，馬場はこのうち，特に，第二，第三，第五が生活経済にとっては重要な意味をもつという。「労働力再生産」枠組とは別の視点での馬場の生活経済論の展開は実証性の点で興味深い。馬場の研究は，（財）家計経済研究所のプロジェクトチームの一員としての成果に多くを負っているが，この研究所が90年代に生活経済研究に果たした役割も大きい。

3　20世紀から21世紀への流れで生活経済をみる視点

関心を共有しよう

　以上，1990年代後半に出された生活経済関係の書を，参考文献として紹介した。これらは，執筆者のよって立つ理論的背景も，関心の深い分野も異なっていた。しかし，今のような時代は，各種の理論や立場の共存を認め合い，各説から示唆されて補完的に生活経済を理解するという試みも必要だと思う。本書の編者が，生活経済関連の書『消費生活経済学』を友人といっしょに出したのは，1992年であったが，その頃からポスト冷戦期，「相対化の時代」と呼ばれる時代に入った（坂本　1997）。しかし，異なる理論体系や立場の共存の認め合いは，それ自体が目的なのではない。人類の新しい歴史の段階で，科学はどの

ように発展していくのか，科学史はどのように書かれるのかは今のところ安易に予測することはできない。ただ各種の理論，立場の共存を認めるためには，それらの理論や立場を理解するということが前提であり，ますます多くを学ばなければならないということになる。それに，生活経済論では，少なくとも多数の人々への公正さ，貧困の撲滅，生活の質の向上，という共通の目標がなければならない。

　本書の著者たちも，背景となる理論も，関心の領域も異なるが，ひとつの共通点は，（社）日本家政学会の生活経営学部会に所属しているということである。生活経営部会は，元家庭経営学部会と呼んで，家庭生活に関わる社会科学的側面を広くとりあつかっていたが，1970年の終わりに家族関係部会が分離発足し，1980年代の後半には家庭経済部会が分離した。1990年代は，生活経営学部会は，その関心を，家族関係や家庭経済に専門分化させず，生活そのものがそうであるように，トータルな視点を重んじ，生活を営む主体が，個人としても，家庭生活においても，生活の社会化に直面しても，常に現実の生活を規定する法則を把握し，現象を客観化・相対化して，主体的に，生活を選び取る力量を身につけることを目指していた。1990年代，生活経営学部会は，関心を，トータルな生活様式，個と共同体，開発と環境，家族とジェンダー[18]，アンペイドワーク[19]とジェンダー統計[20]，少子高齢化と社会福祉，生活の質と生活条件や福祉の国際比較，自己決定権と生活の共同へと移し，広げていった。本書の著者たちの関心もこうした流れの中で形成されている。

　生活経済論としては，私たちの体系を示すべきかもしれないが，本書の構成は体系をなしてはいない。上記，1990年代の生活経営学部会の関心の広がりの中に身を置いて，私たちが最も関心をもっているポイントを生活経済論として構成したものである。また執筆者は，それぞれに経験の長短に相違はあるが，皆短大・大学・大学院というさまざまなレベルの高等教育で教育に携わっている。そして，今の学生の興味を私たちのそれと共有し，できるだけ目線を近づ

---

[18] ジェンダー　第2章23頁注(3)を見よ。
[19] アンペイドワーク　第7章126頁本文を見よ。
[20] ジェンダー統計　統計の作成にあたって，単に男女区分があるというだけでなく，問題のある男女の状況把握や関係改善に連動することを認識して作成された統計数値および統計図表。

けて語りあいたいと思っている。20世紀から21世紀への流れで生活経済をみる視点で皆さんと共有したいキーワードは,「持続可能な消費」と「ジェンダー」である。これらは本書の後の章でじっくり展開される。

私たちをとりまく経済的背景

不況・リストラ・就職難と市場経済(21)・規制緩和(22)・競争は深い関係にある。1990年代,計画経済(23)の崩壊あるいは失敗が明らかになって,1990年代半ばまで,市場経済はその生命力を期待されたかのように見える。しかし,1990年代後半にアジアの新興経済諸国(NIEs(24))に始まり,市場経済へ転換したロシア,中南米諸国への経済危機の波及は,市場メカニズムの不安定性・非合理性を思い知らされる結果となった。規制緩和は市場経済を活性化させるという大義名分で,生活の隅々にまで影響を与えているが,その結果引き起こされるメガ・コンペティション(25)は,人間労働力,人間の生活を破壊する。

発達した資本主義国の経済的困難は,もともと1970年代から市場への介入や規制を廃する新自由主義(26)(新保守主義に同じ)政策をとってはいたが,1990年代にいたって,論点は「市場の不安定化がもたらすリスクを社会的にシェアする仕組みをいかにして作り出すのか」(金子 1999)に注目が集まった。これが,今わたしたちの生活をとりまいている経済的背景である。

このような経済に囲まれていると,人は新自由主義的人間像(27)を知らず知らず

---

(21) **市場経済** 資本主義経済のもとで生産手段の私的所有と社会的分業を基盤として商品生産・販売を自由競争で行う経済。

(22) **規制緩和** 政府による経済的規制(特定産業への参入資格や設備基準,生産量や価格基準を定める)と社会的規制(消費者や労働者の安全や健康の維持,環境の保護,災害の防止について基準を定める)は,民間の活力を抑制するとしてその規制を緩和すること。後述,新保守主義=新自由主義の考え方。

(23) **計画経済** 社会主義経済において,生産手段を社会化し,社会的生産力を計画的,効率的に管理・運用し,資源や生産手段を計画的に分配・生産しようとした経済。

(24) **NIEs** (Newly Industrializing Economies) 新興工業経済地域。アジアNIEsとは,まず1980年代に経済成長をとげた台湾,香港,韓国,シンガポールと,その後を追ったインドネシア,マレーシア,フィリピン,タイ,中国を指すが,1990年代後半多くの地域が経済危機にみまわれた。

(25) **メガ・コンペティション** (mega-competition) 大競争,1990年代,資本主義国に,旧社会主義,アジアNIEsも参加して展開される国際経済の競争状況。

(26) **新自由主義** 計画経済や,福祉国家,自由放任政策を廃したケインズ主義的政策に反対して,市場競争による価格の自由な動きに信頼をおく近代経済学の一流派。新保守主義に同じ。フリードマンに代表される。

のうちにモデルとしてインプットされる。私たちの多くは市場の不安定に対して規制も何もないままで，競争社会を身をさらして生き延びる策を身につけるということは不可能である。たとえ運良く策をみにつけたとしても，経済法則は容赦なく個人の長い人生のどの時期かに強い影響を及ぼす。こうした中で，いじめ，差別的偏見，自己中心主義や，過保護，放任が発生し，不安定就労，失業，過労死，ホームレス，病的ストレスが蔓延し，病的暴力行為，犯罪，病気，自殺，等人生の自己破産ともいうべき状況が起こる。

現代生活経済論は，実は，人がこのような状況におかれている経済的背景にも迫り，生活主体が地球規模での貧困の撲滅に挑戦し，どう生活の安定と福祉を実現する社会システムを作り出すかという課題ととりくむものである。

いくつかのキーワード

1990年代後半の生活経済論では，かなりが，持続可能な環境のなかでの人間の生活と，消費者の責任に論及していた。このことは，従来の生活経済論にはみられなかった大きな特徴である。本書も消費の理論や生活手段の体系，生活様式の扱いにおいて持続可能な環境と生活をかなり中心的に念頭においている。

1998年の国連開発計画報告（本書第9章で詳論）は『消費パターンと人間開発』であり，持続可能な消費パターンと貧困の緩和が，行動のためのアジェンダ（議題）とされている。

生活経済は，生活の単位から出発する。単位は多様である。多様性の承認と多様な形態との共存も現代の重要な条件であるが，単位が家族を形成し，複数の人間から成るとき，セックス，セクシュアリティ，ジェンダーの問題が発生する（これは第2章で展開される）。

現代の生活経済論はジェンダー課題をさけて通ることはできない。しかし，先にとりあげたいくつかの1990年代の生活経済論が，ジェンダー視点はあっても，生活の単位の中に明確に位置付けているものはみられなかった。本書は，「ジェンダーの生活経済論」と名付けたように，家族や消費，家計，ペイドワークとアンペイドワークでジェンダーにはこだわっている。

---

(27) **新自由主義的人間像**　個人が自己責任で競争に打ち勝つことによる成功を至上のものとして，連帯や共同を軽視する考え方で生きようとする人びと。

さらに，生活経済に生活福祉(28)という視点を入れようとしている。家族，消費，収入と支出，労働，生活条件や生活様式で，生活福祉と関わらない問題はない。

その意味で本書は，持続可能性・ジェンダー視点を取り入れた消費と生活福祉をめざす生活経済論なのである。

引用文献

馬場康彦（1997）『現代生活経済論―真の「豊かさ」とは何か』ミネルヴァ書房

伊藤セツ（1990）『家庭経済学』有斐閣

伊藤セツ他（1992）『消費生活経済学』光生館

金子勝（1999）『反経済学―市場主義的リベラリズムの限界』新書館

クーン，トーマス／中山茂訳（1971）『科学革命の構造』みすず書房

御船美智子（1996）『家庭生活の経済―生活者の視点から経済を考える』放送大学教育振興会

（社）日本家政学会家庭経済学部会編（1993）『生活の経済学と福祉』建帛社

（社）日本家政学会家庭経済学部会編（1997）『21世紀の生活経済と生活保障―真の生活大国を目指して』建帛社

日本生活学会：中川清・松村祥子編著（1993）『生活経済論』光生館

小川直樹（1997）「生活保障としての公的保障と私的保障」（社）日本家政学会家庭経済学部会編『21世紀の生活経済と生活保障』建帛社

坂本義和（1997）『相対化の時代』岩波書店

生活経済学会：原司郎・酒井泰弘編著（1997）『生活経済学入門』東洋経済新報社

玉野井芳郎（1990）『著作集Ⅱ　生命系の経済に向けて』学陽書房

---

(28) **生活福祉**　生活主体の生涯のすべての段階での生活問題を把握し，生活不安を取り除く生活支援策として供給され利用される福祉のすべて。

第 **2** 章
家族とジェンダー

1 家族とは何か

多様化する家族

家族とは，何だろうか。あまりにも身近な存在であるために，家族について正面から問うことは少ない。しかし改めて考えてみると，私たちは家族について，いったい何を知っているのだろうか。

今，自分という人間が生きているということは，生物学的な父母としての男女が存在していたことを意味する。しかしこのことは，私たちを育ててくれた社会的存在としての父母と，生物学的な起源としての父母が同一であることを必ずしも意味しない。さらに，生物学的な父母，すなわち精子と卵子の提供者と，出産の当事者ならびにそのパートナーが同一であるとも限らない（パートナーがいるかどうかさえも，また別の問題である）。そして，社会的存在としての，"育ての親"が法的な婚姻関係を結んだ男女であるのか，さらにいえば，同性愛のカップルによる子育ても現実になっている今日，必ずしも"男女"のパートナーシップで子育てがなされるかどうかも，一概に言えないのが現代なのである。

上野（1991, pp. 1-38）は，家族と見なす範囲を「ファミリィ・アイデンティティ」(1)と定義し，それは個々人によって様々な形があることを調査から明らかにしている。私たちが自明のことと思いこんでいた家族という関係は，一言では語れない，多様な意味を含んだ関係だと言えそうだ。私たちが営んでいる消費生活は，何らかの形で家族とつながっている。1994年は国連の定めた「国際

---

(1) ファミリィ・アイデンティティ　上野千鶴子は，「家族」であるという意識を持つことによって初めてその人にとっての「家族」は成立すると見なし，家族を成立させている意識をファミリィ・アイデンティティと定義した。すなわち，「何を家族と同定するのか」という問いへの個々人の回答が「ファミリィ・アイデンティティ」である。詳しくは文献（上野 1991, pp. 1-38）参照。

(2) 国際家族年（International year of the Family : IYF）　国連は，1994年を「国際家族年」と定め，「家族から始まる小さなデモクラシー（Building the smallest democracy at the heart of society）」というスローガンを掲げた。IYFは，家族が多様化しているという前提にたち，どのような形態であれ，家族は社会の基本的構成単位であると見なし，家族における個人の人権の保障を第一義とし，それぞれの家族のニーズに応じた支援を／

家族年」であった。私たち自身の家族観を見つめ直し，家族の意味するところを解きほぐしてみよう。

家族をとらえる視点としてのジェンダー

ところで，これから本章では，ジェンダーの視点で家族関係のあり方を考えてみたい。ジェンダーとは，「社会的・文化的に作られる性差」を意味する概念であり，「肉体的差異に意味を付与する知」（スコット，J. W.／荻野訳　1992，p. 16）と定義される。すなわちジェンダーは，生物学的性差（セックス）から見て女であること，あるいは男であることに関わって，女として，男として期待される役割や「男らしさ」「女らしさ」といったイメージを形成する。

ジェンダーは社会の中に既に組み込まれており，社会のシステムとしてのジェンダー秩序が形成されている。社会のジェンダー秩序は，学校文化，企業文化といったシステム内の文化の根本に位置し，そこで生きる私たちに多大の影響を及ぼしている。

家庭もまた，ジェンダーと無縁ではあり得ない。むしろ家庭こそ，私たちが出会う最初の社会的関係の場であることを考えると，家族の相互関係が生み出すジェンダーの"磁場"であり，原初的なジェンダー秩序の生産と再生産の場であるといえよう。家族とは，ジェンダーに縛られ，またそれを乗り越える可能性を持つ，自分に関わっている最も身近な人々の集まりなのである。

それではさっそく，現代日本の家族をめぐる諸問題について，ジェンダーに

＼行うことを目的とした。シンボルマークは，屋根の下にハートが保護されたデザインで，社会に開かれた家族の生命と愛情をシンボライズしている。屋根の右端のかすった筆遣いは，家族の多様性と複雑さを表している。

（3）ジェンダー（gender）　ジェンダーは，生物学的な性差であるセックスに対して後天的に作られる性差と見なされてきたが，近年のジェンダー研究（gender studies）の議論において，半陰陽の患者の性自認の問題に関わって，ジェンダーはセックスによって規定されるのではなく，セックスこそジェンダーによって規定されるという論理が展開された（バトラー，J.／荻野訳　1994）。すなわち，自分が〈女〉で

あるのか〈男〉であるのかというアイデンティティは，当該社会でそれぞれの性にふさわしいものとして認められている行動様式や特性を身につけることによって形成される。「性同一性障害」の場合には，〈男〉として，あるいは〈女〉としてのセックスに基づく身体をジェンダーに応じて変えることによって，自らの性アイデンティティを取り戻すことになるのだ。

社会のあらゆる場面には，ジェンダーの偏り（ジェンダー・バイアス）が潜在している。ジェンダーにとらわれない「ジェンダー・フリー」な社会の実現のために，我々の日常の中の〈女〉と〈男〉の「当たり前」と見なされている事柄を，一度疑ってみる必要があるだろう。

敏感（ジェンダー・センシティブ）な視点で見ていくことにしよう。

2　家族の変容

少子高齢社会の到来

近年，少子高齢化が進行しており，1995年の合計特殊出生率は1.43を記録した。老齢人口割合は2050年にピークを迎え，32.3％に達すると推計されている。このような少子高齢社会にあって，家族はどのように機能しているのだろうか。前節で述べたような理由から，家族を定義することはきわめて困難である。そこで，家族のある側面に着目し，そこから現代日本の家族関係の特徴を見てみたい。

世帯類型の特徴

家族に類する用語で使用される「世帯」とは，「住居と生計を共にする人々および個人」のことを意味する。今日の世帯類型を世帯主[(4)]の年齢別に示したものが表2-1である。核家族世帯は全世帯の約6割を占め，割合から見ると，近年特に核家族化が進行しているわけではない。

むしろ，単独世帯の増加に顕著な特徴が表れている。単独世帯は世帯主の年齢が24歳以下で最も高率を示し24.3％を占め，65歳以上がそれに次いで19.6％となっている。

結婚・離婚・未婚・非婚

単独世帯の増加は，未婚率の上昇によっても裏付けられる。1995年の「国勢調査」（総務庁）によると，生涯未婚率は，女性5.1％，男性8.9％である。また，平均初婚年齢も上昇傾向にあり，1997年には男性28.5歳，女性26.6歳と

---

(4) **世帯主**　わが国の社会通念では，世帯における家計収入の主な担い手が「主たる生計維持者」であり，「世帯主」と見なされてきた。そして往々にして，夫が世帯主になっていた。しかし，就労する女性が増加し，その収入も「家計の補助」の域を超え，夫妻で家計の負担をシェアするような状況において，「主たる生計維持者」と「家計補助者」の区別自体が不適切となってきた。1985年に採択された「婦人の地位向上のためのナイロビ将来戦略」において「世帯主」という用語の廃止の必要性が指摘され，「世帯主」概念の見直しが図られている。

表2-1 世帯主の年令別世帯類型 (％)

	全体	24歳以下	25～29歳	30～34歳	35～39歳	40～44歳	45～49歳	50～54歳	55～59歳	60～64歳	65歳以上
夫婦のみの世帯	17.4	1.5	6.5	6.4	3.6	3.1	4.7	7.4	11.6	16.6	38.5
夫婦と子どもからなる世帯	34.2	0.9	4.3	9.6	12.1	14.8	17.9	14.9	11.1	7.2	7.0
男親と子どもからなる世帯	1.1	0.3	0.9	1.9	3.6	8.1	15.7	16.9	14.8	11.9	25.9
女親と子どもからなる世帯	6.0	0.9	3.1	5.7	8.3	14.0	19.1	14.4	10.4	7.8	16.1
夫婦と両親からなる世帯	0.5	0.0	0.4	1.0	1.6	2.7	7.0	11.2	16.3	17.9	41.7
夫婦と片親からなる世帯	1.5	0.2	0.8	1.8	2.4	3.6	8.6	15.6	22.0	22.7	22.4
夫婦,子どもと両親からなる世帯	3.9	0.0	0.2	1.5	4.4	8.5	10.1	5.6	6.7	13.7	49.3
夫婦,子どもと片親からなる世帯	5.3	0.1	0.7	2.9	7.4	15.0	23.6	19.3	12.9	7.1	11.1
単独世帯	25.6	24.3	13.6	7.7	5.1	5.5	6.8	6.0	5.6	5.9	19.6

（出所） 総務庁「国勢調査」(1995) より作成。

図2-1 独身の理由

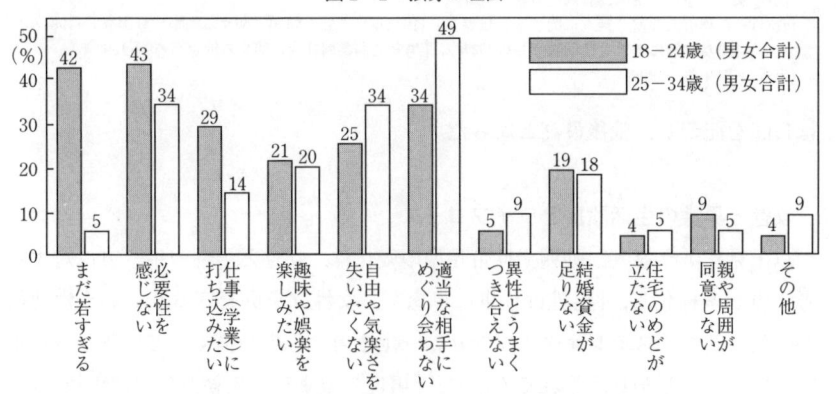

理由	18－24歳（男女合計）	25－34歳（男女合計）
まだ若すぎる	42	5
必要性を感じない	43	34
仕事（学業）に打ち込みたい	29	14
趣味や娯楽を楽しみたい	21	20
自由や気楽さを失いたくない	25	34
適当な相手にめぐり会わない	34	49
異性とうまくつき合えない	5	9
結婚資金が足りない	19	18
住宅のめどが立たない	4	5
親や周囲が同意しない	9	5
その他	4	9

（注） 未婚者のうち何％の者が，各項目を主要な独身にとどまっている理由（三つまで）として考えているのかを示す（速報値）。
（資料） 国立社会保障・人口問題研究所「第11回出生動向基本調査」(1997年)。
（出所） 厚生省（1998）。

なっている。シングルでいる理由として「(結婚の) 必要性を感じない」「自由や気楽さを失いたくない」という理由があげられている（図2-1）ことからも，必ずしも結婚しなければいけないとは思っていない様子がうかがえる。このように，「非婚」という結婚をしない生き方も人生の選択肢の一つとなってきた。

また，たとえ結婚したとしても，離婚の可能性はある。1997年の調査結果によると，「結婚しても相手に満足できないときは離婚すればよい」という考えに「賛成」する者は男女とも過半数を超えている（図2-2）。1996年の離婚率

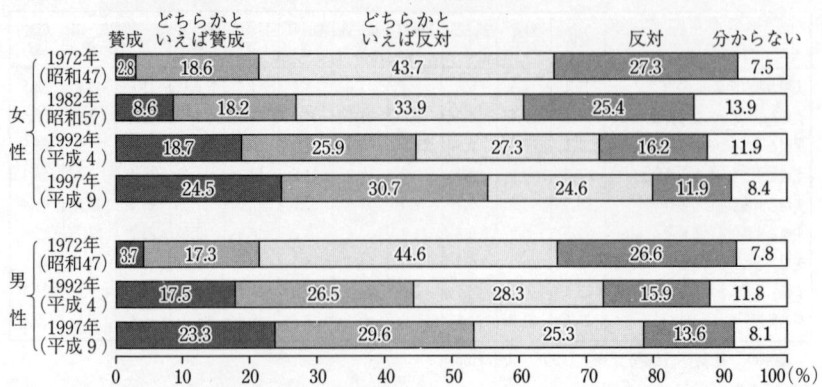

図2-2 「結婚しても相手に満足できないときは離婚すればよい」という考え方について

		賛成	どちらかといえば賛成	どちらかといえば反対	反対	分からない
女性	1972年（昭和47）	2.8	18.6	43.7	27.3	7.5
	1982年（昭和57）	8.6	18.2	33.9	25.4	13.9
	1992年（平成4）	18.7	25.9	27.3	16.2	11.9
	1997年（平成9）	24.5	30.7	24.6	11.9	8.4
男性	1972年（昭和47）	3.7	17.3	44.6	26.6	7.8
	1992年（平成4）	17.5	26.5	28.3	15.9	11.8
	1997年（平成9）	23.3	29.6	25.3	13.6	8.1

(注) 調査対象は，全国18歳以上の者である。
(資料) 総理府広報室「婦人に関する意識調査」(1972年)，「婦人問題に関する国際比較調査」(1984年)，「男女平等に関する世論調査」(1992年)，「男女共同参画社会に関する世論調査」(1997年)。
(出所) 厚生省 (1998)。

は1.66を記録し，戦後最高となった。

女性と男性の生活設計とライフコース

　以上見たような人口動態や世帯類型の変化は，女性と男性の生き方に対する考え方が多様化し，「男性は仕事に専念し，女性は家庭を守る」という性別役割分業に基づくステレオタイプな女の一生や男の一生を描くことの難しさを示唆している。しかし，それでもなお，「男性の望ましい生き方」をたずねると，全体としては「仕事に専念」あるいは「仕事を優先する」という回答を合わせると約6割に及んでいる（図2-3）。ただし20歳台男女に限ってみると，「仕事を優先する」と「家庭と仕事を両立させる」がほぼ同率で約4割である。このように若い世代は，一般論としては男女共に「男は仕事」という固定的な見方からフリーな考え方をするようになりつつあるようだ。しかし，果たして個々人の生活実態は，ジェンダー・フリーな意識に伴って変化しているのだろうか。

　図2-4は，20～30歳台の女性が考える理想と現実のライフコースを示している。最も理想とされている「結婚し，子どもを持ちながら働く」ことを実現できている割合は，理想とする割合よりもはるかに低くなっている。1995年の

第2章　家族とジェンダー　27

図2-3　男性の望ましい生き方について

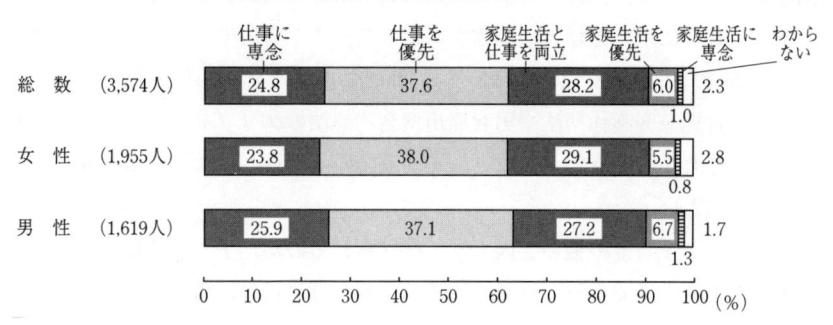

		仕事に専念	仕事を優先	家庭生活と仕事を両立	家庭生活を優先	家庭生活に専念	わからない
総　数	(3,574人)	24.8	37.6	28.2	6.0	1.0	2.3
女　性	(1,955人)	23.8	38.0	29.1	5.5	0.8	2.8
男　性	(1,619人)	25.9	37.1	27.2	6.7	1.3	1.7

(出所)　総理府広報室編 (1998)。

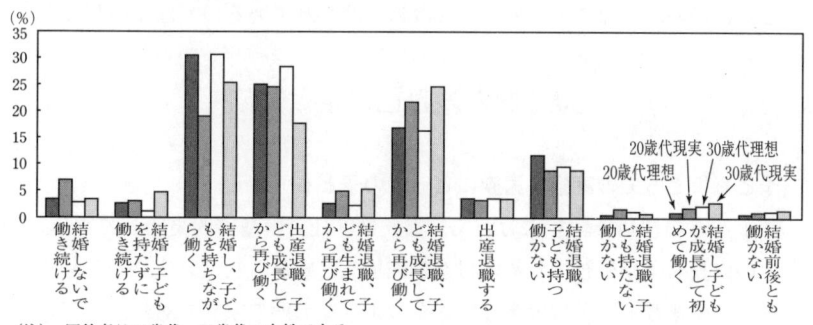

(注)　回答者は20歳代，30歳代の女性である。
(出所)　経済企画庁国民生活局編 (1998)。

図2-5　妻が理想の数の子どもを持とうとしない理由（1997年）（複数回答）

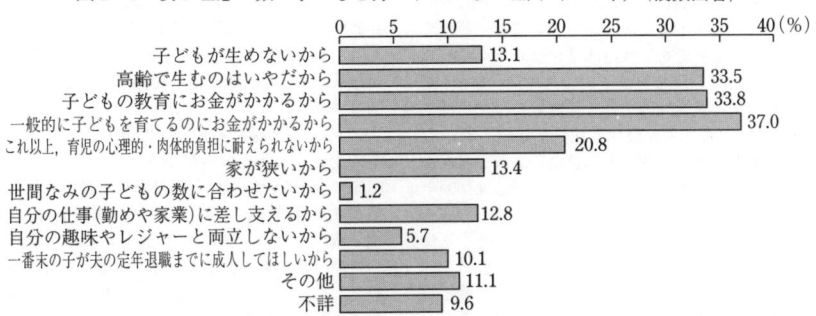

理由	%
子どもが生めないから	13.1
高齢で生むのはいやだから	33.5
子どもの教育にお金がかかるから	33.8
一般的に子どもを育てるのにお金がかかるから	37.0
これ以上，育児の心理的・肉体的負担に耐えられないから	20.8
家が狭いから	13.4
世間なみの子どもの数に合わせたいから	1.2
自分の仕事（勤めや家業）に差し支えるから	12.8
自分の趣味やレジャーと両立しないから	5.7
一番末の子が夫の定年退職までに成人してほしいから	10.1
その他	11.1
不詳	9.6

(注)　50歳未満の妻で予定子ども数が理想子ども数よりも少ない者に対する調査。
(資料)　国立社会保障・人口問題研究所「第11回出生動向基本調査」(1997年)。
(出所)　厚生省 (1998)。

国勢調査によると，女性の労働力率は49.1%であった。仕事と家庭を両立しようとしたときに生じる様々な困難を前にして，子どもを生み育てることを思いとどまる女性も少なくない（図2-5）。新たに改正され1999年4月1日より施行された育児・介護休業法(5)や男女雇用機会均等法(6)のメリット・デメリットが十分に論議され，働く女性たちにとってよりよいものへと法の整備がなされることに期待したい。

　少子化に関するその他の要因として挙げられるのが，子どもの養育にかかる費用の大きさである。先に見た未婚率の上昇の背景には，高学歴で安定した仕事に就いているのに親と同居を続ける「脱青年期」を生きる「ヤングアダルト」（宮本他　1997）の存在がある。子どもにとって「家族」とは何か，「自立」するとはどのようなことなのか，今改めて問われているのではないだろうか。

3　個人の自己決定と家族

子どもにとっての家族・家族にとっての子ども

　「子どもの権利条約」(7)において，家族は「社会の基礎的集団」であり，「子どもの成長および福祉のための自然的環境」と定義されている。子どもは家族を選んで生まれることはできない。どのような形態の家族であれ，養育者には

---

　(5) **育児・介護休業法**　1991年に制定され，1992年4月1日から施行された「育児休業等に関する法律」（育児休業法）は，男女労働者の権利として「1歳に満たない子を養育するためにする休業」である育児休業を認めたものである。1995年の同法の改正によって，「育児休業等育児又は家族介護を行う労働者の福祉に関する法律」（育児・介護休業法）が制定され，育児休業取得者には休業前の賃金の25%が雇用保険から給付されることになった。同法は1999年4月1日から全面施行され，介護を要する家族を持つ男女労働者の連続3か月を限度とする休業をも認めている。しかし，現状では取得者はほとんどが女性であり，仕事と育児・介護という二重の負担を女性が負うという結果をもたらしている。男性が休業しやすい職場環境の整備が求められる。

　(6) **男女雇用機会均等法**　1985年に制定され，1986年4月から施行された雇用の分野における男女の均等な機会と待遇の確保を保証する法律である。1997年に改正され，募集，採用，配置，昇進における女性差別が禁止規定となり明確化され，セクシュアル・ハラスメント防止義務等が盛り込まれた。改正法は1999年4月1日から施行されている。

　(7) **子どもの権利条約**　「児童の権利に関する条約」（「子どもの権利条約」）は，1989年に国連で採択され，1994年に日本でも批准された。同条約の特徴は，意見表明権（第12条），表現・情報の自由（第13条），思想・良心・宗教の自由（第14条）などを子どもの権利として認めたところに見いだされる。つまり，子どもは保護されるのみの存在ではなく，子どもの意思を尊重し，子どもを自らの権利を行使する主体とみなす新たな子ども観に基づいている。

生活環境を整え子どもの発達を保障する責任がある。また子どもにとっては，健やかに成長することは権利に他ならない。

　ところで，「子ども」の概念に関して，「子どもの権利条約」では18歳未満を「子ども」と定義しているが，子ども観の変化は，社会の中で子どもがどのような存在であったのかを物語っている。中世社会においては子どもは「小さな大人」であり，大人たちの生活世界と分離させられることはなかった。しかし近代社会において，子どもは大人とは異なる不完全な存在であり，完全な大人となるように教育され，世話をされて育てられなければならない存在であると考えられるようになった。こうして子どもは，大人のまなざしの中に誕生したのである（アリエス，P.／杉山・杉山訳　1980）。

　そして現代，学校教育制度のもとで子どもは大人になるまでの長い過渡期を過ごすことになった。1998年度の高等学校進学率は女子97.0％，男子94.8％であり高等学校はほとんど義務教育と化した。大学進学率は男子44.9％，女子27.5％であり，短大進学はほとんど女子で占められているというジェンダー・バイアスは見られるけれども，高等教育進学率は上昇している。1998年度の大学・短大への進学率は男子47.1％，女子49.4％である。子どもの生活の中で学校は大きな位置を占めている。

　ところで，子どもを持つということについて，現在どのような点に価値が見いだされているのかを見てみよう。表2-2に示されているように，「家庭が明るくなる」「子育ては楽しい」というような，情緒的なよりどころとなる存在としての子ども像が浮かび上がってくる。子どもを老後の頼りになる存在と考えている者は2割に満たない。家族にとっての子どもとは，家族というシステムを維持・発展させる者としてではなく，楽しみの対象となる者へと変化した。このことは，見方を変えると子育てが楽しくないのなら子どもはいらない，ということになろう。近年の少子化現象は，人生の数ある選択肢の中で，メリットとデメリットを比較したときに，子どもを育てることについての積極的な喜びが感じられなくなっているということを示しているのかも知れない。

自己決定と家族

　「子どもの権利条約」の前文には，子どもが「十分に社会の中で個人として

表2-2 子どもの価値 (%)

子どもを持つことのよさ	総数	未婚	既婚
1. 子どもがいると家庭が明るくなる	85.9	81.7	88.2
2. 子どもを育てることは楽しい	44.1	43.5	44.7
3. 子どもは老後のたよりになる	16.1	18.1	15.0
4. 子どもは家業をついでくれる	1.0	0.3	1.3
5. 子どもは名や財産をついでくれる	3.7	2.3	4.3
6. 子どもを持つと子孫が絶えない	15.3	11.8	17.1
7. 特に何もない（よいことはない）	4.9	7.3	3.8
8. その他	3.8	3.6	3.8
9. 無回答	0.8	0.8	0.7

(注)　「あなたは，子どもを持つことのよさは何だと思いますか」という質問に対して2つ以内の項目を選ぶ。
(資料)　毎日新聞社人口問題調査会「第23回全国家族計画世論調査」(1996年)。
(出所)　厚生省 (1998)。

の生活を送れるようにすべき」であることが記されている。子どもも生活の主体として自己決定することが求められているといえる。

　「自己決定権」をめぐって，「個人が自分自身に関することを自分で決める」場合に，「『自分で決定することの是非』という問題ではなく，むしろ周囲の人々が『その人の意思決定をどこまで尊重するべきなのか』という問題」（江原　1999, pp. 86-93）が生じる。こうした「自己決定権」の問題は，家庭生活の様々な場面で浮上してくる問題でもある。すなわち，個人の「自己決定権」の問題とは，家族という集団の中で生きる個人が決定した，あるいは決定しようとしていることを，家族が共有できるかという問題なのである。医療の現場では，人工授精や出生前診断，脳死に伴う臓器移植や尊厳死といった個人の生と死についての自己決定に関連して，家族の意思が問われている。自己決定することができる能力をその個人がどのくらい持ち合わせているのかということ，そしてどのようにしたら個人の自己決定能力の有無が判定できるのかといったこと，さらに，個人の意思と家族の思いに相違が生じる場合など，自己決定権をめぐって十分に論議される必要がある。

　「性と生殖に関する権利（リプロダクティブ・ヘルス・ライツ）[8]」のような

---

(8) リプロダクティブ・ヘルス・ライツ
1994年にカイロにおいて開催された国連の「国際人口・開発会議」で提唱され，いつ子どもを何人産むか，あるいは産まないのかといった／

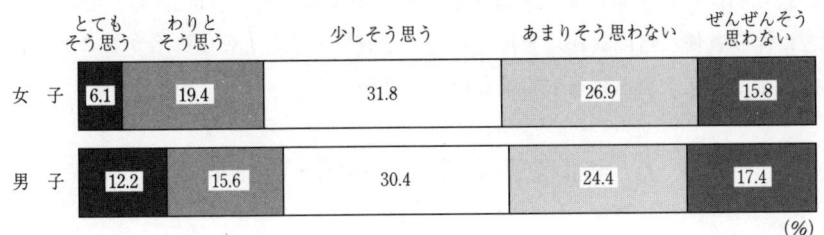

図2-6 「援助交際をしている人は，誰にも迷惑をかけていないし，本人も相手も
いいのだから非難すべきでない」という意見について

	とても そう思う	わりと そう思う	少しそう思う	あまりそう思わない	ぜんぜんそう 思わない
女子	6.1	19.4	31.8	26.9	15.8
男子	12.2	15.6	30.4	24.4	17.4

(出所) ベネッセ教育研究所 (1998)。

表2-3 高校生の援助交際がいけない理由 (%)

	女子				男子			
	とても そう	わりと そう	あまり そうで ない	ぜんぜん そうで ない	とても そう	わりと そう	あまり そうで ない	ぜんぜん そうで ない
1. 将来好きな人ができたとき，後悔する	67.5	23.0	8.0	1.5	44.0	34.2	15.1	6.7
2. 気持ちがすさむ	44.5	41.6	11.9	2.0	37.1	41.4	15.0	6.5
3. 犯罪に巻き込まれる可能性がある	40.2	38.1	19.6	2.1	38.3	37.8	18.3	5.6
4. 金銭感覚がマヒする	36.7	42.9	16.9	3.5	32.9	38.6	19.0	9.5
5. 異性とふつうの感覚でつきあえなくなる	34.7	40.4	20.8	4.1	35.8	37.7	19.4	7.1
6. 道徳に反する	28.8	46.2	21.4	3.6	32.5	37.3	22.3	7.9

(出所) ベネッセ教育研究所 (1998)。

性的自己決定の問題は，子どもの性的自立を考える上で，性教育の重要なテーマである。自分の身体を管理するのは自分なのだということを子ども自身が認識し，正しい知識の習得を促すような教育が求められる。

ところで，性的自己決定に関して近年の社会問題となっている「援助交際」については，その他の「自己決定」と同列に並べて論じられない問題があるように思われる。「援助交際」とは女子中・高校生が自らの〈商品価値〉を自覚し，「主体的」に行う売春に他ならない。高校生たちは，「誰にも迷惑をかけていない」のだから援助交際を非難すべきではないという見解を少なからず持っ

＼性と生殖に関する決定を下すのは女性の権利であると見なす概念である。性と生殖という最も個人的な問題に対し，当事者である女性が人任せではなく主体的に関わることによって，自分自身の身体の自己管理と自己決定ができるようになることが望まれる。

ている（図2-6, 表2-3）。〈個人〉としての子どもを尊重することと親としての教育的な役割を果たすことは矛盾することではなく，〈自己決定〉されることに伴う責任（自己責任）を担えるだけの資質を子どもの中に培うことが，親の役割として求められるのではないだろうか。

4 家族をめぐる女性問題・男性問題

家事労働にみるジェンダー・バイアス

調査結果によると，男女共に「家事は女性の仕事」であると考える割合が高く，家事を「夫婦平等に分担すべき」だという見解を持つ者は，まだ少数派である（図2-7）。また，1997年実施の世論調査によると，「女性は仕事を持つのはよいが，家事・育児はきちんとすべきである」という見解に賛成する者は約8割を超えている。「仕事も家事も」女性が担う状況は，女性にとって二重の労働負担となっている。

山田（1994）は，「家事責任と結びついた情緒的存在であることが『女性性』のアイデンティティでもある」と見なし，「女性は，どんな場合でも家事責任を放棄できない仕組みになっている」と看破した。家事労働の担当者としての役割を女性に期待する社会のジェンダー秩序は，女性が職業に従事し，多様な生き方を選択しようとしたときに大きな障害となる。このことはまた，男性にとってもステレオタイプな生き方を強要する無言の圧力となる。家事労働をはじめとする家庭生活や地域への男性の参加を進めるためには，どのような手だてが必要となるのだろうか（図2-8）。

「男女の役割分担についての社会通念，慣習，しきたりを改めること」，「夫婦の間で家事などの分担をするように十分に話し合うこと」，「労働時間短縮や休暇制度を普及させること」の必要性が指摘されているように，個々の家族がジェンダーの問題に自覚的になると同時に，労働に関する社会のシステムの見直しが求められている。

成人男女の間に見られる家事労働をめぐるジェンダー・バイアスは，すでに子どもの頃から顕著に見られるものでもある。小学生の段階から性別役割分業に基づく考え方が支持されており（図2-9），子どもたちの中にジェンダー・

図2-7　家事は「女性の仕事」か「夫婦平等に分担」か

「あなたはどちらの考え方に近いですか」
A：家事は主として女性の仕事である。B：家事は夫婦平等に負担するべきである。

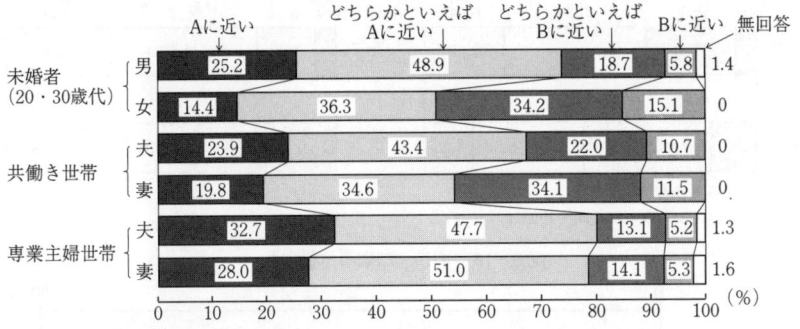

		Aに近い	どちらかといえばAに近い	どちらかといえばBに近い	Bに近い	無回答
未婚者(20・30歳代)	男	25.2	48.9	18.7	5.8	1.4
	女	14.4	36.3	34.2	15.1	0
共働き世帯	夫	23.9	43.4	22.0	10.7	0
	妻	19.8	34.6	34.1	11.5	0
専業主婦世帯	夫	32.7	47.7	13.1	5.2	1.3
	妻	28.0	51.0	14.1	5.3	1.6

（出所）　経済企画庁国民生活局編（1993）。

図2-8　男性が家事，子育てや教育などに参加するために必要なこと（複数回答）

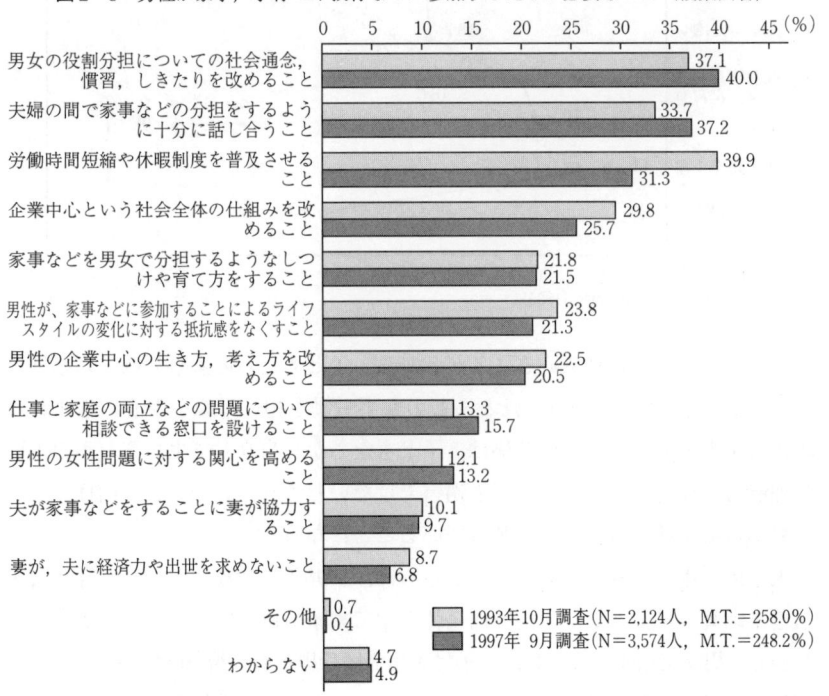

項目	1993年10月調査	1997年9月調査
男女の役割分担についての社会通念，慣習，しきたりを改めること	37.1	40.0
夫婦の間で家事などの分担をするように十分に話し合うこと	33.7	37.2
労働時間短縮や休暇制度を普及させること	39.9	31.3
企業中心という社会全体の仕組みを改めること	29.8	25.7
家事などを男女で分担するようなしつけや育て方をすること	21.8	21.5
男性が，家事などに参加することによるライフスタイルの変化に対する抵抗感をなくすこと	23.8	21.3
男性の企業中心の生き方，考え方を改めること	22.5	20.5
仕事と家庭の両立などの問題について相談できる窓口を設けること	13.3	15.7
男性の女性問題に対する関心を高めること	12.1	13.2
夫が家事などをすることに妻が協力すること	10.1	9.7
妻が，夫に経済力や出世を求めないこと	8.7	6.8
その他	0.7	0.4
わからない	4.7	4.9

1993年10月調査（N=2,124人，M.T.=258.0%）
1997年9月調査（N=3,574人，M.T.=248.2%）

（出所）　総理府広報室編（1998）。

図2-9 子どものジェンダー観

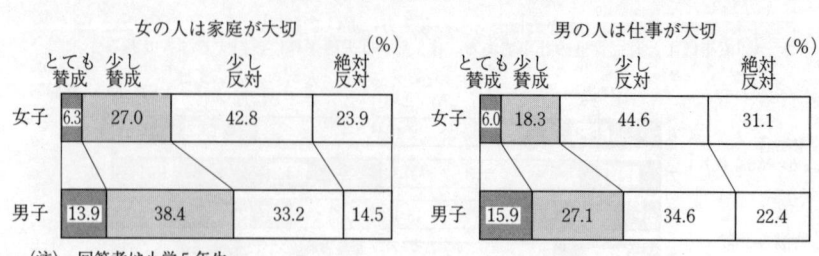

女の人は家庭が大切 (%)

	とても賛成	少し賛成	少し反対	絶対反対
女子	6.3	27.0	42.8	23.9
男子	13.9	38.4	33.2	14.5

男の人は仕事が大切 (%)

	とても賛成	少し賛成	少し反対	絶対反対
女子	6.0	18.3	44.6	31.1
男子	15.9	27.1	34.6	22.4

(注) 回答者は小学5年生。
(出所) ベネッセ教育研究所 (1996)。

図2-10 子どもの家事労働参加

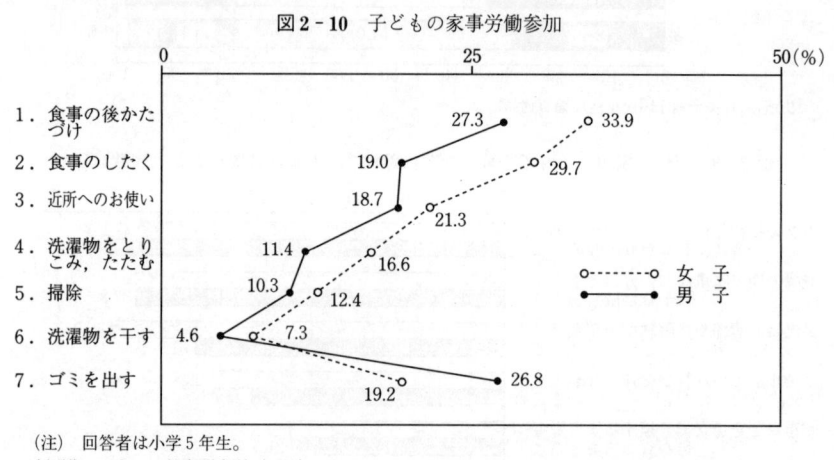

1．食事の後かたづけ
2．食事のしたく
3．近所へのお使い
4．洗濯物をとりこみ，たたむ
5．掃除
6．洗濯物を干す
7．ゴミを出す

女子：---○---
男子：―●―

（女子の値）33.9, 29.7, 21.3, 16.6, 12.4, 7.3, 19.2
（男子の値）27.3, 19.0, 18.7, 11.4, 10.3, 4.6, 26.8

(注) 回答者は小学5年生。
(出所) ベネッセ教育研究所 (1996)。

バイアスが再生産されていることがわかる。子どもたちの家事労働への参加はごく僅かであり（図2-10），ほとんどの家事労働を担う母親を中心に営まれる現代日本の家庭生活と家族関係は，子どもたちから自立して生きるための生活管理能力を奪っていると言っても過言ではないだろう。このことは同様に，夫たちからも生活の自立の力を奪っていることになる。

　大学生の場合をみても同様のことが言え，1996年に総務庁が行った「社会生活基本調査」によると，生活時間全体の中で家事労働に関わる時間は少ない。しかし，男女で格差がみられ，女子は家事労働に男子の3倍の時間をかけている。学業にかける時間は男女でほとんど差がないことから，働く女性が「仕事も家事も」行う兆しがすでに学生時代から表れていると言えるのではないだろうか。

個人単位か世帯単位か──社会保障のあり方

現行の国民年金制度においては，年収130万円未満の妻は「第3号被保険者」となり夫の被扶養者として位置づけられ，自ら保険料を負担する必要がない。こうした制度は基本的に〈世帯単位〉で設計されており，世帯主である夫と専業主婦である妻というカップルを単位とする発想に基づいている。このような制度は，就業する妻の増加や女性のライフスタイルの多様化に伴い，いくつかの矛盾を来すようになった（図2-11）。

「シングル単位社会」を提唱する伊田（1998）は，「家族単位」であることに起因する差別について具体的に例示し，問題提起を行っている。杉本（1999）は，ジェンダーの視点で社会福祉のあり方を検証している。これまで見てきたような家族の変容や個人のライフコースの多様化，少子高齢化の進展等に伴い，自立した個人および家族に対する福祉のあり方が改めて問われている。

夫婦別姓をめぐって

1996年2月に答申された「民法の一部を改正する法律案要項」には，婚姻に際して婚姻前の姓を名乗るかどうかの選択を認めようとする「選択的夫婦別姓」の導入が盛り込まれた。しかし，2000年4月現在，夫婦別姓を認めるか否かは未だ懸案事項となっている。

また，夫婦別姓を支持する理由の中には，少子化を背景に一人っ子同士が結婚した場合に「家名を誰が継ぐのか」「家の墓を誰が守るのか」という問題が生じ，その解決策としての別姓が考えられるということもある。このような理由は，個人の尊重という「新しい」家族のあり方を指向する夫婦別姓というスタイルをとりながら，むしろ家父長制家族の名残を伝えているといえよう（図2-12）。

このように法制度の改革はまだ進んでいないが，職場では，結婚した女性が事実上旧姓を使用することが認められるケースが見られるようになってきた。

ドメスティック・バイオレンス

夫婦間や子どもに対する暴力は，家庭という閉ざされた空間の中での出来事

図2-11 女性の生活形態(ライフスタイル)の多様化と年金制度

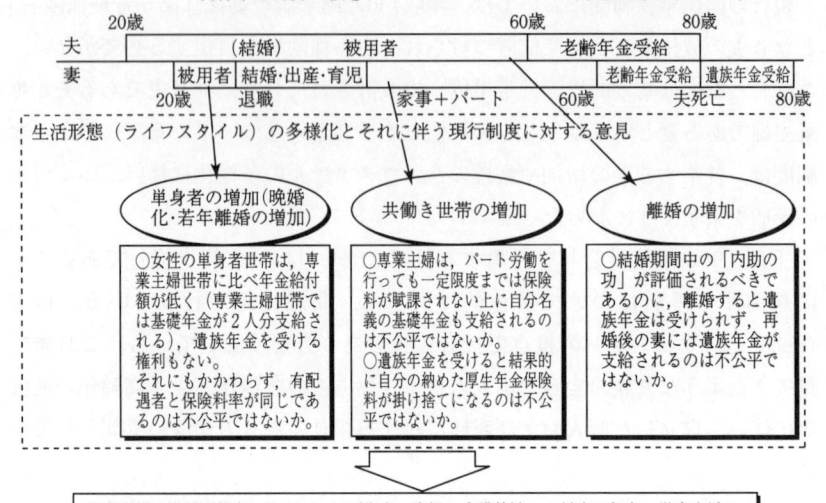

現行年金制度が想定しているライフスタイル(専業主婦世帯モデル)

```
        20歳                    60歳           80歳
夫  ├────(結婚)────被用者────┼──老齢年金受給──遺族年金受給─┤
妻       ├被用者┤結婚・出産・育児├─家事+パート──┤老齢年金受給┤夫死亡   │
        20歳    退職                    60歳         夫死亡    80歳
```

生活形態(ライフスタイル)の多様化とそれに伴う現行制度に対する意見

単身者の増加(晩婚化・若年離婚の増加)
○女性の単身者世帯は、専業主婦世帯に比べ年金給付額が低く(専業主婦世帯では基礎年金が2人分支給される)、遺族年金を受ける権利もない。それにもかかわらず、有配偶者と保険料率が同じであるのは不公平ではないか。

共働き世帯の増加
○専業主婦は、パート労働を行っても一定限度までは保険料が賦課されない上に自分名義の基礎年金も支給されるのは不公平ではないか。
○遺族年金を受けると結果的に自分の納めた厚生年金保険料が掛け捨てになるのは不公平ではないか。

離婚の増加
○結婚期間中の「内助の功」が評価されるべきであるのに、離婚すると遺族年金は受けられず、再婚後の妻には遺族年金が支給されるのは不公平ではないか。

専業主婦の生活形態(ライフスタイル(出産・育児・介護等))への対応に加え、単身生活や共働き生活といった女性の生活形態(ライフスタイル)の多様化にもより対応できる年金制度にすべきとの意見があるがどう考えるか。

(出所)厚生省(1998)。

図2-12 「家」に対する考え方

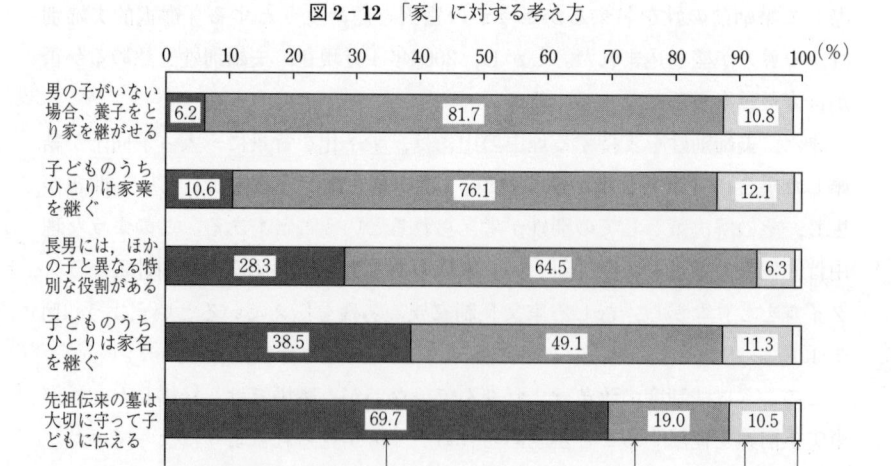

	そう思う	そうは思わない	わからない・NA
男の子がいない場合、養子をとり家を継がせる	6.2	81.7	10.8
子どものうちひとりは家業を継ぐ	10.6	76.1	12.1
長男には、ほかの子と異なる特別な役割がある	28.3	64.5	6.3
子どものうちひとりは家名を継ぐ	38.5	49.1	11.3
先祖伝来の墓は大切に守って子どもに伝える	69.7	19.0	10.5

(注)回答者は満20歳以上の男女1850人。
(出所)経済企画庁国民生活局編(1994)。

表 2-4　夫婦間暴力についての見聞き　　　　　　(％)

	総　数(人)	身近な人から相談を受けたことがある[1]	身近に夫婦間の暴力を受けた当事者がいる	夫婦間暴力についてのうわさを耳にしたことがある[2]	テレビなどで問題になっていることは知っている[3]	夫婦間暴力について見聞きしたことはない	その他	わからない
総数	3,459	3.6	5.5	11.0	34.0	42.4	0.7	2.9
女性	1,974	4.2	6.1	10.7	33.3	42.7	0.5	2.7
男性	1,485	2.8	4.8	11.4	34.9	42.0	0.9	3.2

(注)　1. 夫婦間暴力について，身近な人から相談を受けたことがある。
　　　2. 身近に当事者はいないが，夫婦間暴力についてのうわさを耳にしたことがある。
　　　3. 夫婦間暴力がテレビや新聞などで問題になっていることは知っている。
(資料)　総理府広報室「男女共同参画に関する世論調査」(1995年)。
(出所)　厚生省 (1998)。

であり，表向きには親密な人間関係とみられる集団内で生じているために，そのことが問題視されたり犯罪として認められたりすることが困難であった。しかし，身近な人から夫婦間暴力の相談を受けたり，身近に夫婦間暴力を受けた当事者がいたり，夫婦間暴力についての噂を耳にしたことがある者は，合わせて約2割に達している（表2-4）。

実際に暴力を受けた女性たちの生の声が集められた調査結果も公表され（「夫（恋人）からの暴力」調査研究会　1998），こうした事例から，私たちは家族とは決して愛と安らぎの場のみではないということに気づかされる。

子どもに対する虐待は，母親が加害者となっている場合が多い（児童虐待防止制度研究会　1993, p.27）。育児の責任を一手に担い，相談相手もなく密室で子どもと向き合う孤独な母親のストレスが，子どもに対する虐待の引き金となっていることが予想される。育児期にある母親は，「子どもが産まれたこと」「母親になったこと」に大きな喜びを感じている一方で，育児の大変さを負担に感じていることもまた，事実である。核家族で専業主婦の母親のみならず，祖父母と同居している3世代家族の場合にも，育児を含めた家事労働全般を行う上でのストレスは生じている。こうした育児期にある母親にとってのストレス，つまり「育児期ストレス」（諏訪他　1998, p.221）を解消するために，それぞれの家族に応じたサポートが行われる必要があろう。

5　21世紀の家族関係

新しい家族のあり方を求めて

　21世紀が目前に迫ってきている。本章も，残り少なくなってきた。それでは最後に，今後私たちはどのような家族関係をつくっていくことができるのか，考えてみよう。

　すでに見てきたように，家族をめぐる状況は20世紀の100年間に大きな変化を遂げてきた。この間に，家父長制家族から民主的家族へ，拡大家族から核家族へというような，家族の枠組みの転換が行われたといえる。加えて，少子・高齢化の進展，女性の就業率の増加，高学歴化が進み，子どもの存在意義もまた変化した。産業化・情報化・都市化の進展は，私たちの労働のあり方そのものをも変えることになった。このようにめまぐるしく変化する社会の中で，家族はこれから，どのような関係を取り結ぶようになるのだろうか。

家族の「双系化」と「個人化」

　落合 (1997) は，家族関係の「双系化」という概念を提唱し，「21世紀家族」の行方を予想している。「双系化」とは，結婚後も夫と妻双方の実家を行き来し，援助し合う関係を維持することを意味する。つまり，特に女性に対して「嫁に行く」「○○家の嫁」というような意識を持つことなく，妻方の親と同居するなど，結婚によって娘との関係が切れてしまわないような家族関係である。少子化が進み，「家の跡取り」というような発想では結婚もままならない状況になり，親たちも子どもに老後のすべてを委ねることはできなくなってきた。親たちも可能な限り自立して自分たちの生活を営み，結婚して独立していった子どもとの近すぎない関係，子どもの負担になりすぎないような関係を作っていく。子どもも，結婚後も夫方・妻方双方の実家との親密な関係を維持すべく，親との同居，近居を考え，孫の面倒を見てもらったりする。こうした家族関係が今日望まれ (図2-13)，また現実化している。

　前述したような未婚率・離婚率の上昇は，家族を単位とする社会が揺らいでいることを示唆している。「家族」から「個人」へ。目黒 (1987) が「『個人

第2章 家族とジェンダー 39

図2-13 高齢期における子どもや孫とののぞましい関係

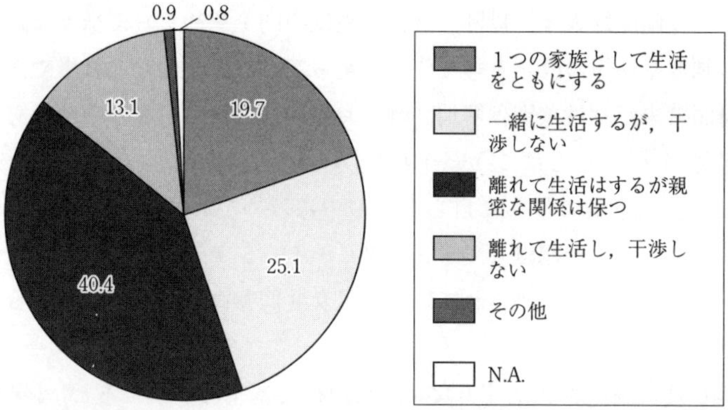

- 1つの家族として生活をともにする: 19.7
- 一緒に生活するが，干渉しない: 25.1
- 離れて生活はするが親密な関係は保つ: 40.4
- 離れて生活し，干渉しない: 13.1
- その他: 0.9
- N.A.: 0.8

（出所）　経済企画庁国民生活局編「平成6年度　国民生活選好度調査」より作成。

化』する家族」の概念を提起したように，家族という集団を形成するのも，個人の一つの選択であり，あくまでもひとりの人間が社会を構成する基本的な単位であるようなシステムが，21世紀の現実的なシステムだと言えるのではないだろうか。

　ところで，すべてを個人に帰する社会とは，強者の論理で成り立つ社会でもある。こうした社会においては，生きていくために必要な行為に伴う責任を負うのは個人ということになる。個人を基本として社会の仕組みが成り立つということになると，今より一層，競争原理が持ち込まれ，自己責任の名の下に個人を追いつめ，抑圧する方向に進む可能性がある。力のある者，能力のある者にとっては目前に可能性が無限に広がっているかのように見えるけれども，失敗に伴うリスクも非常に大きいことになるのである。

　以上のことを考えると，社会福祉の充実によって家族や世帯という単位に対してではなく個人に対するサポート・システムが整備されない限り，「個人化する家族」はあまり居心地の良いものではないだろう。むしろ，家族に依存せざるを得ない者，例えば，幼い子どもや高齢者にとっては，死活問題が生じるかも知れないのである。1999年は，国連の定めた「国際高齢者年[9]」であった。異世代がともに生きるために，社会システム自体の見直しが急務である。

男女共同参画社会の実現のために

1975年の「国際婦人年」以降，女性の地位の向上をめぐって様々な論議が重ねられ，制度や法律の改正を経て今日に至っている。しかし，職場や家庭のあらゆる場面で未だ女性差別は解消されておらず，私たち自身の中にもあるジェンダー規範が「〈女〉とはこういうもの」「〈男〉とはこういうもの」という枠を生みだし，無意識のうちに自らをその中にはめてしまっている。こうしたジェンダーのしくみを認識し，ジェンダー・センシティブな視点で家族のあり方を見直すことが，今求められている「男女共同参画社会」[10]に到達するための第一歩であろう。

1999年6月に制定された「男女共同参画社会基本法」[11]によると，「男女共同参画社会」とは，「男女が社会の対等な構成員として，自らの意思によって社会のあらゆる分野における活動に参画する機会が確保され，もって男女が均等に政治的，経済的，社会的及び文化的利益を享受することができ，かつ，共に責任を担うべき社会」である。このような社会は，「男」である個人，「女」である個人が対等に向き合える社会と言い換えることができるだろう。個人がそ

(9) 国際高齢者年　国連総会（決議47／5）は，世界人口の高齢化が急速に進行していることをふまえ，「政府，非政府機関および民間団体にとって，前例のない緊急の政策・プログラム課題である」という認識から，1999年を「国際高齢者年」（International Year of Older Persons）と定めた。同年の統一テーマは，「すべての世代のための社会を目ざして（towards a society for all ages.）」となっている。シンボルマークを上に示す。

国際高齢者年に当たっては，1991年に定められた「高齢者のための国連原則」である高齢者の「独立」「参加」「保護」「自己達成」「尊厳」を推進するための取り組みが期待されている。

(10) **男女共同参画社会**　1994年に総理府に男女共同参画審議会と男女共同参画室が設置され，内閣には男女共同参画推進本部が設置された。

男女共同参画審議会は，1996年7月に「女性と男性が，社会的・文化的に形成された性別（ジェンダー）に縛られず，各人の個性に基づいて共同参画する社会の実現を目指すもの」とする「男女共同参画ビジョン」を答申し，男女共同参画社会の目指す方向性を示した。答申の中で具体的に掲げられた目標は，「人権の確立」「政策・方針決定過程への参画による民主主義の成熟」「社会的・文化的に形成された性別（ジェンダー）に敏感な視点の定着と深化」「新たな価値の創造」「地域社会への貢献」の5点である。この答申を受けて，同年12月には，2000年に向けた国内行動計画である「男女共同参画2000年プラン」が策定された。

(11) **男女共同参画社会基本法**　1999年6月15日に策定され，男女共同参画社会の実現に向けて，国や地方公共団体，そして国民が取り組むべき課題が同法には提起されている。同法の前文では，男女共同参画社会の実現は，21世紀の日本社会にとって最重要課題として位置づけられている。

の能力を最大限に生かし,ジェンダーの縛りを超えて様々に用意された選択肢の中から自分の人生を選び取っていくような社会が,21世紀に待たれる男女共同参画社会なのである。

　こうした社会においては,自立した個人同士のパートナーシップが重要となる。「家族の個人化」は,家族の機能が縮小し崩壊するということではなく,個々人の生き方の可能性が拡大されることと言えないだろうか。どのような形態であれ,生活の拠点であり人と人との豊かな結びつきとしての家族を主体的に選び取っていく覚悟と,それに伴う責任に対する自覚が,これからの社会の担い手としての私たち自身,そして次世代の子どもたちには求められる。

　本章で見てきたように,家族は,形態の面についても意識の上からも多様なものとなっている。生活経済を学ぶことは,私たち一人ひとりが,持続可能な消費生活を営む主体としてのこれからの自分自身の生活と家族関係のあり方を考えることにつながるものである。

　「家族の個人化」とは,一人ひとりの家族員にとって,生活のあり方が「個性化」することであり,「孤立化」することであってはならない。私たちが生活のどのような側面に価値をおき,どのようなものを購入・消費し,大切な人々と共にどのような暮らしを創っていくのか。人と人との関わりの中で,「自分らしく生きる」ための方法を,これから考えてみよう。

引用文献

アリエス,P./杉山光信・杉山恵美子訳(1980)『〈子供〉の誕生』みすず書房

ベネッセ教育研究所(1996)『モノグラフ小学生ナウ』(Vol. 16, No. 1)

ベネッセ教育研究所(1998)『モノグラフ高校生』(Vol. 52)

バトラー,J./荻野美穂訳(1994)「セックス・ジェンダー・欲望の主体(上)(下)」『思想』No. 846, 847 岩波書店

江原由美子(1999)「『自己決定』をめぐるジレンマについて」『現代思想』Vol. 27, No. 1　青土社　pp. 86-93

伊田広行(1998)『シングル単位の社会論—ジェンダー・フリーな社会へ』世界思想社

児童虐待防止制度研究会編(1993)『子どもの虐待防止—最前線からの報告』朱鷺書房

経済企画庁国民生活局編（1993）『平成4年度国民生活選好度調査』大蔵省印刷局
経済企画庁国民生活局編（1994）『家庭と社会に関する意識と実態調査報告書』大蔵省印刷局
経済企画庁国民生活局編（1998）『平成9年度国民生活選好度調査』大蔵省印刷局
厚生省監修（1998）『厚生白書（平成10年版）』ぎょうせい
目黒依子（1987）『個人化する家族』勁草書房
宮本みち子・岩上真珠・山田昌弘（1997）『未婚化社会の親子関係——お金と愛情にみる家族のゆくえ』有斐閣
落合恵美子（1997）『21世紀家族へ——家族の戦後体制の見かた・超えかた・新版』有斐閣
「夫（恋人）からの暴力」調査研究会（1998）『ドメスティック・バイオレンス——夫・恋人からの暴力をなくすために』有斐閣
杉本貴代栄（1999）『ジェンダーで読む福祉社会』有斐閣
スコット，J. W.／荻野美穂訳（1992）『ジェンダーと歴史学』平凡社
諏訪きぬ・戸田有一・堀内かおる編著（1998）『母親の育児ストレスと保育サポート——子育て支援・環境づくりへの指標』川島書店
総理府広報室編（1998）『日刊世論調査』第30巻第4号
上野千鶴子（1991）「ファミリィ・アイデンティティのゆくえ——新しい家族幻想」上野他編『シリーズ変貌する家族1．家族の社会史』岩波書店
山田昌弘（1994）『近代家族のゆくえ——家族と愛情のパラドックス』新曜社

読者のための参考図書

天野寛子（1996）『モデルなき家庭の時代——生きる力をはぐくむ生活文化へ』はるか書房
　——子どもの自立を支援する，地域に開かれた家族関係のあり方への提言の書。
アスキュー，S.・ロス，C.／堀内かおる訳（1997）『男の子は泣かない——学校でつくられる男らしさとジェンダー差別解消プログラム』金子書房
　——「社会の縮図」である学校。ジェンダーは学校の中でも無意識のうちにつくられており，〈男らしさ〉もまた例外ではない。大人の男性のジェンダー意識を変えるためには子ども時代からの教育実践の積み重ねが重要であることを示す示唆に富む書。
ドゥーデン，B., ヴェールホフ，C. V.／丸山真人編訳（1998）『家事労働と資本主義』岩波書店
　——資本主義の発展に伴って家事労働はいかに成立し，「女性の役割」とされるに

至ったのかを分析した，家事労働について考えるための基本的な理論書。
グブリアム，J.F.，ホルスタイン，J.A.／中川・湯川・鮎川訳（1997）『家族とは何か——その言説と現実』新曜社
　　——家族を社会的に構築される現象とみなし，家族をめぐる言説の分析を展開。家族の定義は，私たち自身の中にある。
濱崎タマエ（1997）『子どもが見つめる「家族の未来」』農文協
　　——小学校における「家族」学習の記録。子どもの視点で見えてくる，現代のリアルな家族像。
蓮實重彦編集代表（1998）『東京大学公開講座66　家族』東京大学出版会
　　——東京大学で行われた「家族」をテーマとする公開講座の講義録。教育社会学，法律学，開発経済，人類学，社会学といったジャンルからの「家族」への接近。
井上・上野・江原編（1995）『日本のフェミニズム③性役割』岩波書店
　　——性別役割分業をめぐるフェミニズムの視点によるアンソロジー。「主婦」「介護」「アイデンティティ」「セクシュアリティ」「夫婦別姓」「職業」等の分析。
井上輝子・江原由美子編（1999）『女性のデータブック　（第3版）』有斐閣
　　——「男女共同参画社会」が志向されている今日，女性のおかれている状況について図表と解説，年表で表すデータ集。(1)結婚・家族，(2)性・こころ・からだ，(3)教育，(4)労働，(5)社会的活動，(6)男女役割，(7)マスメディアの各領域がとりあげられている。
石井美智子（1994）『人工生殖の法律学』有斐閣
　　——生殖技術の発展は，家族を定義する法的基盤をも揺るがしている。人工生殖と妊娠中絶は表裏の関係にあるととらえ，家族形成権の観点から問題を提起する。
木本喜美子（1995）『家族・ジェンダー・企業社会——ジェンダー・アプローチの模索』ミネルヴァ書房
　　——日本社会におけるジェンダー構造の解明に向けた，労働社会学からのアプローチ。家族と〈企業社会〉とのジェンダーをめぐる「共犯関係」を明らかにする。
黒沼克史（1996）『援助交際』文藝春秋
　　——「援助交際」をしている女子中学・高校生に対するインタビューに基づくルポルタージュ。彼女たちの背後に透けて見えるのは，表面的で希薄な親子関係。
豊田正義（1997）『オトコが「男らしさ」を棄てるとき』飛鳥新社
　　——「メンズリブ東京」代表の著者による，日本社会のジェンダー問題の提起。「男」であることに期待される役割からの解放への模索。

第 3 章

消費と人間そしてジェンダー

1 消費と人間

人間の消費と消費の公正・平等

　人間が生存を持続し，人間的発達をとげるために消費するものは，すべてもとをたどれば自然から獲得したものである。20世紀は特に人間は地球上で急速に消費を拡大し続けたが，有限な自然を消費することは，将来の世代の消費に影響を及ぼす。このことの認識から，持続可能な消費という思想が広がっていった。また，地球規模でみても，また一国内でも，同世代の人間の間での消費財の配分に大きな不平等が存在している。

　UNDPの1998年人間開発報告『消費パターンと人間開発』は「20世紀における消費の拡大は，その規模と多様性で前例のないものであったが，その分配は適切に行われず，多大な不足と不平等を残した」（UNDP 1998, p.2）とし，「世界の消費の大部分は圧倒的に豊かな人々に集中しているが，その消費がもたらす環境破壊は貧しい人々に最も深刻な影響を及ぼしている」（同，p.6）といっている。

　消費と貧困の国際的問題は本書の第9，10章で扱うが，この章では，1998年人間開発報告がとりあげている消費と「人間開発」（Human Development）にちなんで，消費と人間発達の問題にふれ，続いて消費とは何かを階級・階層視点で考え，最後に消費をジェンダー視点で捉えなおす作業を試みる。

消費と人間発達

　これまで，生産の経済学は労働と人間発達を問題にしてきた。その場合労働は生産的活動を意味していた。しかし，消費も，生産活動とならんで人間の発

---

(1) **持続可能な消費**　本書第10章191～193頁を見よ。
(2) **階級・階層**　階級とは，一定の歴史の段階の社会の生産組織の中で占める人々の地位，生産手段の所有の有無，社会の労働組織の中でのその役割，したがってそれらの人々が自由に処分することができる社会的富の分け前の取得のしかたおよびその大きさによって他と区分される人々の大きさの集団のこと。階層とは，一つは，同じ階級の中で，さらに地位や富の分け前の大きさによって区分される人々の集団を指す場合，二つは，階級にまたがって社会的立場や要求，課題などで共通する人間集団をいう場合の二つの意味に使われる。

展の手段である。何を消費するかが人々の能力を発達させたり、生存を長引かせたりするからである。個人的にみれば、ある種の生産的活動が人間発達を阻害し、それとは全く無関係な消費そのものが、人間発達を促したりする。俯瞰的にいえば、生産的活動も消費も人間発達にとってはプラスの側面とマイナスの側面を併せ持っている。

　社会的には消費の前には財やサービスの生産があり、それらの生産も消費も、それらにまつわる労働も人間に複雑で多面的な影響を及ぼす。そして人間は、女性と男性から成り立っている。女性と男性の人間発達の機会は、生産においても、消費においても今日では、地球のすべての場で、他の多くの不公平の一つに過ぎないとはいえ、相当程度不公平だからである。

2　消費と消費者

二種類の消費と消費者

　消費とは何だろうか。人間の消費には生産的消費と個人的消費との2種類がある。生産的消費は人のエネルギーが物に対象化されること（労働、すなわち労働力の支出および生産手段の消費）であり、個人的消費は物の人化（労働力の再生産）である。人は、皆、個人的消費を行って生きているのであり、その意味では人はみな「消費する人＝消費者」である。45億年の地球の歴史の中で数万年前に人類が発生して以来、人は、消費する人＝消費者であった。

　しかし、「消費する人」が「消費者」と呼ばれるようになったのは、生産と消費が人的にも分離し、流通によって場所的にも明確に区分される近代になってからである。長い歴史からいってたかだか数百年でしかない。「消費者」といえば、生産とは分離された消費する人というイメージがある。しかし、今日もなお地球上では、生産＝消費、生産者＝消費者と、両者が区分しがたい生活を送っている民族も多く、極端な場合には、生産を媒介せずに直接自然の消費者でさえある。このように、生産と切り離されることはなくとも、また生産を媒介することがなくとも、人は生存のためには「消費者」になる。

生産的消費（＝生産）と個人的消費

　生産のあるところには生産的消費がある。生産力や生産様式の相違によって生産的消費の様式は異なる。生活経済では，個人的消費のみを対象とするが，それは生産的消費と切り離されるものではない。両者は次のように連続している。

　消費とは，人間の生命や活動力（労働力）の再生産のために，人間が，自然や，それに手を加えた労働の成果である財や，財と組み合わせて人間に直接働きかけるサービスを「人化」させること，つまり人に取り込むこと，人の側に引き付けることである。この行為は，生産的消費（つまり生産そのもの）と連動して，人間が生存のために，人間そのものを含む自然を変え，消費するということであり，その意味では，自然そのもの＝資源を消費するということである。この意味で個人的消費は，自然環境を切り崩し，生態系[3]に非自然的な作用を及ぼして自然を破壊するということにつながる。

消費者は分類される

　個人的消費をする消費者個々人は，世界中でいずれかの民族，社会階級・階層に属し，また，女か男かのいずれかの性に属している。消費でまず一義的に問題になるのは，地球上でどういうグループが多くを消費し，どういうグループが消費から疎外されるかということであろう。その点では，最近の多くの社会的事象に関する研究がそうであるように，消費もまた文化人類学的視点，社会階級・階層視点からの研究とあわせて，女性と男性の区分を視野にいれた研究（つまりジェンダー研究）がなされ，さらに，これらの視点を噛み合わせることが必要となってきた。

　消費者に対し生活者という呼称がある。消費者には生産者という対語があり，生産者に対して受身の消費者という印象を与えるという点が指摘されることもある。生活者にはこうした意味での対語がなく，生活の主体としての積極的姿勢をあらわすにふさわしいとも考えられる。生活者もみな，生活手段財やサービスを消費して生きるという意味では消費者である。消費者とは生活者のこう

---

(3) 生態系（ecosystem）　一地域の生物と環境を機能的まとまりとしてとらえた呼称。

した側面を強調して言い表したものである。

消費と階級・階層

　生産的消費も個人的消費も，人類の歴史と共に変化してきた。地域的特性や文化を捨象すれば，原始共同体の消費や古代の消費も，その時々の生産手段や生産力と社会を構成している基本的階級によって異なっていた。中世封建社会においても，衣食住の生活手段のすべては，階級性をもっていた。

　近代資本主義社会の成立の過程で，いっさいの生産手段や営業手段から切り離されて形成された労働者階級は，賃労働にありつけない限り，生活手段＝消費手段からもきりはなされることとなった。消費はどの階級・階層に属するかによっても大きく異なってくる。

　階層差の幅が相対的に小さいといわれる日本においても，基本的には例外ではない。住宅という消費手段ひとつをとっても，例えば地震で大きな被害を受けるのは，特に低所得層の住む地域の住宅である。教養娯楽費として表れる文化的生活手段やサービスの量や質も，所得の大小に反映される階級・階層差を無視できない。

　世界的に見ても，消費する生活手段の格差は，開発途上国の賃労働にも組みこまれることのない階層と現金収入あるものとの間にも生じている。階級・階層を性別に分けると，同じ階級・階層のなかでも，女性と消費の問題がクローズアップされる。

3　消費と女性

「消費と人間」から「消費と女性」へ

　「消費と人間」「消費と階級・階層」という総括的思考から，後述の「消費とジェンダー」という着眼にいたる前に，これまで男性に代表される「人間」一般の中に埋もれていた女性に注目して「消費と女性」という視点がまず現れる。これは，GADの前にWIDがあるのと同じプロセスである。この視点は大きく四つに分かれる。第一は，地球規模で生産を担当する男性（生産の男性性）に比べて女性が，家族員の消費に直接結びついたさまざまな行為あるいは

活動（消費労働）を役割分担してきたという意味（消費の女性性）。第二は，女性が収入を得て自らの裁量で消費生活物資やサービスを購入するようになると，女性自身の欲求が商品やサービスの市場を形成するという意味（特別の女性市場の形成）。第三に，女性という性が消費者問題と特別の関わりをもつという意味（消費者被害）。第四に，消費労働が社会労働化したときの職業の担い手が主に女性であるという点である。まとめると以下のようになる。

① 家族員の消費のための労働の担い手としての女性
② 女性の欲求を刺激する商品やサービスの消費者とされる女性
③ 女性と消費者被害の特別の意味
④ 職業としての消費労働の担い手としての女性

このことを念頭において以下，消費について考えよう。

開発途上国の女性と消費

この4つは，開発途上国においても先進国においても共通の側面をもちながら，異なった現われかたをしたり，相互に関わってもいる。このことを端的に物語っているのは，フー・ガイク・スィムら（フー他／ヤンソン由実子訳 1988）であった。スィムらは，開発途上国に関して次のように書いた。

> 私たちは，みんな消費者である。女も男も，国籍を問わず階級を問わず，みんな消費者である。中でも女は一番大きな消費者グループである。女は自分のためだけでなく他の人のためにも買い物をしている。女は，もっとも貧しい人たちである。……貧しいだけでなく社会的な地位が低いために，女は必要なサービスやものがないとき，とくに弱い立場に立たされてしまう。物価の値上がりや，でたらめな商法にもっとも苦しむのは多くの場合，女である。適当な住宅，ヘルスサービス，適切な技術，水，燃料などがないことのためにもっとも苦しむのは女である。

マレーシア，ペナンのIOCUのフー・ガイク・スィムと，Isis International (Roma, Italy) のトルース・ウェルズによるこの書は，女性と開発と

---

(4) ＧＡＤ (gender and development) 開発にジェンダーの視点を入れること。その開発プログラムによりジェンダー関係がどのように変わったかに注目する。

(5) ＷＩＤ (women and development) 開発に女性の視点を入れること。

消費者を結びつけ，女性が，常に生産と流通，そして消費という三つのセクションの接点にたっていながら，その存在を，長い歴史の中で見過ごされてきたことを指摘した。この書は，開発途上国の消費者問題の被害者には女性が多いことを衣食住，薬品等多くの領域において示したものであり，消費と女性が，人間一般の消費から特に区別されて問題にされるべきことの必要を明らかにしたものである。

現在の日本での消費と女性

先進国である日本でも，本質的問題は同じではあるが，具体的には異なって現れる。家族員の消費と関わる労働の担い手としての女性は，消費運動にかかわる。そのことから消費運動と女性の関係が注目されてきた。日本協同組合学会編集の『協同組合研究』が，1987年「協同組合と女性」を特集した。これは，農業協同組合・漁業協同組合・生活協同組合運動と女性の関わりをあつかったもので，必ずしも「消費と女性」をあつかったものではない。しかし，生産をも含めた消費と，「女性と協同組合」は研究のテーマともなっている（佐藤1996）。

女性の欲求を刺激する商品やサービスの消費者とされる女性については，「消費者としての女性の重要性は消費財産業からのターゲットのされ方にも反映する」(Rodda 1991) という指摘があてはまる。

職業としての消費労働の担い手としての女性は，消費生活アドバイザー[6]，消費生活コンサルタント，消費生活相談員，ＨＥＩＢ[7]等の職業が多くは女性によって担われていることにも反映している。先の消費生活協同組合に関する活動・労働も担い手が女性である。また，消費のための労働である家事労働は，日本ではほとんどが女性によって担われており，健康・生命維持の基礎である食生活家事労働の担い手も女性が多い。

---

[6] 消費生活アドバイザー　通産大臣が認定する消費者教育の専門職。

[7] ＨＥＩＢ (Home Economists in Business) 消費者の立場から企業と消費者を結ぶ職業。

4 消費とジェンダー

二つの消費にジェンダー視点をあてはめる

　消費には，本章2でみたように，生産手段と人間の労働力を消費して財を生産する「生産的消費」と，財を人間が消費する「個人的消費＝本来の消費」と，二種類の消費がある。ということは，消費とジェンダーという視点を，単に「個人的消費」にだけでなく，「生産的消費」にも向けなければならないということを意味する。そのことは，生産は男性性を象徴し，消費は女性性を象徴するという見解の検討にもつながり，環境問題を人間の二つの消費の次元で考察することをも可能にする。

　第一の「生産的消費」とは，生産手段と人間の労働力を消費して財を生産すること，すなわち生産であり，サービス経済化の進む今日では，サービスの生産一般，従って流通・金融サービス等も含まれる。これを「広義の生産的消費」と呼ぶことにする。この「広義の生産的消費」のプロセスは，主に私的営利セクターにおいて，企業組織の管理のもとに置かれている。ここでは，管理する者，そのもとで労働に従事する者（つまり労働力を消費する者）たちの，労働過程での労働時間・労働強度・職業病・過労死等とならんで，縦と横のジェンダー関係が問題になる。しかし，これは，労働問題の領域で扱うべき問題であり，ここでは除外される。また，このプロセスでは，生産手段が生産的に消費されるが，この生産手段の入手，生産的消費の仕方（原材料としても，製品の包装，廃棄物処理，リサイクルとしても）が，環境問題と関連し，意思決定機関に男性が多く配置されている場合（日本ではそれが常識になっている），生産的消費とジェンダーの問題として一つのテーマとなる。

　第二の「個人的消費」つまり，本来の消費は，まず，上述の消費と女性の問題が日常的に可視的になっている。その裏返しには「個人的消費と男性」という問題設定ができなくはない。すなわち，第一は，男性は，「広義の生産的消費」の場では働くが，家族員の消費に直接結びついた家事労働を役割分担しない，第二は，男性向けの商品やサービスの市場形成，第三に，男性特有の費消費者被害，第四に，消費労働が社会労働化したときの職業の担い手の監督者と

なる。等々。

文化研究としての消費とジェンダー

こうした,「個人的消費」において「消費と女性」から「消費とジェンダー」という視点への転換が行われる。しかし,「消費と人間」「消費と階級・階層」から「消費と女性」へ,そして「消費とジェンダー」へという視点のあて方の推移は,発想としては連続しているようでありながら,研究方法としては断絶しているように思われる。

なぜなら,「消費とジェンダー」という問題のたて方は,消費問題研究よりは,ジェンダー研究,カルチュラル・スタディーズで多くなされているように見受けられるからである。Victoriade Grazia & Ellen Fluogh の *The sex of things: gender and consumption in historical perspective*, *You are seduced by the sex appeal of the inorganic* (1996) (『性に関すること:歴史的視点からみたジェンダーと消費—あなたはつくられた性的表現で惑わされる』) などはその例である。

以上の二つの種類の消費において,生産の男性性と女性の消費性と単純に二項対立的にとらえることもできない。女性は食料の生産,農業に多く携わっていながらその分け前には多くあずからない,とか機械性大工業のもとで,剰余価値の生産を担ったのは女性であったということを思い合わせると,そう単純化ができないことに気づかされる。

今日の環境問題が,人類のこれまでの消費の営みの累積によってもたらされるという場合も,消費を,個人的消費レベルに閉じこめることはできないことにも容易に気づくであろう。生産的消費と個人的消費の両側面から,消費と環境は問題にされなければならない。

日本でも,消費の社会階級・階層的研究(戦前の家計調査,現在の家計調査の収入分位階級別等)に比べて,消費とジェンダーを関連づける研究は新しい。ここでは,消費をジェンダーの視点で研究するということ,つまり「消費の

---

(8) カルチュラル・スタディーズ (cultural studies) 従来の社会心理学や批判理論とは異なる視点から労働者文化,大衆文化,若者文化を研究するが,その広がりの中で,さまざまな現代思潮が取り入れられてきた。消費文化研究もその一つである。

ジェンダーリング」が，なぜ必要で，消費の研究に何をつけ加えるかについて考えてみよう。

消費とジェンダーの諸側面

従来の理論や方法を発展させて，「消費をジェンダー視点で分析する」とはどのようなことであろうか。社会政策にジェンダーの視点を入れる，労働問題研究にジェンダーの視点を入れる，社会保障をジェンダー分析する，歴史をジェンダーで読むという作業が行われているが，これを消費に当てはめるとき，どのようなことが考えられるであろうか。

第一に，消費のジェンダー統計による「消費とジェンダー」の客観的把握ということがあげられる。既存の政府統計では，それは，単身男女の支出額と，世帯単位の支出の中で区分されている若干の支出項目分類によって部分的把握が可能になる。第二に，市場労働とは異なる非市場消費労働にどれだけの時間を男女が費やすかという問題が設定される。第三に，消費財の使用価値毎にその消費に両性がどのように関わるかという問題である。例えば，食とジェンダー，衣とジェンダーという考察である。これは，第一，第二の支出金額と時間消費の両方が関連する。第一については，第5章で，第二については第8章でとりあげるので，この章では第三の問題に注目したい。

結論的にいえば，日本では，どの家計調査でも，大ざっぱにいって勤め先収入：男＞女，消費支出：男＞女，食料費：男＞女，住居費：男＜女，光熱・水道：男＜女，家具・家事用品：男＜女，被服・履き物：男＜女，保健医療：男＜女，交通・通信：男＞女，教養娯楽：男＞女，といった傾向が見られる(Ito et. al 1995)。なぜこのようなことになるのであろうか。それぞれの説明は簡単にはできないが，ここでは食をジェンダーリングしてみたい。

食とジェンダー

「食とジェンダー」(food and gender) という視点は，日本ではまだ遅れており本格的研究は行われていないが，ジェンダー研究の盛んな欧米では，かなり前から注目されている (DeVault 1984; Charles et. al. 1988; Carr 1991)。

食という場合，必ずしも消費する食ではなく，生産する食とジェンダーへの

注目も多い。

　食のもとなる農業従事者の男女比率の推移を追って、食とジェンダーの関係を見ることもできる。しかし、農業一つをとっても、世界のどの国か、経済の発展段階や、農業の特徴によって、農業と関わる男女比も異なる。国際的に、食料の生産・加工―流通―消費―廃棄までのプロセスに男女がどのような比率で関わるか、それに経済発展や文化はどのような影響を及ぼすかにを考察して食とジェンダーの関わりを考えることもできる。そのためには、さまざまな統計を組み合わせなければならないし、歴史的・文化的・技術的背景についての理解も必要とされる。

　また、高齢社会における「食物とジェンダー」の問題に注目することも興味深い（伊藤他　1996a；1996b）。家計調査と生活時間調査を組み合わせた分析をして、食物の消費とジェンダーの関係を考察することもできる。

　例えば、男性は、後の章で見るように食物を素材からではなくできあがった食物として購入することが多い。つまり食に関する家事労働をしていないのである。男性が若いとき食に関する家事労働と関わっていないまま、高齢期に単身になった場合を想像してみよう。高齢社会を迎えて、例えば日本の厚生省が高齢者向けの食生活指針を、当然女性が食事作りをするものと想定して、つまり、ジェンダー配慮なしに出したとする。若いときに食に関する家事労働をしたことのない男性が、高齢になって理想的食生活指針にあわせた食事など一人で作れようがない。また、行政や民間の実施する食事サービスを利用しても、栄養の知識や調理の技術を知らない場合は受け身の利用者になりかねない。高齢社会でサービスの利用者が主体的であるということは、日常的消費に関しても主体性をもった行動の積み重ねが必要なのであり、特に食に関しては重要な問題である。

食とジェンダーをめぐるＦＡＯ等の国際的動向

　ＦＡＯおよびＷＨＯは、1992年12月にローマで国際栄養会議を開催した。その最終報告書の第2部に「世界栄養宣言及び行動計画」（以下「栄養宣言」「行動計画」と略記）が掲載されている（ＦＡＯ＆ＷＨＯ　1993）。「栄養宣言」の8項では、社会的、経済的及びジェンダーの不均衡の継続により栄養的ウエル-

ビーイングが妨げられているとされている。第13項では，女性及び青年期にある女性の十分な栄養への権利，男性に対する栄養的ウエル-ビーイング促進のための教育の重要性が述べられている。

また「行動計画」中の16項は，女性とジェンダー平等の視点から，女性と食の社会的つながり，あるいは女性に十分かつ適切な栄養が保証されることに注意を促し，「少女と少年との間の食料の割り当てにおけるエクイティが促進されなければならない」としている。

第4回世界女性会議「行動綱領」の中で，食と女性あるいは食とジェンダーにかかわる項目は，106項で，そこには「家庭及び国内の食料安定を促進し，栄養におけるジェンダーの格差に特別な注意をはらいつつ（中略）国際栄養会議の行動計画でなされた公約の実施によって，全ての少女及び女性の栄養状態の改善を目指すプログラムを実施すること」とある。

1996年11月，ローマで開催された「世界食料サミット」は，飢餓解決のための食料支援にあたって，女性の役割に注目し，「女性は，家庭の食料安全保障の責任の主要な部分を担っており，また経験によれば，各種資源を女性の手に委ねた方が，男性が管理する場合よりも子どもへの栄養上の利益は大きいことが多い」（第13章2.13）とし，「食料支援は，飢えている家庭での積極的変化を進める力となるいくつかの資源の一つであるが，全開発援助の95％近くに達する資本の流れよりも，確実に飢餓女性の手に届くことが多い。（中略）食料支援は，最貧層の女性その他の人々に対する一種の資産給付の窓口である」（第13章2.14）と捉えている（ＦＡＯ編／国際農業食糧協会訳　1998）。

このように，女性と食の問題は，消費にかかわる女性の位置が男性と異なるところから，すぐれてジェンダーの問題としての特色を帯び，単に個人的消費の場を離れて世界の飢饉や食糧問題にまでつながるのである。

「食の消費とジェンダー」を統計でとらえる試み

食とジェンダーという場合，食材が消費に至る過程とその前後には，食の生産，流通，消費労働（購入，保管，調理，配膳，後片づけ，廃棄）が介在する。この生産―流通―消費労働―消費の流れの中で，食の消費とジェンダーの関係をとらえる時どういう手段があるだろうか。

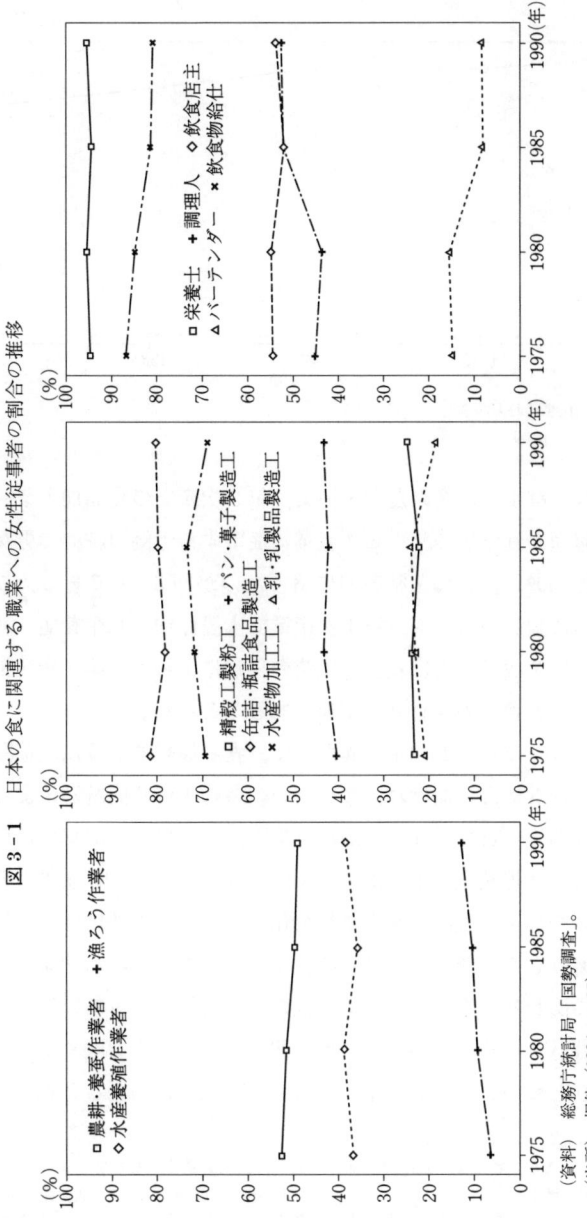

第3章 消費と人間そしてジェンダー 57

図3-1 日本の食に関連する職業への女性従事者の割合の推移

(資料) 総務庁統計局「国勢調査」。
(出所) 梶他 (1994) p.35)。

図3-2 日本の男女別炊事時間の推移（週平均一日）

(分)

1970　1975　1980　1985　1990(年)
□ 女　＋ 男

（資料）　NHK「国民生活時間調査」。
（出所）　梶他（1994 p.36）。

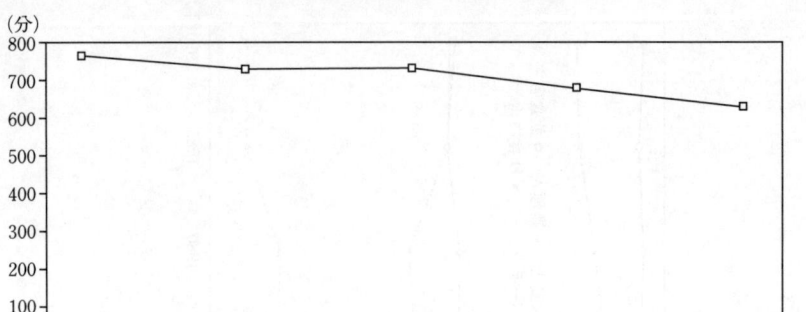

　生産と流通は，第1次産業(9)の農業・漁業，第2次産業(10)の食品加工業，第3次産業(11)の食品の流通や食堂等のサービス産業に従事する労働力統計で男女別に把握できる（梶他　1994）。これを歴史的に追ったのが図3-1である。この図によっても，一口に食といっても，第1次産業でも農作物，水産養殖，漁労，の区別によって，第2次産業では食品加工業の種類によって，第3次産業では職種によって，男女の食への関わりの相違があることがわかる。
　しかし，消費は，これらとは全く異なって，食の最終的消費に直接関連する男女別生活時間統計によらなければならない。各種生活時間統計によっても，男性が食の消費過程（買物，保管，調理，配膳，後片付け，廃棄）にかける時間は，女性と比べて歴史的に極端に少ない（図3-2）。社会的分業に汲みこまれた食料の生産や加工，食品の販売や社会化された食事の提供は，それぞれ，男女が一定の偏りをもちながらも社会的分業関係にあるが。私的家庭内で行われる食の消費に関わる労働は圧倒的に女性の家事労働によっている。
　以上は，消費財・消費行動のうち，食に関するもののみを取り上げた。衣や住に関してもひとつひとつ検討すると，新しい知見が得られると思う。興味深

---

(9) **第1次産業**　農業，牧畜業，水産業，林業，狩猟業等の採取産業
(10) **第2次産業**　鉱業，製造業，建設業，ガス・電気水道業等物質の加工業。
(11) **第3次産業**　運輸・通信業，商業，金融業，公務，家事サービス，その他のサービス。

いテーマとして残しておきたい。

5 消費のジェンダーリングからみえてくるもの

　先に「消費と女性」としてあげた項目を「消費とジェンダー」とおきかえてみよう。次のようなことが指摘できる。
　①　家族員の消費のための労働の担い手をジェンダー視点から見る→女性が多く担っている。女性は生活技術面での「生きる力」が身につく。しかしそれはアンペイド・ワークであり経済力は弱い。
　男性はペイド・ワークに多くの時間を割き消費財を購入する経済力はあるがそれを直接的最終消費に持ちこみ後始末をするという意味での「生きる力」に欠ける。ジェンダー・エクイティのためには，バランスをとる必要がある。
　②　女性の欲求を刺激する商品やサービスの消費者とされる女性→ジェンダー視点で見れば，女性の側の消費欲求の問題だけでなく男性の女性に対する欲望がからんでいる。このことは性の商品化に関連する。消費の爛熟，資源の浪費は，両性の精神的堕落をまねく。「持続する消費」という視点から消費をジェンダーリングする必要が生じる。消費においてもジェンダー・エクイティの原則に反する生活様式が形成される。
　③　女性と消費者被害の特別の意味→有害な消費財の生産の企画・意思決定は男性であることが多いが，しばしば女性の場合もある。被害の一部は，生物学的セックス（産む性）に起因し，女性の体が特別に必要とするものが利潤の対象となる。生産への企画段階からの女性の参加，情報の提供，被害の救済が必要となる。
　④　職業としての消費労働の担い手をジェンダー視点で見る→家事労働の社会化（産業労働化，公務労働化，協同組合等非営利セクターの労働化を含む）部門の労働の女性化が，労働の組織において不利な地位に偏っていないか，低賃金に固定化されていないか等の検討と改善を要する。
　人間の消費は，女性・男性という異なる性・ジェンダーによる消費である。提供される消費財・サービス，それにたいする広告（コマーシャル）のあり方，消費労働（家事労働も社会化された労働も）のあり方において，ジェンダーの

再生産がなされていないか，ジェンダー・エクイティの方向を思考しているかの検討が「消費をジェンダーリング」することによって可能となるだろう。

引用文献

Carr, Marilyn (Ed.) (1991) *Women and Food Security, The Experience of the SADCC Countries*, International Publication Publication, UK.

Charles, Nickie and Kerr, Marion (1988) *Women, Food and Families*, Manchester University Press, Manchester and New York

DeVault, M. Lynn (1984) *Women and Food : Housework and the Production of Family Life*, Northwestern Universty (Diss.)

ＦＡＯ編／国際農業食糧協会訳（1998）『世界の食糧・農業データブック―世界食糧サミットとその背景』農文協

伊藤純・伊藤セツ（1996a）「高齢化社会における食生活家事労働の社会化」『日本家政学会誌』Vol. 47, No. 2

伊藤純・伊藤セツ（1996b）「食生活家事労働の数量的把握からみた食とジェンダー」『昭和女子大学生活科学紀要　学苑』No. 680

Ito, S. & Aneha, A. (1995) Current suituation and improvement of genger statistics in : *J. Home Econ. Jpn*, Vol. 46, No. 8

梶謡子・伊藤セツ（1994）「経済開発の中での食糧の生産と消費における女性―日韓統計のジェンダー分析」『昭和女子大学女性文化研究所紀要』No. 13

Rodda, Annabel (1991) *Women and the Environment*, Zed Books, London & New Jersey

佐藤慶幸（1996）『女性と協同組合の社会学―生活クラブからのメッセージ』文眞堂

スィム・フー・ガイク他／ヤンソン由実子訳（1988）『女・開発・第三世界―消費者としての女たち』共同図書サービス

東京都生活文化局（1993）『持続可能な消費への転換―ＩＯＣＵ（国際消費者機構）政策文書』（消費者運動資料 No. 75）

UNDP（1998）人間開発レポート『消費パターンと人間開発』

読者のための参考図書

小谷正守・伊藤セツ編著（1999）『消費経済と生活環境』　ミネルヴァ書房
　――消費を消費者問題にまで結びつけた広い視野からの消費経済の本である。

第4章

変わる企業社会　日本の労働と収入

1 企業社会の変化

前章で見てきたように，私たちの生活は消費することによって成り立っている。日本では生活財（商品）・サービスを購入し，それを消費するが，そのためには収入を得ることが前提となる。多くの場合，私たちは収入を企業から得ている。

私たちの生活は通常，家庭と企業の2つの側面から成り立っている。家庭は，労働力を企業に提供することによって賃金を得て，必要な商品・サービスを購入する。企業は，労働力を生産過程，営業過程，流通過程で用い，生産手段，営業手段に働きかけ商品・サービスを販売することで利益を得ている（図4-1）。家庭と企業のどちらの生活も質・量ともにバランスよく保たれることが望ましいと考えるが，日本では企業生活の側面の方が家庭生活より優先される傾向が強い。日本社会は，個人に対する企業の拘束性が異常に強く，社会全体の動きが企業のリズムを中心に振り回されることから企業社会と呼ばれてきた（二宮　1992, p. 17）。日本社会は引き続き今後も企業社会であると思われるが，その内容が変化しつつある。そこで，本章では企業社会をキーワードに労働者の働き方と収入の変化を探り，それが家庭生活へどのような影響を与えるかを検討する。

従来の日本的経営から新日本的経営へ

企業社会の形成にとって重要な役割を果たしているのが日本的経営という日本の企業特有の経営管理制度である。日本的経営は，第2次世界大戦後，先進国の経済水準に到達することを目的として成立し普及していった（津田　1994, pp. 144-145）。日本的経営の特質は，「経営家族主義」，「集団主義」，「人間主義」など論者によって様々に名付けられている。日本的経営を支えた代表的な管理制度は，終身雇用と年功賃金制度である。これらの制度は，労働者各自の企業

---

(1) **企業**　企業とは国民経済を構成する基本的単位であり，独立的な生産経済組織を意味する。狭義では，営利目的を追求する私企業を指すが，こんにちでは，公的組織，協同組合をも含んだ広い意味で使われている。

第 4 章　変わる企業社会　日本の労働と収入　63

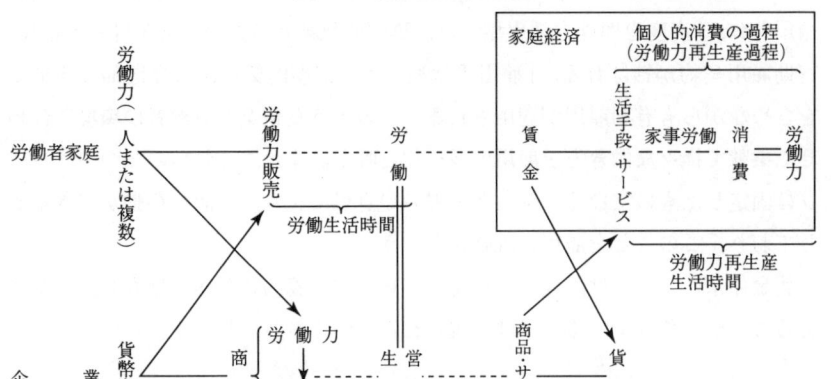

図 4-1　労働者階級の生活

(出所)　伊藤 (1990, p. 22)。

への貢献を長期的に評価することで，昇進・昇給を巧みに調整し，労働者間の競争を激化させ，「モーレツ社員」や「会社人間」を生み出したのである。しかしながら，1990年代以降の経済成長の鈍化は，労働力需給に影響を与え，企業のリストラクチュアリング[3]をおし進め，従来の日本的経営に影を落とし始めた。

そのことを明確に表しているのは，日経連が1995年に発表した『新時代の「日本的経営」——挑戦すべき方向とその具体策』と題した報告書である。そこには，従来の日本的経営の特徴であった終身雇用，年功賃金制度の崩壊が見いだされる。その中心課題は雇用形態と賃金体系の変革である。雇用形態については，労働者を「長期蓄積能力活用型」「高度専門能力活用型」「雇用柔軟型」の3つに分け，雇用の流動化と多様化を提起している。この3つの雇用グ

---

(2) **終身雇用と年功賃金制度**　終身雇用とは入社してから定年まで同じ企業で働き続けることである。企業と労働者の長期的・安定的な雇用関係は，労働者の企業への忠誠心を醸成する。年功賃金は，労働者の学歴と年齢・勤続年数を基準として賃金を決定することである。この他，日本的経営を代表する制度として企業別労働組合があげられる。

(3) **リストラクチュアリング**　事業再構築を意味する。事業構造を組み換え，新規事業分野へ経営資源を配分したり，不採算部門を撤退し事業所の統合，閉鎖，分社化などをすすめること。

ループを端的に説明すれば,「長期蓄積能力活用型」とは従来型の長期雇用が適用され,「高度専門能力活用型」は,専門的熟練と能力の提供が目的とされ,有期雇用契約が結ばれる。「雇用柔軟型」は,定型的業務から専門的業務までを含めながらも有期雇用が適用される。このような企業と労働者の環境に合わせた柔軟で様々な働き方を雇用の多様化と呼ぶ。また,これらの3つのグループは固定したものでなく,企業と労働者の意思でグループ間の移動が起きるとしており,このことを雇用の流動化と言う。

　賃金体系については,従来の年功型から能力主義的賃金への見直しが必要であることが示されている。では,現状をみていくことにしよう。

雇用の流動化

　まず,雇用形態を正社員と非正社員に大別し,その変遷をみよう(表4-1)。年毎に正社員の割合は減少し,非正社員数が増加している。

　非正社員の働き方の内訳を示したものが表4-2である。非正社員の中では,パートタイマーの割合が最も高く13.7%となっている。産業別に見ると非正社員の割合が最も多いのは,卸売・小売・飲食店であり(35.7%),ついでサービス業(25.9%),建設業(22.5%)である。事業所の形態別に見ると,店舗で働く約半数(48.9%)の労働者が非正社員である。さらに性別で見ると,非正社員の男性は13.1%,女性は38.6%であり,女性が男性の3倍を占めていた。このことについては次節で詳しく述べる。

　こうした非正社員の増加は,先の日経連の雇用分類によれば,雇用柔軟型の増加を意味し,終身雇用制度の適用者が減少していくことを物語っている。終身雇用制度により自らが定年まで勤務し続けられると思っているのは,60歳代では82%だが,年齢が若くなるに従って減少し,20代ではわずか12.9%しか終身雇用を信じていない(日本労働研究機構　1998a)。

能力主義管理

　企業は,その経営目的の効率的な達成に向けて人的資源の調達,開発,維持,及び労働意欲を持続させるために人事管理を行っている(占部　1987, p.349)。人事管理の基本原則として①年功主義,②能力主義,③業績主義があげられる

第4章 変わる企業社会 日本の労働と収入 65

表4-1 正社員,非正社員の割合の変遷 (%)

	正社員	非正社員		正社員	非正社員
1989年	80.9	19.1	1994年	79.7	20.3
1990年	79.8	20.2	1995年	79.1	20.9
1991年	80.2	19.8	1996年	78.5	21.5
1992年	79.4	20.6	1997年	76.8	23.2
1993年	79.2	20.8	1998年	76.4	23.6

(出所) 総務庁「労働力調査特別調査」(各年)。

表4-2 産業・事務所形態・性別による就業形態別労働割合 (%)

区分	計	正社員	非正社員	非正社員の就業形態					
				出向社員	派遣労働者	パートタイマー	臨時・日雇	契約・登録社員	その他
産業計	(100.0)100.0	77.8	22.8	1.4	0.7	13.7	4.4	1.7	1.0
鉱業	(0.2)100.0	90.8	9.2	2.0	0.2	1.5	3.0	1.7	0.7
建設業	(10.0)100.0	77.5	22.5	1.1	0.4	1.3	16.3	2.0	1.4
製造業	(29.6)100.0	84.1	15.9	1.1	0.5	10.8	2.3	0.5	0.7
電気・ガス・熱供給・水道業	(0.5)100.0	90.8	9.2	1.5	0.2	1.4	1.2	3.1	1.8
運輸・通信業	(7.9)100.0	90.0	10.0	1.5	0.5	3.2	2.6	1.4	0.7
卸売・小売業,飲食店	(24.1)100.0	54.3	35.7	1.1	0.6	28.5	2.6	1.8	1.2
金融・保険業	(5.0)100.0	87.7	12.3	0.8	3.6	3.4	0.6	3.2	0.7
不動産業	(1.0)100.0	81.8	18.2	4.7	0.6	8.98	1.1	1.3	1.7
サービス業	(21.9)100.0	74.1	25.9	2.0	0.8	13.6	5.4	2.8	1.3
事業所の形態									
事務所	(27.8)100.0	82.3	17.7	2.0	1.0	5.7	6.1	2.0	0.9
工場	(32.2)100.0	81.6	198.4	1.3	0.4	11.1	4.2	0.5	0.9
研究所	(0.8)100.0	86.4	13.6	5.3	0.7	5.3	0.1	0.8	0.4
営業所	(12.5)100.0	84.7	15.3	0.9	0.7	7.3	2.2	3.6	0.7
店舗	(14.7)100.0	51.1	48.9	0.7	0.8	41.0	3.8	1.2	1.5
その他	(12.1)100.0	76.7	23.3	1.4	0.7	12.7	4.1	2.9	1.5
性									
男子	(61.7)100.0	86.9	13.1	1.9	0.4	4.4	3.9	1.4	1.0
女子	(38.3)100.0	61.4	38.6	0.5	1.2	28.6	5.1	2.2	1.0

(出所) 労働大臣官房政策調査部 (1996, p. 23)。

表 4-3 今後の賃金制度の変更 (%)

項目	基本給の職能給的要素を増やす	基本給の職務給的要素を増やす	基本給の年功的要素を増やす	昇給・昇格を能力主義的に運用する	昇給・昇格を年功主義的に運用する	年収のうちボーナス部分を増やす	個人業績をボーナスに反映させる	ストックオプション制度を活用する
%	56.2	16.3	0.5	84.4	0.3	9.7	56.5	1.6

項目	年俸制を活用する	役職手当を充実させる	業績手当を充実させる	生活手当を充実させる	職務手当を充実させる	退職一時金を抑制する	退職一時金の年金化を促進する	その他
%	24.0	9.8	23.6	2.6	8.9	11.6	10.3	2.4

(資料) 日本労働研究機構 (1998)「構造調査下の人事処遇制度と職業意識に関する調査」。
(出所) 労働省 (1998, p. 219)。

(占部 1987, p. 502)。

　年功主義では，給与や昇進人事の決定基準として年齢，学歴といった本人の属人的基準が用いられる。能力主義とは，各自の職務遂行能力を評価して，各自の能力を賃金決定の基準とする職能給を採用し，人事考課[(4)]によって昇進を決定するものである。業績主義では，科学的手法を用いた客観的な測定に基づく各人の業績が，賃金決定や昇進人事の決定の基礎となる（占部 1987, p. 502）。現在，日本では年功主義から能力主義による賃金体系へ移行しようとしている。

　表 4-3 は，今後の賃金制度の変更について企業に尋ねた結果である。最も多い回答は，「昇給・昇格を能力主義的に運用する」で84.4％，ついで「個人業績をボーナスに反映させる」56.5％，「基本給の職能給的要素（つまり能力主義的要素）を増やす」56.2％となっている。この結果は，多くの企業が能力による賃金制度へ重心を移行することを打ち出していることを示している。

2　働き方の変化と収入の関係

　企業社会の変化は私たちの働き方と収入にどのような影響をあたえているのであろうか。現在，すでに進行しつつある雇用の多様化・流動化と能力主義を

---

(4) **人事考課**　労働者の業績，能力，人物資質を評価記録すること。昇給や賞与配分の基礎となるとともに，配置転換や昇進の資料となる。評価要素は業績，管理能力，職務知識，人物資質，成長可能性であるが，特に人物的資質や成長可能性は評価者の主観や偏見が入りやすい。それらを除外する公正な方法が必要とされる（占部 1987, p. 350）。

基盤とした賃金システムの変化について詳しくみていくことにしよう。

雇用の多様化と女性労働

　前節で働きかたには多様な形があることが理解された。こうした雇用の多様化の主な対象者となるのは誰で，収入にはどのような影響が生じるのであろうか。労働大臣官房政策調査部は1990年代と1980年代の2つの調査から，雇用形態別に労働者の割合の変化を報告している（労働大臣官房政策調査部　1996，p.24）。非正社員がいる事業所の中で増加している就業形態はパートタイマー（53.7％から61.0％），派遣労働者（6.3％から10.9％），契約・登録社員（7.7％から11.0％）である。雇用の多様化は非正社員（特にパートタイマー，派遣労働者，契約・登録社員）の増加に特徴づけられる。この現象は先述の日経連『新時代の「日本的経営」』における「雇用柔軟型」の労働者の増加にほかならない。

　すでに指摘したように，非正社員の割合を性別でみると，女性が男性の3倍を占めていた（表4-2）。このことは，雇用の多様化・流動化のターゲットの多くが女性であり，それは性差別と深く結びついていることを示すものである。非正社員の中で最も多い就業形態のパートタイマーについて詳しくみてみよう。図4-2は女性雇用者中パートタイマーの占める割合が年々増加していることを表している。1997年において，女性パートタイマーは746万人で，パートタイマー総数の67％を占め，全女性労働者の35.9％である（労働省女性局　1999，p.29）。

　全女性労働者の3分の1を占めるパートタイマーの賃金は，一般労働者と比べてどれだけの格差があるのだろうか。図4-3から1997年の女性パートタイマーの1時間あたりの所定内給与額は871円，一般労働者が1281円である。一

---

　(5) **パートタイマー，派遣労働者，契約・登録社員，臨時・日雇い，出向社員**　この調査の中でパートタイマーとは正社員より1日の所定内労働時間が短いか1週の所定労働日数が少ない者。派遣労働者とは労働者派遣法に基づく派遣元事業主から派遣された者。契約・登録社員とは，専門的職種に従事させることを目的に，契約・登録に基づいて雇用されている者。臨時・日雇いは臨時的，又は日々雇用している者で正社員と1日の所定労働時間及び1週の所定労働日数が同一の者。出向社員とは，他企業より出向契約に基づき出向してきている者である（労働大臣官房政策調査部　1996, p.19）。

図 4-2 短時間雇用者（パートタイマー）数及び構成比の推移（非農林業）

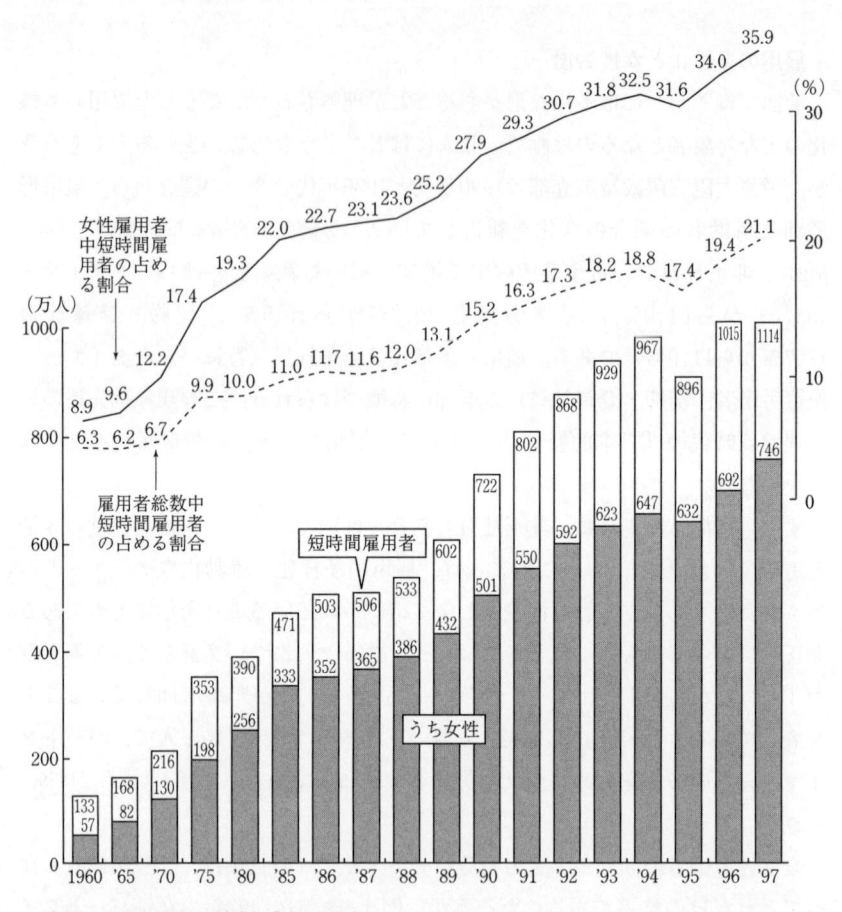

（資料） 総務庁統計局（各年）『労働力調査』。
（出所） 労働省女性局（1999, p. 29）。

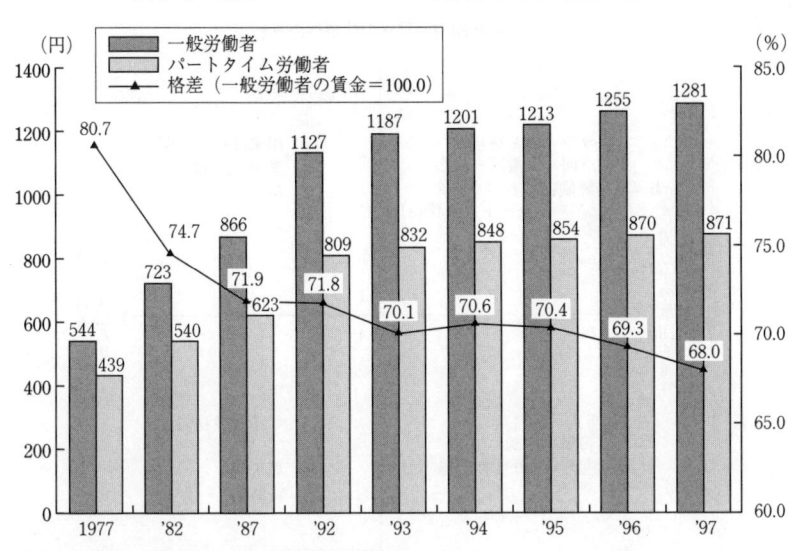

図4-3　女性パートタイマーと一般労働者の賃金格差の推移

年	一般労働者(円)	パートタイム労働者(円)	格差(%)
1977	544	439	80.7
'82	723	540	74.7
'87	866	623	71.9
'92	1127	809	71.8
'93	1187	832	70.1
'94	1201	848	70.6
'95	1213	854	70.4
'96	1255	870	69.3
'97	1281	871	68.0

（資料）　労働省（各年）『賃金構成基本統計調査』。
（出所）　労働省女性局（1999, p.31)。

般労働者の賃金を100とするとパートの賃金は68で，その格差は年々拡大している（労働省女性局　1999, p.31)。西欧諸国においてもパートタイマーは増加しているが，正社員と比較した労働条件，賃金の格差は，日本ほど大きくない（伍賀　1997, p.64)。日本では，パートタイマーとはいえ正社員と同様に長時間勤務をしている人も多いが，職場での呼称がパートということによって，賃金や処遇の格差が正当化されている。

賃金システムの変革

多くの企業は，今後の賃金システムに能力主義を導入することを考えている。熊沢（1997）は賃金の決定と能力評価の関係を図4-4のように示している。縦軸は，賃金を労働者の潜在能力に対して支払うのか，顕在能力に対して支払うのかの区分であり，横軸は労働者個人に人事考課（査定）があるかないかである。

図4-4において，能力主義的な賃金とは象限1と4であり，より厳密にいえば象限1は実力主義，象限4が最も狭義の能力主義となる（熊沢　1997,

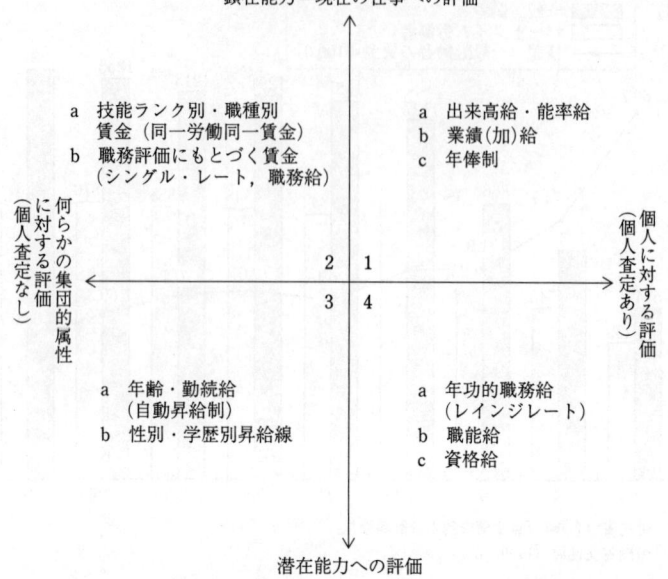

図4-4　さまざまな賃金支払いシステム

顕在能力＝現在の仕事への評価

	象限2	象限1	
（何らかの集団的属性に対する評価（個人査定なし））	a 技能ランク別・職種別賃金（同一労働同一賃金） b 職務評価にもとづく賃金（シングル・レート，職務給）	a 出来高給・能率給 b 業績（加）給 c 年俸制	（個人に対する評価（個人査定あり））
	象限3	象限4	
	a 年齢・勤続給（自動昇給制） b 性別・学歴別昇給線	a 年功的職務給（レインジレート） b 職能給 c 資格給	

潜在能力への評価

(注) 縦軸の右がより能力主義的で，左が処遇上でより平等主義的。横軸の上がより欧米的で，下がより日本的。
(出所) 熊沢 (1997, p. 12)。

p. 11)。象限1はどれだけ製品を作ったか，売り上げ高や収益を伸ばしたかを評価し，実績のみが重視されるハードな働き方を要求されるが，公平な実績評価が行われるならば企業への人格統合，つまり企業に従属し生活の全てを捧げるような働き方からは最も遠ざかりうる支払い方法である（熊沢 1997, pp. 11-13)。象限4は，職務にフレキシブルに適応し，私生活の都合よりも会社を優先させる生活態度を潜在的な能力と捉え，それを重視する支払方法である。現時点での能力主義は部分的に象限1へ移行しつつあるが，その基盤は象限4におかれている（熊沢 1997, p. 73)。

　象限1の賃金支払い方法は年俸制という形をとることが多く，個人の業績を明らかに把握することができる職種に限られる。企業の年俸制導入状況をみると，1994年に4.3％，1996年に8.6％，1000人以上の大企業では1994年に7.9％，1996年に15.9％であった（労働省 1998, p. 220)。今後3年間に年俸制を導入す

る予定の企業は大企業では22.3％であり，年俸制という賃金支払い方法に関心が高まっていることは事実である（労働省　1998, p. 220）。とはいえ，業績のみに偏った評価は個人の職務領域を明確に区分し，従来の日本企業の強みとされてきた労働者のフレキシブルな働き方を損なうことになってしまう。そこで，基本的には職能を重視した象限4の能力主義の上に立つことになるのである。

賃金制度の実情

賃金について具体的に見ていくことにしよう。企業が1人あたりに支払う月平均の総額人件費（1994年度，全産業計）は月平均で55万8679円，現金給与総額は45万5983円（所定内給与30万5945円，時間外手当3万220円，賞与・一時金11万9818円），現金給与以外の人件費は10万2696円であり，この中に退職金，福利厚生費，教育訓練費等が含まれる（日経連　1998, p. 21）。現金給与の中の所定内給与を100とすると，総額人件費は182.6となり，所定内給与以外に多くの費用が支出されている。

企業側が，人件費に関して問題があると考えているのは，「時間外手当が多すぎる」「所定内給与が高すぎる」「従業員が多すぎる」点であった。こうした問題を解決するための対応策として，「賃金体系の能力・業績主義」「賃金水準の抑制」「賞与を会社・個人業績双方にリンクする制度」があげられている（日経連　1998, pp. 22-23）。

また，昇給についても従来の昇給カーブを見直すことが必要とされている。その理由として，働き盛りの中年層の賃金水準が総体的に低く，仕事と賃金の間にギャップが生じていることがあげられる（日経連　1995, p. 83）。現在の昇給カーブは図4-5のように，約3割の企業が52.5歳から上昇が鈍化するようになっている。今後の対応策としては，「査定昇給を強める」「中年層の昇給カーブを高め，高年層のカーブを抑制する」があげられている。つまり，昇給も年齢や勤続年数によるのでなく，業績との関係が強められ，賃金が上下することになる。

先に述べた企業の総額人件費の内訳によれば，賞与は所定内給与を100とした場合の39.2に値する。賞与はボーナスとも呼ばれ，元来は利益分配的，功績報酬的性格を有していた（笹島　1998, p. 68）。しかしながら，昨今においては

図4-5 現在の昇給カーブのタイプ別割合 (全産業計)

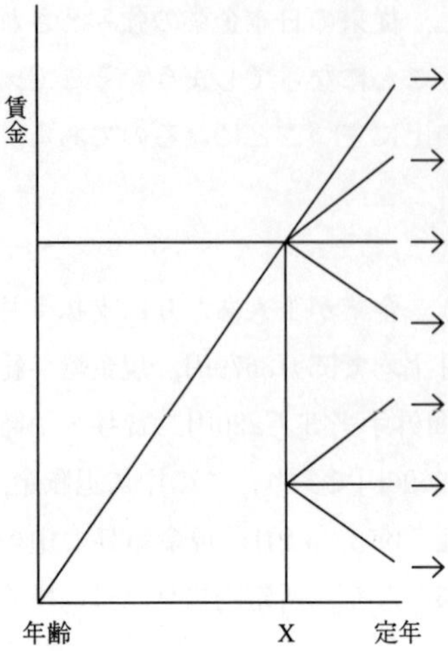

定年以前の昇給カーブのタイプ実施割合		変化する年齢
定年まで上昇	(11.3%)	――
上昇が鈍化	(35.7%)	52.5歳
横ばい	(17.0%)	54.5歳
漸減	(8.9%)	52.6歳
一定年齢でダウンし再び上昇	(17.5%)	55.9歳
一定年齢でダウンし横ばい	(7.9%)	55.9歳
一定年齢でダウンし漸減	(1.7%)	53.0歳

(出所) 日本経営者団体連盟 (1998, p.26)。

賞与を利用したローン返済等により固定給与と化している。厳しい経営環境において，企業側は毎年の賃上げよりも賞与の積極的活用によって労働条件を向上させようとしている。日経連は年間賃金における賞与比率を40％まで高め，業績リンク制を導入し，業績に対する貢献度を賞与額に反映することを提案している（日経連　1995, p.85）。年収に占める賞与比率を高め弾力的に対応することに賛成する企業は8割を占め，業績リンク方式の導入についても現在導入済み企業が4割，今後導入したいと答えた企業が7割にも昇っている（日経連1998, p.30）。

退職金制度はどのように変化しているのだろうか。退職金は通常勤続年数が長くなるほど支給額が累進的に高くなるように設計されている。しかし，能力主義や業績が重視される動向に退職金制度も無関係でない。

退職一時金の算定方法にも変化がみられる。大企業を中心に退職時の基本給を基礎とする方法から，基本給の一部や別テーブル方式等の算定方法がとられるようになった（表4-4）。また，企業への貢献度に応じて退職金を支払うポイント方式による退職金制度が提起されている（日経連　1995, p.85）。

表4-4 退職一時金算定基礎額の推移　　　　　　　　　　　　(%)

	退職時の賃金				別に定める額					その他
	計	全ての基本給	一部の基本給	その他	計	別テーブル	定額方式	点数方式	その他	
1978年	79.9	72.0	7.9	—	14.3	—	—	—	—	5.7
81	84.7	58.1	25.7	0.9	14.9	5.7	7.3	0.9	1.0	0.4
85	82.8	40.8	42.0	—	15.5	5.1	8.2	1.1	1.1	1.7
89	76.9	42.0	34.9	—	18.1	6.9	8.2	1.8	1.2	4.9
93	79.6	46.3	33.2	—	24.3	9.0	8.9	6.5	1.0	2.7

(注) 1993年のみ複数回答。
(出所) 労働省 (1998, p. 469)。

表4-5 雇用形態別にみた処遇の主な内容

	雇用形態	対象	賃金	賞与	退職金・年金	昇進・昇格	福祉施策
長期蓄積能力活用型グループ	期間の定めのない雇用契約	管理職・総合職・技能部門の基幹職	月給制か年俸制職能給昇級制度	定年+業績スライド	ポイント制	役職昇進職能資格昇格	生涯総合施策
高度専門能力活用型グループ	有期雇用契約	専門部門(企画、営業、研究開発等)	年俸制業績給昇給なし	成果配分	なし	業績評価	生活援護施策
雇用柔軟型グループ	有期雇用契約	一般職技能部門販売部門	時間給制職務給昇給なし	定率	なし	上位職務への転換	生活援護施策

(出所) 日本経営者団体連盟 (1995, p. 32)。

　以上，企業社会の変化を雇用の流動化，多様化，能力主義の導入という側面から検討し，それらの変化と賃金の関係について示してきた。本節の最後に日経連の示した雇用形態の3区分と賃金の関係を照合した表4-5を示す。雇用形態によって賃金の支払方法は明確に区別がなされることになる。その結果，グループ間の処遇の違いや賃金格差は正当化されるのである。

3　われわれの生活はどう変わるか

　企業社会の変化とは，従来の日本的経営から新しい日本的経営への転換を意味していた。われわれは，企業社会から無縁ではいられない。本節では，企業

社会で生きるわれわれの生活が今後どのように変わるのかを捉えていきたいと思う。

これからの働き方

企業サイドからみた雇用の流動化のメリット，デメリットを示す（日経連1998）。メリットとしてあげられているのは，「能力主義・業績主義の徹底化」，「人材価値の市場評価」，「年功序列制度の見直し」等である。これらについては，すでに前節でふれたとおりである。デメリットは「企業に対する帰属意識がなくなる」，「個人優先となり組織の一体感が崩れる」「好・不況の影響をうけやすい」等の事柄があげられていた。中でも「企業に対する帰属意識がなくなる」ことをあげている企業は80.9％であり，企業への帰属意識の喪失は雇用の流動化における最も懸念すべき問題であることがわかった。

雇用が流動化し，能力主義が徹底すると，個人は企業への帰属意識を弱め，今までの会社一辺倒の生活から自由になれるのだろうか。働き方の個別化，自律性について労働省は，企業内の部門間で違いはあるにせよ，将来的に個人の自律性を重視した仕事の進め方の比重が高まるであろうと予測している（労働省 1998, pp.272-273）。仕事の上では個人の自由裁量の範囲が広がるようである。こうした働き方の変化に対応していくためには，企業と個人双方の環境整備が不可欠となる。企業は自律性を認め支援する制度づくりを行い，個人は職業生涯の設計と能力開発，自己啓発に努めなければならない。

企業による自律的な働き方や能力開発のための主要な制度として目標管理があげられる（日経連 1995, p.77）。目標管理とは，労働者が各自の担当職務について具体的な達成目標を設定し，その実現に努力し，その成果を自己評価し，企業の目的達成に役立てると共に労働者を動機づけるシステムである（占部 1987, p.601）。目標管理における目標は1年または半年を単位として，常にチャレンジ志向のものが掲げられなければならない。各人が自己の目標に向かって努力するしくみなので，自己啓発，能力開発(6)に有効である。また，短期

---

(6) **能力開発** 職務の効果的遂行のために必要とされている要件とその職務を担当している者（及びこれから担当を予定されている者）の能力とのギャップをうめることを目的として，その職務遂行に必要な技能を修得させる訓練の両者を包括するもの（藤芳編 1992, p.202）。

表4-6 自己啓発のための支援援助制度の有無と活動内容
(%)

企業規模と活動期間	支援・援助のある企業	活動内容							
		地域社会活動	社会福祉活動	防災・災害援助活動	ドナー登録・提供	社外講座や研修への参加	リフレッシュ,ゆとり活動	国際支援	海外留学
企業規模計	24.1	5.7	1.0	3.2	0.6	16.4	7.7	1.2	0.9
勤務時間内	19.6	3.0	0.9	3.1	0.5	12.3	6.7	1.2	0.9
勤務時間外	10.9	3.7	0.3	0.4	0.1	8.3	2.2	0.1	
5000人以上	73.3	21.5	28.0	20.8	13.9	32.1	45.5	35.2	22.5
勤務時間内	66.7	15.1	24.4	19.2	12.8	14.7	41.2	34.9	22.5
勤務時間外	34.8	10.4	7.9	5.4	2.9	25.6	13.7	8.2	
1000人以上	56.3	12.9	10.2	8.8	5.0	27.6	33.7	11.4	8.8
勤務時間内	48.7	8.4	9.0	8.0	4.4	15.3	31.8	11.2	8.8
勤務時間外	25.6	5.8	2.3	2.2	1.2	19.8	6.3	1.6	
100-999人	33.7	7.0	1.6	4.3	0.7	21.8	14.5	1.9	1.7
勤務時間内	27.0	3.3	1.1	4.0	0.5	14.9	13.3	1.8	1.7
勤務時間外	17.0	4.9	0.6	1.0	0.3	12.4	4.2	0.2	
30-99人	19.0	5.0	0.5	2.5	0.4	13.9	4.0	0.6	0.2
勤務時間内	15.6	2.7	0.5	2.5	0.4	11.1	3.1	0.6	0.2
勤務時間外	7.9	3.2	0.1	0.2	0.0	6.3	1.3		

(出所) 労働大臣官房政策調査部 (1998, p.48)。

間で結果が明らかになり,評価は人事考課と深く結びついている。自律的な働き方や能力開発に関するその他の制度として,自己啓発の援助制度や資格取得支援制度,リフレッシュ教育等がある。

個人はこうした動向をどう受け止めるのであろうか。自律性や個性が重視される仕事ができると聞けば,やりがいがありそうだと思えるが,常に新しい技術へ適応し即戦力となる能力を身につけていることが必要とされる。先述したような企業が用意する制度を使いながら,自助努力を重ねていかなければならない。

今後の新しい働き方に関する世論調査(総理府 1995)によれば,自己啓発の重要性を感じている人が約7割に達している。自己啓発のための活動に対する支援,援助制度の有無と活動内容を表4-6に示した。労働者5000人以上の企業は約7割が支援,援助制度を持っている。また,自己啓発のための活動時間について,制度普及率の高い労働者5000人以上の企業でみると,勤務時間内

の支援，援助が6割，勤務時間外が3割である。勤務時間外で最も多い活動は，社外講座，研修への参加であった。

　企業の要請する職務を果たすために，勤務時間外の余暇時間を用いて自己啓発を強制されることもある（熊沢　1997, p. 105）。また，自己啓発は例えば資格の取得といった目標管理の自己目標に直結し，確かな結果を得なければ評価されないこともある。こうした状況下では，余暇は労働時間の一部となり，自己啓発という名のもとで余暇時間すらも企業に吸い取られていくことになる。自律的で個性重視の働き方とは，今までの画一的な社内の能力開発以上に厳しい一面を持っている。

　また，こうした環境の変化において，今まで集団的仕事の進め方で職業能力を高めてきた中高年への配慮は忘れてはならないだろう（労働省　1998, p. 277）。

　これからの働き方は，企業の束縛から解放される人もいるであろうが，多くの人々は限界に挑戦する目標を掲げ，自己責任のもとでより厳しい労働状況に追いつめられていくことになるのかもしれない。

働き方と労働時間の関係

　労働時間については第8章で述べられるが，ここでは労働時間の推移から今後の働き方について考えてみよう。図4-6は月間総実労働時間別に労働者の分布をみたものである。男女ともに1990年までは180時間台と200時間台の2つのピークがあったが，1996年においては160時間台にピークが集まり，短時間方向に全体がシフトしている。これは企業が労働時間短縮を進めた結果であると評価されている。しかしながら，このデータは「サービス残業」[7]時間を反映していないので，単純に労働時間が減少したと断定することはできない。

　また，労働時間の短縮が生産性を若干アップさせたという結果（労働省1998, p. 240）にも注意が必要である。労働時間の短縮は，労働者のリフレッシュメントを促進し，生産性を上昇させると分析されている。しかし，労働時間短縮と生産性上昇を結びつけた最大の要因は，労働強化や効率化の徹底ではないだろうか。また，ノルマにより業績管理を行っている場合は，残業してノ

---

[7] **サービス残業**　超過勤務手当（残業手当）の支払われない超過労働（残業）。

図4-6 月間総実労働時間の分布（調査産業計，企業規模計，一般労働者）

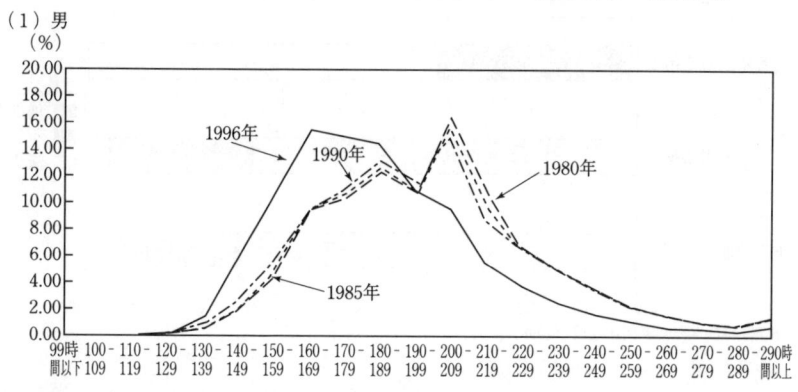

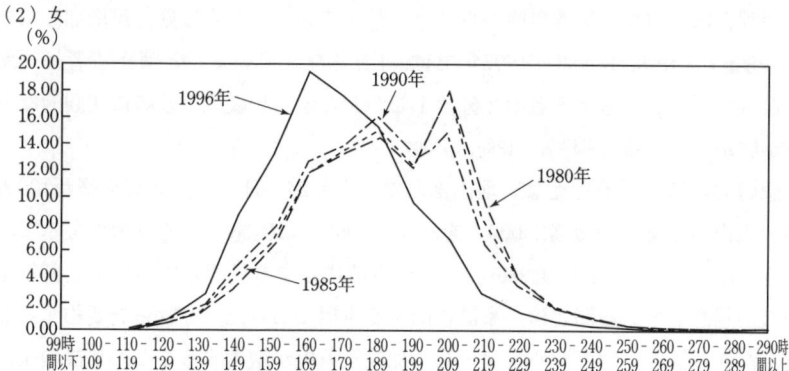

（1）男

（2）女

（資料）　労働省『賃金構造基本統計調査』を労働省政策調査部にて特別集計。
（出所）　労働省（1998, p. 239）。

ルマを達成しても，勤務時間内に仕事を終えられなかったことを自らの努力不足とみなし，労働時間に数えず「サービス残業」としてしまうことがあるかもしれない。労働時間が短縮されても，ノルマが軽減されないのならば，短くなった労働時間分だけ労働密度が増すことになるのは必至であろう。

労働者の意識

　企業社会の変化によって働き方や得られる賃金に多大な影響が与えられることが考えられるが，将来の生活を労働者自身はどのように捉えているのであろうか。今後の生活が「良くなっていく」とみる者と「悪くなっていく」とみる

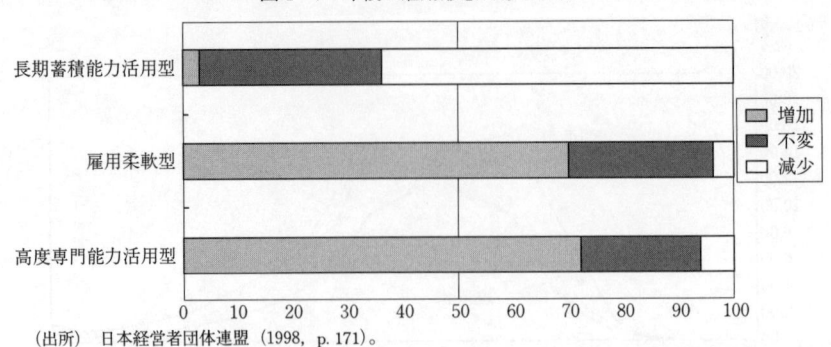

図4-7 今後の雇用形態のありかた

(出所) 日本経営者団体連盟 (1998, p.171)。

者の割合は，バブル崩壊以降から「悪くなっていく」とする見方が増加している（労働省 1998, p.307）。1997年では，「良くなっていく」と考える者は「悪くなっていく」と考える者の2分の1しかおらず，40歳以上の層に悲観的な見方が広がっている（労働省 1998, p.307）。

悲観的に考えざるをえない理由は何であろうか。日本労働研究機構が100人以上規模の企業の労働者20000人を対象に1998年に実施した意識調査をみてみよう（日本労働研究機構 1998b）。今後の生活に対する見通しについて8割以上の人が懸念している問題は，家計に関する事柄であった。それらを要約すると，賃金が伸び悩み，教育費や税金・社会保険料負担が増大すること，老後の生活費確保の問題である。

このような将来への不安を反映して，貯蓄額が増大している。総務庁統計局「貯蓄動向調査」によれば，勤労者世帯の貯蓄額は年々増加しており，1997年の世帯平均貯蓄額は1250万円となり，年間収入の約1.6倍となっている。今後も貯蓄額は増加する傾向にあると予測される。

共働きの増加

今一度，日経連の示す雇用形態グループに立ち戻り，今後の働き方をみてみよう（図4-7）。

「長期蓄積能力活用型」については，企業の約6割が減少すると答えている。「高度専門能力活用型」と「雇用柔軟型」は約7割の企業が増加するであろう

と回答した。今後,「高度専門能力活用型」と「雇用柔軟型」で雇用される人は増加する。こうした働き方は,一企業に従属しなくてもよいという反面,いつ解雇されるかわからないという不安をもちあわせなければならない。当然,年功賃金は期待できない。

そうなれば家計に入ってくる収入は不安定であり,勤続年数に比例して増えるわけでもない。収入が得られなくなる事態を想定し,収入を維持するためにとられる手段は,稼ぎ手を増やすということである。共働きによってリスクを分散するのである。家計の現状については次章で述べるが,パートタイムで働く妻は年々増加しており,現在もすでに妻の収入は家計を支える重要な役割を果たしている。雇用の流動化と共働きの増加は密接に繋がっているが,妻の働きに限定して言えば,問題にされるべきことは,どんな働き方であっても性別によって賃金が異ならないこと,またその賃金で生活が保障されることであろう。

今後の労働と賃金について考えると,企業が要求する働き方自体が女性を排除する傾向が強いのであるが,業績が重視されるという点では,性別に関係なく平等に賃金が支払われるという可能性もある。しかしながら,現実には業績に人事考課がプラスされ賃金が決定するので,女性であることが人事考課において不利になることのないよう,評価の「客観化」「公開化」の実現が問題視されるべきであろう（木元 1998, p.33）。さらに,人事考課とは異なる評価制度の開発も必要とされる。雇用の流動化が進めば進むほど,同一価値労働同一賃金の考え方は,不当な賃金格差や働き過ぎから労働者を守るために重要視されるであろう。同一価値労働同一賃金の実施は厳密な職務分析を経て,性に中立な職務分析を行うことで達せられる（森 1998, pp.40-45）。

今までの共働きの生活では,女性に負担がかかることが多かった。この事実は家事労働とジェンダーに関わっている。企業社会の変化と家庭生活は常にリンクしており,われわれの生活は双方を往復することによって成り立っている

---

(8) **同一価値労働同一賃金** 仕事の価値が同一か同等であれば同じ賃金を支払うということ。コンパラブル・ワース（comparable worth）,イコール・ペイ・フォー・ワーク・オブ・イコール・ヴァリュー（equal pay for work of equal value）,ペイ・エクイティ（pay equity）などと呼ばれる。企業の中の多数の職務を職務価値によって測定し,職務価値に応じた公正な賃金システムを確立するために用いられる。

(9) **ジェンダー** 第2章を見よ。

のである。企業は共働きから労働力のみならず，女性の低賃金，共働きによる生活の社会化の必要から生じる購買力の拡大等の利得を得ているのであるが（伊藤 1990, p.129），家庭生活の側面に目を向けることはない。

　日経連の示した新日本的経営政策を軸に話を展開してきたが，そこから浮かび上がった私たちの未来は，ますます競争に巻き込まれ，自己責任を追求される生活である。こうした状況下では，個人は萎縮し，家計消費は縮小し，市場経済は逆に悪化するという見方もあり，それを防ぐためには，競争に伴うリスクを社会全体でシェアするセーフティーネットの形成が急務であるという主張もある（金子 1999）。また，今後生じるであろう労働と生活の問題における具体的な方策の一つは，男性と女性の賃金の平等であろう。このことは女性の問題に止まらない。女性が家計を共に維持していくパートナーであることに気付けば，女性の働きぶりに値しない低賃金は男性にとっても看過できない問題となろう。そしてそれは，女性のみならず男性の働き方にも大きな影響を与える事柄であり，企業社会からの自律の第一歩となる可能性を含んでいる。

引用文献

藤芳誠一編（1992）『経営管理学事典』泉文堂

伍賀一道（1997）「『新・日本的経営』下の雇用の弾力化と女性労働」『女性労働研究』32号　ドメス出版

伊藤セツ（1990）『家庭経済学』有斐閣

金子勝（1999）『反経済学』新書館

木元進一郎（1998）『能力主義と人事考課』新日本出版社

熊沢誠（1997）『能力主義と企業社会』岩波書店

森ます美（1998）「コース別雇用管理下の職務のジェンダー分離と統合」『女性労働研

(10) **生活の社会化**　生活の社会化とは①家計の社会化，②家事労働の社会化に大きく分けられる。①家計の社会化における主要内容は収入においては社会保障給付，支出においては社会的消費手段と公的共同サービスの消費・利用である。②家事労働の社会化は家事労働の一部が社会的分業の労働に代替されることを意味する（伊藤 1990, pp.255-275）。本文中の生活の社会化は①と②の両方の意味を含んでいる。

(11) **セーフティーネット**　語源はサーカスの綱渡りに由来する。綱の下に張られた安全ネット（セーフティーネット）がないと綱渡り芸人は思い切ったアクロバットができない。アクロバットを市場競争に置き換えると，両者は補いあう関係にある。セーフティーネットとは，市場破綻を防ぐ仕組みを意味し，例えば労働市場では，労働基準や資格制度，労働組合，最低賃金制，社会保険制度等を指している（金子 1999, pp.69-71）。

究』33号　ドメス出版
二宮厚美（1992）「企業社会の扉をひらく」基礎経済科学研究所編『日本型企業社会の構造』労働旬報社
日本労働研究機構（1998a）「構造調整下の人事処遇制度と職業意識に関する調査」
日本労働研究機構（1998b）「平成9年加齢と職業能力に関する調査」
日本経営者団体連盟（1995）『新時代の「日本的経営」──挑戦すべき方向とその具体策』
日本経営者団体連盟（1998）『「新時代の日本的経営」についてのフォローアップ調査報告』
労働大臣官房政策調査部（1996）『平成6年　就業形態の多様化に関する総合実態調査報告』
労働大臣官房政策調査部（1998）「賃金労働時間制度等総合調査報告」
労働省（1998）『労働白書』
労働省女性局（1999）『平成10年版　女性労働白書』財団法人21世紀職業財団
笹島芳雄（1998）「人事・賃金基礎講座」『賃金実務』822号　産労総合研究所
総理府（1995）『今後の新しい働き方に関する世論調査』
総務庁統計局（1998）『貯蓄動向調査』
津田眞澂（1994）『日本の経営文化』ミネルヴァ書房
占部都美編（1987）『経営学辞典』中央経済社

読者のための参考図書
ブルム，リンダ／森ます美・居城舜子・川東英子・津田美穂子・川島美保・中川スミ・伊藤セツ・杉橋やよい訳（1996）『フェミニズムと労働の間』御茶の水書房
　──アメリカにおけるコンパラブルワース運動のケーススタディから，コンパラブルワースがジェンダーと階級を統合する運動となりうる可能性を検討している。同時に平等と差異をめぐる現実的な選択として，コンパラブルワースを客観的に捉えた書である。
熊沢誠（1989）『日本的経営の明暗』筑摩書房
　──日本的経営がいかに職場生活を規定してきたのかを，国内外の企業調査から描写している。考察された1980年代の日本企業の労務管理とそれへの労働者の対応は，新しい日本的経営へ通じていることが確認されよう。
宮崎礼子・伊藤セツ（1989）『家庭管理論』有斐閣
　──日本の家庭生活の現状を把握し，そこに生じている問題を取り上げ，その解決への道を示すことを目的として書かれている。特に，家庭管理機能を家計も含

めた統一体として検討されており，階層や家族構成別の実態把握方法が興味深い。

水田珠枝・安川悦子・見崎恵子・石田好江・西口俊子・石川洋明・飯島信彦・村井忠政・有賀克明・西山恵美・久田絢子・小國英夫・中田照子（1995）『現代社会とジェンダー』ユニテ

　——現代における女性解放という視点から執筆者ら13人の論文が集められている。それぞれの立場から，近代社会，家族，労働，テクノロジー等の評価が行われ，現代社会とジェンダーの関係性が明らかにされている。

西村豁通編著（1995）『現代日本の生活問題』ミネルヴァ書房

　——「市場」化した生活を分析・検討することにより，現代の日本が抱えている生活問題を明らかにしている。生活の機能的分化，均質化，個別化は急速な経済成長と近代的生活様式をもたらした。その裏側にある歪みや矛盾を考察している。

ペイ・エクイティ研究会（1997）『商社における職務の分析とペイ・エクイティ』ペイ・エクイティ研究会

　——日本においてペイエクイティの実践を模索する立場から，商社を分析対象として職務状況や職務評価ファクターの開発，職務評価結果と賃金の関係が検討されている。結果，日本のペイエクイティの実践に向けていくつかの問題点が指摘されている。

第5章
家計消費統計のジェンダー分析

前章では，企業社会の変化が労働者の収入にも多大な影響を与えることを検討してきた。企業社会から自律的であるための要件の一つは，女性と男性が平等に暮らすことのできる社会を作り出すことである。女性と男性の平等を実現するために，まずは女性と男性が置かれている現実を正確に把握しなければならない。そこで，本章では現行の家計消費統計をジェンダーの視点を用いて分析することを通じて，女性と男性の経済力の状況を明らかにする。また，ジェンダー分析のプロセスから，政府の統計データの問題点を明らかにすると共に，ジェンダー統計の有効性を示すことにする。

1 家計消費統計にジェンダー分析が必要なのはなぜか

家計消費統計の沿革

　日本政府が生産している家計消費統計は，日本人の生活状況を収入と支出及び貯蓄，負債等の面から明らかにし，収入額や支出様式が世帯人員，職業，地域などの違いによってどのように異なるかを把握し，政策に役立てることを目的としている。その規模や連続性，精緻な調査方法は，他国の家計消費統計と比較して，極めて優れた統計であるとこれまで評価されてきた（総務庁統計局1993）。

　政府による家計消費統計の歴史は，1926年に初めて行われた家計調査から始まる。その後，調査は数年間中断するが1931年に再開，1940年まで続けられ，戦時中も消費生活の合理化，戦時割当制の基礎資料を得るために調査が実施された（ただし1941年から1943年まで）。戦争直後は，社会的状況から価格調査の必要が生じ，「消費者価格調査」「勤労者世帯収入調査」が行われた。1950年には，これら2つの調査を合わせて，「消費実態調査」となる。1953年に「消費実態調査」が「家計調査」と改められ現在に至る（多田　1989；総務庁統計局1993）。その後，1958年に「貯蓄動向調査」が，翌年1959年には「全国消費実態調査」が実施された。「貯蓄動向調査」はそれ以降毎年，「全国消費実態調査」は5年に1度行われている。さらに，1995年には単身世帯の増加を反映して「単身世帯収支調査」が実施され，毎年調査が行われている。

　これらの家計消費統計の内容の変遷を見てみると，調査世帯の選出方法，対

象となる世帯,調査分類基準等に改善が加えられており,現行の家計消費統計は私たちの生活の実態を表現するデータを提供している。しかしながら,家計消費統計の単位が世帯であり,世帯内の状況(世帯構成人員や世帯内就業者等の変化)は社会や経済の変化を直接受けることから,社会的動向に対応した家計,消費構造の分析がただちに可能かといえばそうでない場合が多い。

たとえば,世帯構成員についていえば,高度成長以降1980年代までは,夫婦と子どもからなる世帯が全世帯の40%以上を占めていた(森 1992, p.47)。1990年以降は,夫婦と子どもからなる世帯は40%を下回り減少する一方,夫婦のみの世帯,1人親と子どもの世帯,単身世帯が増加している(総務庁統計局,『1990年国勢調査』,『1995年国勢調査』。両年版ともに世帯の家族類型別表より)。また,世帯に収入をもたらす稼ぎ手についても,女性の社会進出の進展に伴い20歳から59歳の女性の労働力率が64.4%まで上昇し,いまやこの年代の妻のいる夫婦世帯の約半数が妻も収入を得ている(経済企画庁 1998, p.297)。世帯構成員の変化や世帯内の稼ぎ手の増加は,世帯の収入や支出の現状を捉える際の鍵となるのだが,現行の家計消費統計には,いまだに世帯と言えば男性を世帯主と考える傾向が残っているので(伊藤 1990, pp.61-67),女性世帯主の収支,および男性配偶者の収入の把握が困難となっている(斎藤 1997, pp.60-68)。

ジェンダー分析とは何か

世帯の変化を考慮にいれて現在の家計消費の状況を把握する際,有効な概念となるのがジェンダー(Gender)である。

繰り返しになるが今一度,ジェンダーについて言えば,ジェンダーとは社会的,文化的な性別を示し,生物学的な性別(Sex)とは区別して用いられる。ジェンダーという用語は,性にもとづく区別は基本的に社会的な性質のものであるという主張に基づき,両性関係の社会構造を表現するために使用されはじめた概念である(Scott 1988)。ジェンダーの特性は,イデオロギーや歴史,文化,宗教,民族,経済などの要因によって規定され,政治,経済あるいは文化の影響によって変わりうるものである(Hedman 他 1996, 訳書 p.13)。ジェンダーによって生じている生活のすべての側面における男女の差異に関する問

題をジェンダー問題と呼び，ジェンダー分析とはジェンダー問題を解決するために，女性と男性のおかれた経済，社会的状況の関係から基礎的原因を解明し，その結果を女性と男性の社会関係，実態として評価し認識することである（Hedman 他 1996，訳書 p. 13）。

1995年に北京で開かれた第4回世界女性会議では，女性と男性の状況に関する統計，すなわちジェンダー明示的統計（以降，ジェンダー統計とする）を提供する重要性が主張された（総理府男女共同参画室編 1996, p. 142; Hedman 他 1996）。その内容は，行動綱領の女性の地位向上のための制度的な仕組みに関する「戦略目標Ｈ３，立案及び評価のための男女別データ及び情報を作成・普及すること」の中で「個人に関するすべての統計が，性及び年齢別に収集され，集計され，分析され，提示されて，社会における女性と男性に関する課題，争点，及び問題点を反映するように保障すること（パラグラフ206（ａ））」（総理府男女共同参画室編 1996, p. 142) に示されているとおりである。この戦略目標の目的は女性と男性の現況を把握し，差別をもたらす根源を確認し，政策立案や差別是正に貢献するジェンダー統計作成のねらい（杉橋 1996, pp. 32-36；伊藤編 1994, pp. 32-36) を踏襲したものである。

つまり，本章でジェンダー分析を行う意義とは，家計消費統計から男女の差異を見いだすことを通じて，今までに明らかにされてこなかった女性の経済，社会的状況に迫ることのみならず，男性のおかれた経済，社会的状況についてもより詳細に把握することにある。

ジェンダー分析が明らかにしたこと

ジェンダー分析によりこれまでに明らかとなった問題について具体的に見てみよう。

ジェンダー分析は，女性と男性の状況に関する新たな洞察と理解を促すと同時に，ジェンダー統計の必要性を導きだす。今まで，家計消費統計をジェンダー分析しジェンダー統計の必要性を明らかにした研究として，収入主体の性別表示に関する研究（Ito and Isiro 1989, pp. 663-672; Ito and Aneha 1989, pp. 725-730；伊藤 1990, pp. 61-67）があげられる。これらの研究は，総務庁統計局の「家計調査」「全国消費実態調査」が，長い間収入主体を分類する際，「世帯

主 (head of household)」の対語として「妻」を用いてきたことを問題にしている。世帯主の定義は,「家計調査 (1997年)」では「家計費に充てるための収入を得ている人」であり,「全国消費実態調査 (1994年)」では「名目上の世帯主ではなく,その世帯の家計の主たる収入を得ている人」となっている。

いずれも世帯主という用語が,直接に性別を表すものではない。しかし,「家計調査」の場合,「世帯主うち男」に対して「配偶者うち女」であり,「全国消費実態調査」では多くの表が「世帯主が男の収入」に対し「配偶者が女の収入」となっており,いまだに世帯主＝男,配偶者＝女に固定されている。つまり,収入に関してジェンダー分析を試みようとしても,女世帯主の記載がないということは,収入における男世帯と女世帯の差異を見いだすことすらできない。こうした収入主体分類を行っている事実が,女性と男性のおかれた社会関係を如実に示しているのであり,女性と男性のデータを提供するジェンダー統計の必要性を物語っているのである。なお,この世帯主に関する固定観念については,国連でも世帯主という用語の使用自体が家族や世帯中の上下関係を暗示するとして問題視されており,国の社会的,文化的状況にあわせて,世帯主を「世帯の照会人 (reference member of the household)」とすることを勧めている (田中 1994, pp. 58-71)。また,日本では世帯主に代えて「家計代表者 (household representative)」を用いることが提案されたり (Ito and Isiro 1989, pp. 663-672),厚生省の「国民生活基礎調査」においては,「世帯主」も使用されてはいるが,「最多所得者」という表記の場合もある (厚生省大臣官房統計情報部編 1998)。

家計消費統計のジェンダー分析は,1980年代後半に収入主体分類の問題として始められ,1990年代において支出にも目が向けられるようになった。

2 単身世帯家計のジェンダー分析

本節以降では実際に,家計消費統計のジェンダー分析を試みてみよう。収入と支出の両面から男女別データが得られるのは単身世帯に限られる。単身世帯の家計収支のジェンダー分析を行うにあたり,『平成6年 (1994年) 全国消費実態調査』(1999年現在最も新しい) の中の単身世帯 (勤労者世帯) を使用する。[1]

表5-1 男女別年齢階級別

	30 歳未満			30 - 39 歳		
	男	女	男=100	男	女	男=100
実　収　入	253,259	219,486	87	337,552	287,409	85
勤め先収入	248,133	211,995	85	328,846	258,921	79
他の経常収入	257	3,428		1,702	11,421	
特　別　収　入	4,450	2,185		6,534	4,178	

(資料) 総務庁統計局 (1996)『平成8年 (1994年) 全国消費実施調査』第1巻, 第35表。
(出所) 斎藤 (1998, pp. 109-132)。

表5-2 男女別年齢階級別

	30 歳未満			30 - 39 歳		
	男	女	男=100	男	女	男=100
実　収　入	253,259	219,486	87	337,552	287,409	85
勤め先収入	248,133	211,995	85	328,846	258,921	79
実　支　出	215,107	197,504	92	280,356	264,288	94
消費支出	172,046	162,852	95	217,914	218,151	100
食　料	48,774	32,484	67	60,688	40,877	67
住　居	23,177	36,492	157	33,384	46,317	139
光熱・水道	4,264	6,049	142	6,369	7,505	118
家具・家事用品	2,028	3,735	184	3,528	7,739	219
被服及び履き物	9,059	16,707	184	9,450	21,511	228
保健医療	1,309	2,057	158	2,628	4,114	157
交通・通信	31,655	18,899	60	32,647	28,599	88
教　育	32	805	2,516	0	19	―
教養娯楽	31,908	24,820	78	38,903	30,415	78
その他の消費支出	19,841	20,794	105	30,586	31,055	102
非消費支出	43,061	34,652	80	62,443	46,136	74

(資料) 総務庁統計局 (1996)『平成6年 (1994年) 全国消費実態調査』第1巻, 第35表。
(出所) 斎藤 (1998, pp. 109-132)。

(1) **単身世帯** 政府統計として, 単身世帯の収支データが得られるのは5年に1度実施されている「全国消費実態調査」と1995年から毎年行われている「単身世帯収支調査」の2つである。しかしながら, 毎年行われている「単身世帯収支調査」のデータは勤労者世帯とその他の世帯（無職世帯も含まれる）をあわせた全世帯の結果であることや, 男女別収入データがないことからジェンダー統計として使用することができなかった。

1世帯当たり1か月の収入 (円)

40 - 49 歳			50 - 59 歳			60 - 69 歳		
男	女	男=100	男	女	男=100	男	女	男=100
425,112	323,126	76	424,233	330,311	78	395,339	288,386	73
409,172	305,650	75	419,045	236,080	56	275,367	183,959	67
3,114	7,100		749	25,987		102,354	89,889	
3,512	4,993		4,121	61,549		8,009	2,056	

1世帯当たり1か月の収入 (円)

40 - 49 歳			50 - 59 歳			60 - 69 歳		
男	女	男=100	男	女	男=100	男	女	男=100
425,112	323,126	76	424,233	330,311	78	395,339	288,386	73
409,172	305,650	75	419,045	236,080	56	275,367	183,959	67
311,346	280,206	90	283,060	254,136	90	252,243	233,214	92
227,330	217,218	96	190,809	208,168	109	207,781	193,569	93
61,004	44,154	72	50,744	38,221	75	58,775	35,022	60
20,629	34,102	165	15,285	29,734	195	14,448	21,166	146
7,924	8,394	106	6,505	9,697	149	8,879	8,250	93
5,961	6,562	110	2,534	7,173	283	12,936	6,037	47
8,653	24,735	286	6,393	21,182	331	6,431	17,749	276
2,407	6,803	283	2,017	6,568	326	3,004	9,662	322
29,067	29,325	101	22,593	17,366	77	15,591	17,215	110
0	0	—	0	0	—	0	0	—
35,148	22,252	63	21,163	18,848	89	27,634	28,711	104
56,806	40,891	72	63,575	59,404	93	59,585	49,758	84
84,016	62,988	75	92,251	45,969	50	44,963	39,645	88

男女別年齢階級別1世帯当たり1か月の収入

　男女別年齢階級別1世帯当たり1か月の実収入については，表5-1に示すデータが得られた。

　実収入は勤め先収入と財産収入や社会保障給付等を合わせた他の経常収入と特別収入に分けられる。勤め先収入のピークは，男性は50～59歳（41万9045円），女性は40～49歳（30万5650円）であり，男性の収入を100とした場合，30歳未満では女性の勤め先収入は85であるが，その差はだんだんと開き，50～59

歳で56と最も大きくなる。つまり，50～59歳において女性は男性の約半分の勤め先収入しか得られていない。他の経常収入は男女ともに60～69歳（男性10万2354円，女性8万9889円）で増加するが，これは社会保障給付によるものである。特別収入は50～59歳で女性が男性を大きく上回る（男性4121円，女性6万1549円）。特別収入は受贈金と受贈金以外の収入から構成されるが，この場合の女性の特別収入は受贈金以外の収入が大部分であった。受贈金以外の収入の中に退職金や慰謝料などが含まれるが，この収入が何からもたらされたものか確定することはできない。

男女別年齢階級別1世帯当たり1か月の支出

1世帯の1か月の支出を男女別，年齢階級別に明らかにしたものが表5-2である。

実支出は，生活の消費に直接関わる消費支出と税，社会保険料の支出である非消費支出からなる。男性の消費支出は30歳未満，30～39歳，40～49歳と上昇し，50～59歳において減少する。女性は，30～39歳，40～49歳においてほとんど変わらず，(30～39歳 21万8151円，40～49歳 21万7218円)，50～59歳，60～69歳で斬減する。男性を100とした場合，女性の消費支出は30歳未満で95,30～39歳では男性と消費支出はほとんど変わらず100，40～49歳では96，50～59歳では男性より消費支出が多く109，60～69歳で93となり，30歳代と50歳代では女性の消費支出は男性と同等かそれを上回っていた。収入については，女性の収入は男性のそれをかなり下回っていたのに対し，消費支出では男女の差はあまりみられなかった。

男女別に各支出項目を消費支出に占める割合で表したものが，図5-1である。この図から男女で消費支出構造が異なっていることがわかる。どの年齢も一貫して，食料は男性の方が高い割合で支出し，住居，家具・家事用品。被服及び履き物は女性の方が高い割合で支出していた。男女差が顕著に見いだされた食料費についてであるが，食料費は男女の摂取エネルギーの差，つまり生物学的な性差が生じる領域でもある。しかしながら，その差を全て生物学的な性差に還元してよいであろうか。

伊藤ら（1996, pp. 115-120）は，高齢者の食生活にみられるジェンダー差を前

第5章　家計消費統計のジェンダー分析　91

図5-1　支出項目別にみた消費支出の割合

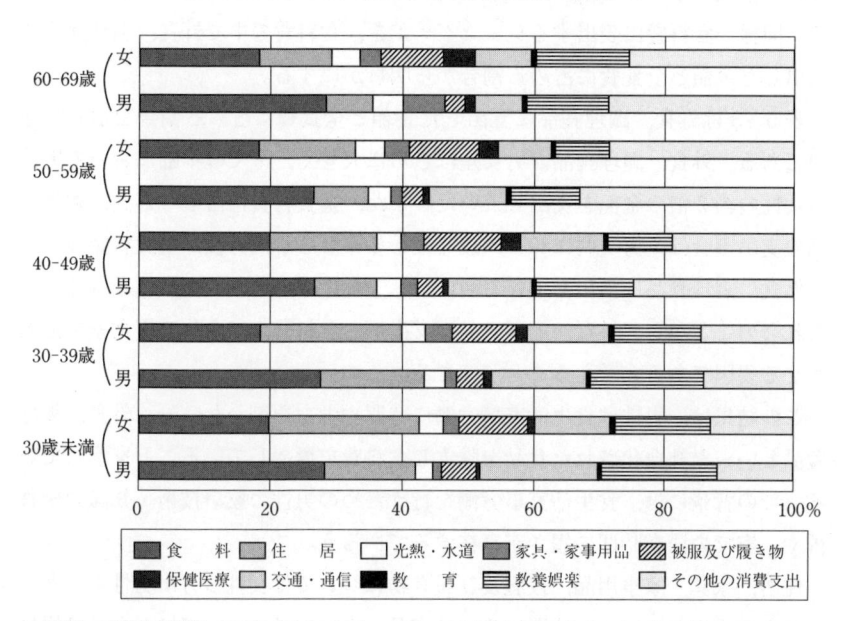

凡例：■食　料　■住　居　□光熱・水道　■家具・家事用品　▨被服及び履き物
　　　■保健医療　■交通・通信　■教　育　■教養娯楽　□その他の消費支出

（資料）　総務庁統計局（1996）『平成6年（1994年）全国消費実態調査』第1巻，第35表より作図。
（出所）　斎藤（1998, pp. 109-132）。

表5-3　男女別外食・調理食品費用と全食料費に占める割合

		30歳未満	30-39歳	40-49歳	50-59歳	60-69歳
男性	外　食（円）	27,686	36,018	31,849	23,802	23,770
	調理食品（円）	5,860	7,234	5,518	5,466	3,330
	合　計（円）	33,546	43,252	37,367	29,268	27,100
	全食料費に占める割合（％）	68.8	71.3	61.3	57.7	46.1
女性	外　食（円）	13,685	17,743	15,098	8,236	6,806
	調理食品（円）	3,978	4,548	4,340	3,269	3,527
	合　計（円）	17,663	22,291	19,438	11,505	10,333
	全食料費に占める割合（％）	54.4	54.5	44.0	30.1	29.5

（資料）　総務庁統計局（1996）『平成6年（1994年）全国消費実態調査』第1巻，第35表。
（出所）　斎藤（1998, pp. 109-132）。

回の『平成元年（1989年）全国消費実態調査』の食料費支出から見いだしている。同様に食料費に表出するジェンダー差を，食料費の中で外食，調理食品に支出した金額と全食費に占める割合から明らかにする。

　表5-3は外食，調理食品に支出した金額と全食費に占める割合を示したものである。外食，調理食品の男女差はさらに大きく，全ての年齢において男性は女性の約2倍の金額を支出していた。また，全食料費に占める外食，調理食品の支出割合は，男女共に30～39歳で最も多くなるが，男性が全食料費の7割を外食，調理食品に支出しているのに対し，女性は約5割の支出になっていた。これらのことから，外食，調理食品の支出が，食料費支出全体の男女差を拡大させる要因であると考えることができる。

　この結果は，男性は食生活家事労働[2]に時間や労力を割かない分，外食，調理食品といった社会化された食品を購入し食料費を増やしていることを示している。この背景には，食生活家事労働を行うための男性の家事技術・知識の未獲得や，家での滞在時間の短さが存在するであろう。

　住居，家具・家事用品，被服及び履き物については女性の方が男性より多くの割合を支出していた。住居あるいは家具・家事用品については，女性は男性に比べて社宅，単身寮等の設備が整えられていないことや女性が単身で住居を借りることが難しいこと（馬場　1997, pp. 132-145），安全面を考慮して男性より多くの額を支出していると思われる。被服及び履き物についても，女性により多くそれらを購入する環境を社会や文化が作り出しており（美や流行），ジェンダーを端的に反映した結果であると考える。

　税，保険料といった非消費支出は，一貫して男性の方が女性より多く支出している。非消費支出は勤め先収入を反映する支出であり，男性を100としてみた女性の数値は，先に示した勤め先収入の男女比（表5-1）とほぼ同じ値である。すなわち，女性の非消費支出が少なさは，勤め先収入が少ないことから生じ，さらに，勤務形態（常勤かパートか）や勤務先規模と深く結びついていると考えられる。

---

(2) **食生活家事労働**　食料の買い物，調理，食事の後片付け，生ゴミ処理および食事献立など食生活に関わる家事労働のすべてと定義される（伊藤他　1996, pp. 115-120）。

図5-2 男女別年齢階級別貯蓄現在高

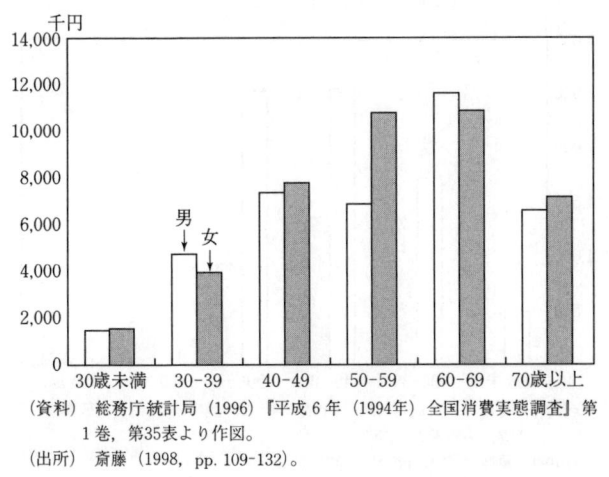

(資料) 総務庁統計局 (1996)『平成6年 (1994年) 全国消費実態調査』第1巻, 第35表より作図.
(出所) 斎藤 (1998, pp. 109-132).

男女別年齢階級別1世帯当たり貯蓄・負債の現在高

貯蓄現在高を男女別にみると (図5-2), 女性は30～39歳代と60～69歳代を除けば, 全世代で男性を上回っている. 収入についてはすでに述べたように, 女性はどの年齢においても男性より少ない. にもかかわらず, 勤め先収入に最も差のある50～59歳代において, 女性は男性より多く貯蓄していた. 女性は長期的に収入を獲得し続けられるかという不安や, 高齢期の生活資金を公的年金等の社会保障で賄うことについて男性より悲観的に考えており (郵便貯金振興会貯蓄経済研究センター 1998, p.204), 自助努力として貯蓄を行っていると考えられる.

負債については, 60-69歳代は女性のほうが男性より若干多くなるが, 全体的に女性の負債額は男性より少ない (図5-3). さらに, 負債に占める住宅, 土地のための負債割合をみてみると, 女性は負債の大部分が住宅, 土地のためであり, 負債の使い途にも男女差が現れていた. 女性が男性に比べて負債が少ないことは, 女性が負債をリスクとして遠ざける傾向があること, 負債を負うことにアクセスすること自体が困難であることを反映した結果である.

図5-3 男女別年齢階級別負債現在高

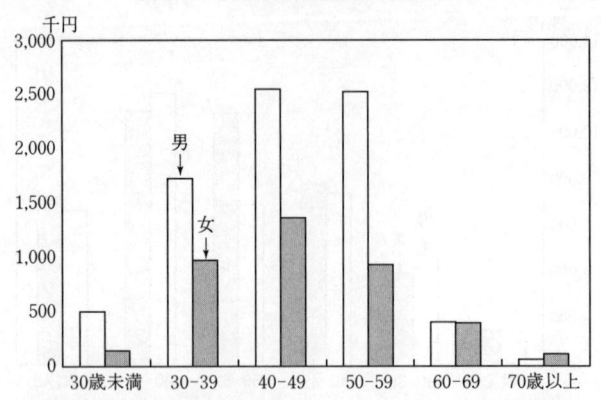

（縦軸：千円、横軸：年齢階級）
30歳未満／30-39（男↓／女↓）／40-49／50-59／60-69／70歳以上

（資料）　総務庁統計局（1996）『平成6年（1994年）全国消費実態調査』第1巻，第35表より作図。
（出所）　斎藤（1998，pp. 109-132）。

表5-4　男女別勤め先収入実支出充足率

30歳未満		30-39歳		40-49歳		50-59歳		60-69歳	
男	女	男	女	男	女	男	女	男	女
115.4	107.3	117.3	98.0	131.4	109.1	148.0	92.9	109.2	78.9

（注）　勤め先収入実支出充足率＝勤め先収入／実支出×100。
（資料）　総務庁統計局（1996）『平成6年（1994年）全国消費実態調査』第1巻，第35表。
（出所）　斎藤（1998，pp. 109-132）。

ジェンダー分析から得られた女性と男性の経済的，社会的状況

以上，単身世帯のジェンダー分析を通じ，見いだされた女性と男性の経済的，社会的状況についてまとめる。

収入はどの年齢においても女性は男性より少なく，支出はトータルに金額を見れば男女差はあまりなかった。表5-4は勤め先収入実支出充足率を年齢ごとに示したものである。勤め先収入実支出充足率とは，勤め先収入で実支出を賄うことができるか，その程度を表したものである（松原　1975，p. 209）。勤め先収入実支出充足率が100であれば勤め先収入と実支出が等しく，100以下であると実支出が勤め先収入より多く，勤め先収入だけでは実支出を賄いきれない状態であることを示す。100を超えれば，勤め先収入が実支出を充たしていること，つまり勤め先収入に余裕があることを表す。

女性は30歳未満と40〜49歳代を除く全ての年代で，勤め先収入実支出充足率が100を下回り，勤め先収入で実支出を充足できない状態にある。一方，男性は年代において充足率に差はあるものの，どの年代でも100以上の数値を示し，女性に比較して余裕のある状態である。女性は多くの場合，勤め先収入以外の収入（社会保障給付や仕送り金）で実支出を何とか充足させている。この事実は，男女間の賃金の差そのものの問題と，その結果として実際に，女性は単身でいる場合，生涯を通じて苦しい家計状態におかれているということを明らかにした。

また，貯蓄については，30〜39歳代，60〜69歳代を除き，女性は男性より現在高が多かった。このことは先の勤め先収入実支出充足率の結果と矛盾するように思えるが，女性の家計が男性に比べ常に苦しい状態におかれており，将来に対する不安が大きいことから生じていると考えられる。負債は女性が男性より少なかったが，この理由として，女性が負債にアクセスすること，つまり，正式な信用チャンネルにアクセスすることが困難である場合が多いことがあげられよう。適切な条件に基づく信用へ，女性がアクセスできるようになることが望まれる。これは，家計の問題のみならず，女性起業家の支援や女性の生産，販売への参加を強化するといった経済活動にも影響を及ぼすであろう。

3 夫婦共働き世帯の家計のジェンダー分析

夫婦共働き世帯の収入と支出に関しては，「全国消費実態調査」の中からデータが得られる。本節で使用する『平成6年（1994年）全国消費実態調査』では夫婦共働き世帯の勤め先収入の分類に新しく夫と妻の記載が加えられ，夫妻の収入をより正確に把握できるようになった。

夫妻の勤め先収入の現状
勤め先収入の合計額に対する比率は，世帯主が男75，配偶者が女25であり，夫妻の分類による比率も，夫75，妻25で3対1の割合であった。世帯の年間収入階級別に夫妻の収入を見よう。収入階級の下限は300万円未満，上限は2000万円以上である。夫の勤め先収入割合が最も高いのは，世帯年間収入が400万

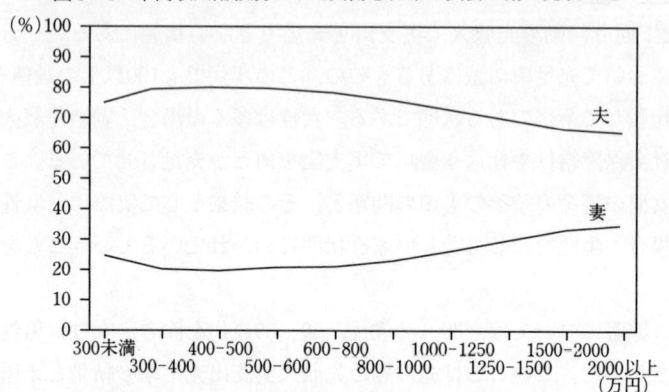

図5-4 年間収入階級別にみた共働き世帯の夫妻の勤め先収入比

(資料) 総務庁統計局 (1996)『平成6年 (1994年) 全国消費実態調査』第5巻, 第2表より作図。
(出所) 斎藤 (1997, pp. 60-68)。

円~500万円台であり, 世帯年間収入が500万円を越えると, 妻の収入割合は, 2割から3割へと増加する (図5-4)。

妻の就業形態別にみた家計収支

夫婦共働き世帯の家計収支を妻の就業形態別に「平均実収入の最も高い世帯」(職員 普通勤務) と「最も低い世帯」(労務作業者 パートタイム) 及び「世帯主だけが働いている世帯」(世帯主の性別はわからない) で比較する (表5-5)。

夫婦共働き世帯で1か月の平均実収入が最も多いのが, 職員 (普通勤務-1989年調査では普通勤務はフルタイムとも呼ばれていた) の妻のいる世帯で70万1824円であった。一方, 1か月の平均実収入が最も少ない夫婦共働き世帯は, 労務作業者 (パートタイム) の妻の世帯で, 53万8742円であった。とはいえ, 世帯主だけが働いている世帯の1か月の平均実収入 (44万7962円) を約10万円近く上回っている。しかしながら, 夫の収入のみを妻の職業形態別に比較すると, 世帯としては収入が最も多かった「妻が職員で普通勤務」の夫の収入は, 「妻が労務作業者でパートタイム」の夫の収入よりも低かった。

夫婦共働き世帯の消費支出の各費目について, 世帯主だけが働いている世帯を100として比較すると, 消費支出は118.7であった。1989年調査の同比較にお

表5-5 妻の就業形態別世帯の家計収支 (円, %)

	A 夫婦共働き 世帯平均	妻が普通 勤務職員	妻がパートタイム 労務作業者	B 世帯主だけ 働いている	B=100 Aの指数
世 帯 人 員（人）	3.81	3.78	3.86	3.50	—
有 業 人 員（人）	2.30	2.22	2.33	1.00	—
世帯主の年齢（歳）	45.3	43.3	46.3	42.6	—
実　収　入	599,259	701,824	538,742	447,962	133.8
勤め先収入	566,618	673,998	514,955	409,300	138.4
世帯主の勤め先収入	397,040	390,264	399,620	409,195	97.0
世帯主が男の収入	395,304	385,256	399,493	396,740	99.6
配偶者の勤め先収入	130,411	255,401	71,764	76	—
配偶者が女の収入	129,335	252,584	71,469	73	—
他の世帯員の勤め先収入	39,168	28,333	43,571	29	—
(再掲)夫婦の勤め先収入	527,451	645,665	471,383	—	—
夫の勤め先収入	396,380	388,072	399,734	—	—
妻の勤め先収入	131,071	257,593	71,649	—	—
事業・内職収入	7,028	1,407	1,493	463	1,517.9
(特掲)うち農林漁業収入を除く	5,104	205	337	—	—
配偶者の事業・内職					
配偶者が男	36	118	1	—	—
配偶者が女	5,068	87	336	—	—
可 処 分 所 得	496,785	588,250	455,279	369,074	134.6
実　支　出					
消 費 支 出	382,149	425,642	356,640	321,988	118.7
食　　料	89,231	91,884	88,437	79,255	112.6
住　　居	18,028	20,721	17,110	22,653	79.6
光 熱・水 道	18,725	18,791	18,514	17,415	107.5
家具・家事用品	12,368	13,273	11,252	11,839	104.5
被服及び履き物	22,121	26,956	18,813	18,847	117.4
保 健 医 療	8,559	9,403	7,804	9,930	86.2
交 通・通 信	42,952	51,733	37,939	37,155	115.6
教　　育	25,314	23,315	26,172	19,568	129.4
教 養 娯 楽	33,003	39,641	28,520	31,584	104.5
その他の消費支出	111,849	129,924	102,079	73,743	151.7
非 消 費 支 出	102,474	133,575	83,463	78,888	129.9
貯蓄現在高（千円）	10,498	12,375	8,980	10,427	100.5
負債現在高（千円）	5,524	6,076	4,900	4,469	123.6

(資料)　総務庁統計局（1996）『平成6年（1994年）全国消費実態調査』。
　　　　妻の就業形態別データは第5巻, 第6表より。
　　　　世帯主だけ働いている世帯のデータは第1巻, 第17表より。
(出所)　斎藤（1997, pp.60-68)。

ける消費支出は113であり，1994年調査は夫婦共働き世帯と世帯主だけが働いている世帯の消費支出の差をさらに拡大した。同様に世帯主だけが働いている世帯を100とすると，1994年調査における夫婦共働き世帯は「その他の消費(151.7)」「教育(129.4)」に多くの費用をあてているが，「住居(79.6)」「保健医療(86.2)」については世帯主だけが働いている世帯より支出が少なかった。1989年調査の夫婦共働き世帯は，「その他の消費」「交通・通信」がそれぞれ155,120であり，世帯主だけが働いている世帯より支出が多く，「住居」「教育」が83,88と，世帯主だけが働いている世帯より支出が少なかった。1994年調査と1989年調査において，夫婦共働き世帯の消費支出が大きく異なるのは，「教育」の支出である。つまり，1994年調査は，夫婦共働き世帯の消費支出において「教育」の支出の占める割合が高まる傾向にあることを示している。

4　母子世帯の家計収支

母子世帯の収入

単身世帯以外で，女性世帯主の家計収支が明確なのは，母子世帯である。「全国消費実態調査」の用語定義によれば，母子世帯とは「母親と18歳未満の未婚の子供の世帯」である。『平成6年(1994年)全国消費実態調査』で明らかになった母子世帯(勤労者世帯)の家計収支を表5-6に示した。

母子世帯の月額実収入は，22万6968円で，世帯主だけが働いている世帯(世帯主の性別は不明であるが，多くは男性であると思われる)の実収入(44万7962円)の50.7%で約半分となっていた。母子世帯は，明らかに被扶養家族がいると推測されるが，その世帯主勤め先収入は18万7060円であり，労働省「賃金構造基本統計調査」(1994)による女性労働者の平均賃金(きまって支給する現金給与額21万3700円)を12.5%下回った。この格差は，同調査の1989年結果における母子世帯の世帯主勤め先収入と女性労働者の平均賃金の格差5%(森　1992, p.134)を，さらに広げた。母子世帯の世帯主平均年齢は，38.8歳である。この年齢の女性労働者の平均賃金は，前述の「賃金構造基本統計調査」の女性労働者の年齢別平均賃金(35～39歳)によると，23万3500円(きまって支給する現金給与額)であり，母子世帯の世帯主の勤め先収入は，同年

表5-6 母子世帯の家計収支　　　　　(円, %)

		消費支出に占める割合	世帯主だけが働いている世帯を100とした母子世帯の指数
世帯人員（人）	2.61		
世帯主の年齢（歳）	38.8		
年間収入（千円）	3,202		
実収入	226,968		50.7
世帯主の勤め先収入	187,060		45.7
実　支　出	235,814		—
消　費　支　出	210,434	100.0	65.4
食　　料	55,323	26.3	69.8
住　　居	29,188	13.9	128.8
光熱・水道	13,436	6.4	77.2
家具・家事用品	7,685	3.7	64.9
被服及び履き物	12,934	6.1	68.6
保健医療	3,431	1.6	34.6
交通・通信	18,361	8.7	49.4
教　　育	16,765	8.0	85.7
教養娯楽	20,257	9.6	64.1
その他の消費支出	33,053	15.7	44.8
非消費支出	25,380		
可処分所得	201,589		54.6
エンゲル係数（％）	26.3		
貯蓄現在高（千円）	5,636		54.1
負債現在高（千円）	846		18.9
平均消費性向（％）	104.4		

（資料）　総務庁統計局（1996）『平成6年（1994年）全国消費実態調査』母子世帯のデータは第5巻，第55表より。
　　　　　世帯主だけ働いている世帯のデータは第1巻，第17表より。
（出所）　斎藤（1997，pp. 60-68）。

齢の女性労働者のそれより低い。また，母子世帯の世帯主勤め先収入は，18歳から19歳の男子労働者の平均賃金（きまって支給する現金給与額18万7600円）にほぼ等しい（労働省，1994）。

母子世帯の支出

　世帯主だけが働いている世帯を100として，母子世帯をみると，家賃・地代の支出を意味する住居費が際立って高く，128.8であった。住居費以外の全ての支出は，世帯主だけが働く世帯の2分の1から3分の2であり，母子世帯の

消費支出は低く抑えられている。しかしながら、母子世帯の平均消費性向は100％を越え、赤字の状況にあった。

母子世帯に関する統計数値は、他の世帯に比べ貧困状況を示している。日本において、母子世帯を含む女性世帯主の割合は増加している。母子世帯の貧困状況と女性世帯主の増加は、国際的に問題視されている貧困の女性化と無関係でない。第4回世界女性会議で採択された行動綱領は、「貧困」を重大問題領域の一つとしてとりあげている（総理府男女共同参画室編　1996）。

その中に、女性世帯主への経済的、社会的な特別な政策の策定の実施が含まれており、貧困から女性を救う「戦略目標」としても、ジェンダー統計の開発が盛り込まれている。母子世帯の家計収支分析により、女性世帯主世帯の多くが置かれている貧困状況が確認された。国際的な潮流や、日本における女性世帯主の増加を鑑みれば、今後の統計は、18歳未満の子どもを持つ世帯に限定した「母子世帯」ではなく、「女性世帯主世帯」一般の現状を示すデータを提供すべきであると考える。

5　ジェンダー分析を行って——政府統計の改善点

ジェンダー統計の果たす役割

実際に家計消費統計のジェンダー分析を単身世帯、夫婦共働き世帯、母子世帯で行うと、収入のみならず支出におけるジェンダー差や、母子世帯の貧困状況を総体的に数量によって捉えることができる。こうした一連の作業の積み重ね、つまりジェンダーを視野に入れた統計の作成と、それらの統計を用いての男女の状況の的確な把握が、ジェンダー統計研究者の眼目である女性の経済力の正確な評価を、性差別撤廃へ結合させる実行力となるのである。

ジェンダー分析を行うことができるのは、データがジェンダー統計として成り立つことが前提である。伊藤（1997, pp.89-97）により作成されたジェンダー統計の評価基準を表5-7に示す。まずは、統計の性別製表がなされる必要がある。いまだ、男女別にデータが得られない統計もあり、その理由として調査世帯の選定における、対象世帯の獲得や資金面で困難があげられる（斎藤1998, pp.109-132）。それらの諸困難を承知しながらも、Hedmanら（1996）は

表5-7 ジェンダー統計の充実度合いを評価する基準

評　価　基　準
① 調査票が性区分を持つかどうか
② 調査票が性区分は持つが，統計原表は性区分を持つかどうか
③ 調査票が性区分を持ち，統計原表が
A．統計と男性の区分のみを持ち，女性の数値を得るためには利用者が引き算をしなければならないかどうか
B．統計と性別数値，あるいは性別数値のみを持つかどうか
C．Bに加えて，性別の比率，性比等を持つかどうか
④ 調査票と統計原表とが性区分を持つが，統計報告書の摘要表に
D．性区分があるかどうか
⑤ 以上に加えて，国際比較表がある場合とない場合があるかどうか
⑥ 利用者に便宜的なインターネット上の統計原表にあるいは要約表に性区分があるかどうか

(出所) 伊藤 (1997, p. 89-97) を参考に作成。

「調査標本は十分な数の女性と男性を含み，両性を階層化できる大きさを持つべきであること（訳書 p.59)」を強調している。

家計収支統計ユーザーとしての提言

Hedman ら (1996 訳書 p.45) によれば，ジェンダー統計の生産は，ユーザーと生産者の間で，密接で継続的な協力により成功し，生産過程はユーザーと生産者の間の会話から始まるとしている。図5-5はジェンダー統計のユーザーと生産者の関係を示したものである。

今回使用した『平成6年 (1994年) 全国消費実態調査』は不十分な点を残しつつも，ジェンダー統計として意味あるデータを提供していた。それは，1980年代後半から家政学会生活経営学部会，婦人問題有識者会議，経済統計学会等が統計ユーザーとして意見や要望を提出し，それが部分的に受け入れられたことの証であると思われる。つまり，そうした行動は図5-5の矢印①にあたる。

ジェンダー統計は単に性別区分があれば良いのではなく，その真価は女性と男性が年齢，世帯構成，労働にどう関与しているかを示してはじめて発揮され，両性の状況や基礎的要因の深い分析がなされる（伊藤 1997, p.93)。従って，ジェンダー問題を十分に理解した上で，ジェンダー視点を主流に据えるという政府統計の国際的動向を意識した統計作成が強く望まれよう。

図 5-5 ジェンダー統計 ユーザーと生産者の関係

```
        ┌──────────────────┐
        │   生 産 者        │
        │ ジェンダー統計の生産 │
        └──────────────────┘
  生産を刺激する ↑ ↓ ジェンダー統計を提供
       ①       ② 
        ┌──────────────────┐
        │   ユ ー ザ ー      │
        │ 社会におけるジェンダー問題と│
        │ ジェンダー統計の必要性を理解│
        │ している          │
        └──────────────────┘
                  ↓ ③
        ┌──────────────────────────┐
        │ ジェンダー問題を知らない人々にジェンダー│
        │ 問題を知らせ，統計利用を促進させる │
        └──────────────────────────┘
```

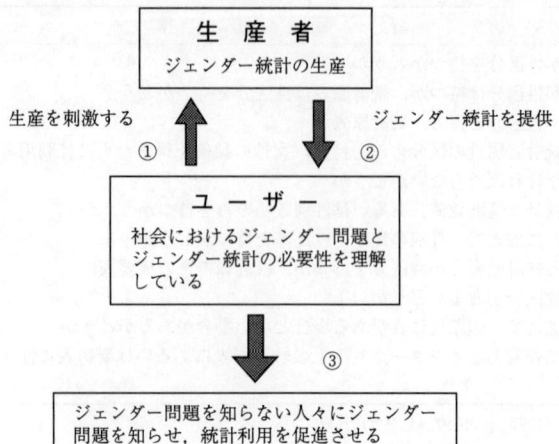

(出所) Hedman ら (1996) の訳書 (法政大学日本統計研究所 1998, p. 45) を参考に作図。

統計ユーザは，女性と男性の実状をそこから読み取り，ジェンダー問題を解決に導くためにそれらを有効に利用する義務があるだろう。それが果たされた時，ジェンダー統計はジェンダー問題への「変革の道具」(Hedman 他 1996, p. 148) あるいは「変革の武器」(伊藤 1997, p. 91) として力を発揮するのである。そのためには，統計を様々な段階で利用する統計ユーザーが，組織的に統計生産者に働きかける必要がある。

引用文献

馬場紀子 (1997)「単身世帯の経済実態からみた諸問題とその対応」(社) 日本家政学会家庭経済学部会編『21世紀の生活経済と生活保障』建帛社

Hedman, B., Perucci, F. and Sundstrom, P. (1996) *Engendering Statistics : A Tool for Change*, Statistics Sweden (法政大学日本統計研究所，伊藤陽一，中野恭子，杉橋やよい，水野谷武志，芳賀寛訳 (1998)『女性と男性の統計論—変革の道具としてのジェンダー統計』梓出版)

伊藤純・伊藤セツ (1996)「高齢化社会における食生活家事労働の社会化」『日本家政学会誌』Vol. 47 No. 2

Ito, S. and Isiro, S. (1989) 'Issues concerning the concept of the term "Household head" in the family income and expenditure survey published by the statistics bureau of the management and coordination agency' *Journal of Home Economics of Japan* Vol. 40 No. 8

Ito, S and Aneha, A (1989) 'Current Situation and Improvement of gender specific family budget statistics' *Journal of Home Economics of Japan* Vol. 46 No. 8

伊藤セツ（1990）『家庭経済学』有斐閣

伊藤陽一編（1994）『女性と統計——ジェンダー統計論序説』梓出版

伊藤陽一（1997）「日本におけるジェンダー統計——現状，問題，克服の方向」『国立婦人教育会館研究紀要創刊号』

経済企画庁（1998）『国民生活白書』

厚生省大臣官房統計情報部編（1998）『平成8年国民生活基礎調査』厚生統計協会

松原セツ（1975）「婦人労働者の生活実態と要求」田沼肇『現代の婦人論』大月書店

森ます美（1992）「第4章 家計消費の構造」伊藤セツ・森ます美・川島美保・居城舜子・姉歯暁『消費生活経済学』光生館

労働省（1994）『賃金構造基本調査』

Scott, J. W. (1988) *Gender and Politics of History* Columbia University Press（荻野美穂訳（1992）『ジェンダーと歴史学』平凡社）

斎藤悦子（1997）「現行家計収支統計のジェンダー視点からの検討」『家庭経営学研究』第32号

斎藤悦子（1998）「家計消費統計におけるジェンダー分析」『岐阜経済大学論集』第32巻第3号

総務庁統計局（1993）『家計調査のしくみと見方』

総務庁統計局『1990年国勢調査』，『1995年国勢調査』

総務庁統計局（1996）『平成6年全国消費実態調査』

総理府男女共同参画室編（1996）『北京からのメッセージ 第4回世界女性会議及び関連事業等報告書』

杉橋やよい（1996）「ジェンダー統計の国際的展開と日本の課題」『女性労働研究』No. 30

多田吉三（1989）『生活経済学』晃洋書房

田中尚美（1994）「第4章 世帯統計と世帯主」伊藤陽一編 『女性と統計——ジェンダー統計論序説』梓出版

郵便貯金振興会貯蓄経済研究センター（1998）『個人金融年報』銀行研修社

読者のための参考図書

Hedman, B., Perucci, F. and Sundstrom, P. (1996) *Engendering Statistics: A Tool for Change*, Statistics Sweden（法政大学日本統計研究所，伊藤陽一・中野恭子・杉橋やよい・水野谷武志・芳賀寛訳（1998）『女性と男性の統計論―変革の道具としてのジェンダー統計』梓出版）

——ジェンダー統計を理解するための実践的なガイドブックである。ジェンダー統計の生産者と使用者の双方に向けて書かれており，図や表を多く用いることによってジェンダーセンシティブな統計とは何であるかが明確にされている。

伊藤セツ・森ます美・川島美保・居城舜子・姉歯暁（1992）『消費生活経済学』光生館

——従来の家計を中心とした家庭経済学ではなく，経済学に理論的基礎をおきながら「再生産＝消費領域」視点をメインにすえた新しい家庭経済学の構築を試みた書。基礎理論から現代の消費生活問題まで幅広く網羅している。

伊藤陽一編（1994）『女性と統計―ジェンダー統計論序説』梓出版

——1975年の国際女性年を出発点とする国連におけるジェンダー統計をめぐる一連の動向を紹介し，ジェンダー統計の必要性，理論が丁寧に解説されている。今後のジェンダー統計の発展性についても世界と日本の両視点から考察されている。

第6章
生活手段とサービスの体系の変遷

1 「消費者物価指数」の採用品目からみる日本の消費生活様式の変化と特徴

地球環境問題と消費生活様式

1992年の国連環境開発会議において採択された「アジェンダ21」(2)（環境庁・外務省監訳 1993）では，第4章「消費形態の変更」が独立した章として設けられている。そこでは，地球規模での貧富の格差の存在や，過剰消費型生活様式が環境に大きな負荷を与えていること等にふれ，その解決のためには，「消費問題に取り組むことの重要性に対する認識は高まっているものの，その影響は十分には理解されていない。……消費が果たす役割をより一層把握することが必要」(4.6項)であり，「生産の効率化と消費形態の変化が求められる」(4.15項)と指摘されている。すなわち，日本をはじめとする先進工業国の過剰消費形態の変更が求められているのであり，「持続可能な消費形態」(4.7項)を創出するために，「環境と開発を統合するという観点で，消費と生活様式のあり方に取り組む」(4.8項)ことの重要性が述べられているのである。この他にも，先進工業国の過剰消費生活様式の変更の必要性は，各方面（WCED 1987；大来監修 1987，IUCN・UNEP・WWF 1991；WWF JAPAN 1991；IOCU 1993）から指摘されている。

では，どのような消費生活様式が望ましいのだろうか。私たち日本人はどのような消費生活を送れば良いのだろうか。このように消費と生活様式のあり方に取り組むためには，まず，実態を把握することから始めなくてはならないであろう。そのためにはいろいろな方法が考えられるが，人々の生活の中に入り込んでいる生活手段（サービスを含む）の種類，量，質を把握することが一つの有効な方法であると思われる。なぜなら，従来の生活様式論（西山 1977；

---

(1) 国連環境開発会議　第10章を見よ。
(2) アジェンダ21　1992年にブラジルで開催された国連環境開発会議において，21世紀に向けた人類の行動計画として採択された。第1章の序文以降，「セクションⅠ．社会的・経済的側面」（第2章〜8章），「セクションⅡ．開発資源の保護と管理」（第9章〜22章），「セクションⅢ．主たるグループの役割の強化」（第23章〜32章）「セクションⅣ．実施手段」（第33章〜40章）というように，700頁にわたって，持続可能な開発に関するあらゆる分野を網羅した歴史的文書である。

角田　1983；成瀬　1988；橋本　1994）の中でも，生活様式を構成する要素の要に，生活手段をすえているからである。

　では，生活手段の種類，量，質を把握するためには，どのような資料を用いればよいのだろうか。すでに伊藤（1990, p. 163）は，大規模に継続されている政府統計「消費者物価指数[(3)]」と「小売物価統計調査[(4)]」を用いて，戦後日本の生活手段の体系とその推移を明らかにすることを試みている。消費者物価指数の採用品目は，家計支出上重要度が高い物であり，基準時1年間の「家計調査[(5)]」の年平均全世帯1か月1世帯当たり，品目別消費支出金額が消費支出全体の1万分の1以上のものとされている。したがって，「消費者物価指数」の指数品目に採用される商品やサービスは，家計支出上重要度が高いものであるから，その採用品目の推移（追加や廃止，数）は，それ自体，生活手段視点からみた生活様式の推移を反映すると考えられる。そこで本章では，この方法を用いて，主に1990年代の日本の消費生活様式の変化と特徴をとらえることとしたい。

1980年代までの変化

　戦後，日本の消費生活様式はどのように変わってきたのだろうか。この疑問は，具体的に，指数採用品目の変遷をみることによって確認できる。1949年以降の指数採用品目数と追加，廃止品目の推移をまとめた表6-1をみてみよう。ここではまず，1980年代までの変化と特徴を捉えておきたい。

　「主な追加品目」をみると，今日では日常的なものになっているハムやウィ

---

　(3) **消費者物価指数**　以下のような手続きによって算出されている。①基準点での家計調査によって，家計支出にしめる各品目の支出の割合（ウエイト）を算出，②そのウエイトの順に品目を決定（以上の原資料は「家計調査」），③品目について具体的に銘柄を決める，④価格変化を店頭で調査（以上③④の原資料は「小売物価統計調査」）⑤ラスパイレス式にもとづき順次総合指数化，⑥公表。

　(4) **小売物価統計調査**　「小売物価」とは，消費者が小売店より購入する個々の商品の小売価格やサービス料金を総合したものである。消費生活上重要な品目の小売価格とサービス料金を調査したものが「小売物価統計調査」であり，総務庁によって実施され，消費者物価指数の算定に用いられている。小売物価の変動は，消費者物価指数で見ることができる。

　(5) **家計調査**　総務庁統計局から1953年以降，毎月発表されている。その対象は世帯人員が2名以上の世帯であったが，1995年1月からは単身世帯も追加された。総務庁統計局「全国消費実態調査」（1959年から5年に1度），農林省「農家生計費調査」などを合わせると，「家計調査」が除外している世帯の家計費の全貌がほぼ把握できる。ただし，「全国消費実態調査」以外は収支項目分類や費目の定義が異なっているため，単純な比較はできない。

表6-1 基準年における主な改廃品目

基準年	品目数	主な追加品目	主な廃止品目
1946	152(東京)		
1949	195	ハム, ウィスキー, ズルチン, 紅茶, 男子冬背広洋服地, 男子通学服	缶詰牛肉, 男子和傘, 手ぬぐい, さらし木綿, 真綿
1952	254	粉ミルク, マーガリン, かすてら, 落花生, 夏みかん, ぶどう, すいか, くり, 食卓, 洋服たんす, 木炭, まき, 洗濯板, ゴムまり	切干甘しょ, あみつくだ煮, 代用醤油, サッカリン, ズルチン, 重曹, さらしあめ, 弁当箱, ざる, たわし, 買い物かご, 縫い針, のこぎり, ろうそく, ゴム長靴, 鼻緒, ホック, ゴムひも, 毛筆
1955	308	鯨肉, ソーセージ, 化学調味料, 魔法びん, ラジオ受信機, けい光ランプ, 電気アイロン, 電気せんたく機, 旅行かばん, パーマネント代, シャンプー, 自転車, タクシー代, 灯油	甘味剤, こんろ, まき(雑), 男子足袋, 注射液, 粉おしろい
1960	332	乳酸飲料, 家賃(公営), 自動炊飯器, トースター, テレビ(白黒), 電気冷蔵庫, 口紅, テレビ聴視料(白黒), カメラ, 宿泊料	マッチ, わら半紙, インキ
1965	364 追加43 廃止11	即席ラーメン, チーズ, レタス, カリフラワー, ピーマン, 魚肉ソーセージ, マヨネーズ, バナナ, いちご, インスタントコーヒー, 電気掃除機, 腕時計, プロパンガス, ワイシャツ(混紡), 入浴料(中人, 小人)	うずら豆, ごま, 絹地(富士絹), 化繊地(スフモスリン), 子供げた, 駆虫剤, ラジオ聴取料
1970	428 追加98 廃止16	うるち米(自主流通), 即席カレー, 即席スープ, レモン, メロン, コーラ, テレビ(カラー), ルームクーラー, 石油ストーブ, カーペット, ミシン(ジグザグ), 婦人ウールきもの, 男子ブリーフ, 男子ぐつ(合成皮革), 航空運賃, 乗用車, 自動車ガソリン, ボールペン, ゲーム代(ボーリング), フィルム(カラー), 自動車教習料	もち米(配給), ひらめ, まき, かんぴょう, ジャンパー, ズボン下, キャラコ, 綿ネル, サージ, 学生帽, 学生服(高), 婦人ビニールぐつ
1975	485 追加47 廃止5	もち, ゆでうどん, ベーコン, もやし, 生しいたけ, えび, 牛乳(紙容器入り), 冷凍調理食品, グレープフルーツ, 乳酸菌飲料, ガス湯沸器, 電気コタツ, ステレオ, テープレコーダー, カセットテープ, ラップ, ブルージーンズ, ビタミン剤, ガーゼ付絆創膏, トイレットペーパー, テニスラケット, 学習塾, 全自動せんたく機, ビニールホース, 高速自動車国道料金	鯨肉, しじみ, 合成清酒, ミシン(足踏式), 婦人はだじゅばん, 市内電車賃

第6章 生活手段とサービスの体系の変遷　109

1980	512 追加43 廃止20	牛肉（輸入品），ロースハム，オレンジ，ウィスキー（輸入品），電子レンジ，ベッド，ティッシュペーパー，ドリンク剤，小型電卓，鉛筆削器，ゴルフクラブ，月謝（水泳），ポテトチップ	精麦，けずり節，障子紙，テレビ（白黒），木炭，半えり，婦人こまげた，電報料，フィルム（白黒）
1985	540 追加45 廃止17	スパゲッティ弁当，コーヒー豆，下水道料金，ルームエアコン，スポーツシャツ（半袖），婦人Tシャツ，漢方薬，マッサージ料金，駐車料金，運送料（宅配便），ビデオテープレコーダー，ペットフード，月謝（音楽），ゴルフ練習料金，電気かみそり	徳用上米，甘納豆，れん炭，婦人雨コート，婦人ウール着尺地，運送料（鉄道），かみそり替え刃，冷凍調理ぎょうざ，机，メロン（アムス）
1990	561	ししゃも，いかくん製，魚みそ漬，あさりつくだ煮，ブロッコリー，ながいも，えのきだけ，はくさい漬，りんご（王林），メロン（アンデスメロン），うま味調味料，サンドィッチ（調理食品），野菜ジュース，ぶどう酒（輸入品），ハンバーガー，物置ユニット，電気カーペット，座卓，食卓戸棚，蛍光灯器具，台所用密閉容器，レンジ台，ヘルスメーター，モップレンタル料，浴用剤，紙おむつ，コンタクトレンズ，血圧計，小型乗用車（輸入品），自動車ワックス，ワードプロセッサー，ビデオカメラ，ゴルフクラブ（輸入品），コンパクトディスク，ビデオテープ，乾電池，ビデオソフトレンタル料，電気かみそり（輸入品），腕時計（輸入品），たばこ（輸入品）	うるち米（並），みりん干し，するめつくだ煮，カリフラワー，やまのいも，りんご（スターキング），化学調味料，ジュース，砂，トースター，流し台，ルームクーラー，食卓，マットレス，ほうき，婦人浴衣，レコード，普通運賃・通学定期・通勤定期（旧私鉄），自動車整備費（ブレーキ，シュー取り替え），鉛筆
1995	580	国産米A，国産米B，国産ブレンド米，指定標準米，外国産米，しめじ，キムチ，もも缶詰（輸入品），混ぜごはんのもと，スポーツドリンク，ビール（輸入品），ピザパイ（配達），左官手間代，コーヒーわん皿（輸入品），ワイングラス（輸入品），なべ（輸入品），浄水器，芳香剤，ネクタイ（輸入品），コンタクトレンズ用剤，眼鏡フレーム（輸入品），普通乗用車，普通乗用車（輸入品），ガソリン（プレミアム），電話機，教科書，テニスラケット（輸入品），家庭用テレビゲーム機，切り花（バラ），サッカー観覧料，ゴルフプレー料金，テニスコート使用料，美術館入館料，競馬場入場料，カラオケルーム使用料，ヘアリンス	特米，上米，中米，標準価格米，するめ，魚肉ソーセージ，塩辛，コンビーフ缶詰，ベニヤ板，布団綿，クレンザー，ゴム長靴，さらし木綿，婦人白足袋，小型乗用車C，ハーモニカ，ギター，幼児用自転車

（資料）　総務庁統計局「消費者物価指数年報」各年から作成。
（出所）　松葉口・伊藤（1998, p. 67）。

スキーなどは1949年，マーガリンは1952年，ソーセージは1955年に登場している。高度経済成長期の代表的存在であるテレビは，まさしくその時代（1960年）に登場している。即席ラーメンやインスタントコーヒー（1965年），即席カレー，即席スープ（1970年）など「即席もの」も同時期であり，簡単便利な大衆消費社会が情報化とともに進展する姿がうかがえる。

一方，「主な廃止品目」をみてみよう。1952年のサッカリン，ズルチンを知っている人はどれだけいるだろうか。また，今日，環境問題への視点から再評価されている「弁当箱」や「買い物かご」は，1952年に廃止されていることがわかる。1975年に廃止された「ミシン（足踏式）」は，現在では日本の学校で使用されなくなったものが，途上国の学校に寄付されたりしている。また，男子和傘，手ぬぐい，さらし木綿，真綿（1949年），さらしあめ，鼻緒，毛筆（1952年），男子足袋（1955年）など，いわゆる日本文化の象徴的なものが軒並み廃止されていくことがわかる。

さらに，化学調味料は，1955年に追加品目に登場した後，1990年には廃止され，木炭も1952年に登場した後，1980年には廃止されている。

このようにみると，戦後，いかに日本の消費生活様式が急激に変化してきたかがわかるだろう。1952年に廃止された弁当箱や買い物かごに替わって，今日ではコンビニエンスストアやスーパーマーケットのお弁当やポリ製買い物袋が普及し，容器包装材の廃棄物が急増するという問題が発生しているのである。採用品目の変遷をこのような視点から今日の日常生活に照らし合わせて見てみれば，このほかにも多くの発見を得ることができるであろう。同時に，今後の消費生活様式のあり方を具体的に考えるうえでも，大いに参考になると思われる。

1990年代の変化と特徴

さて，1990年代はどうであろうか。表6-1によれば，1990年代の特徴として第一に「輸入品の増加」をあげることができる。たとえば，同一品目のなかで輸入品として国産品から明確に分かれたものを取り出してみると，1990年には，ぶどう酒，小型乗用車，ゴルフクラブ，電気かみそり，腕時計，たばこ，1995年には，外国産米，もも缶詰，ビール，ワイングラス，なべ，ネクタイ，

眼鏡フレーム，普通乗用車の名を挙げることができる。実際，これらを具体的に思い浮かべてみよう。高級輸入品のイメージで市場に出回っているものが多いであろう。

第二に，同一品目の中に移り変わりの顕著なものが目につくことである。たとえば，うるち米は，1980年には指定産地米，上米，中米，並米，標準価格米，徳用上米の6種であったものが，1985年には特米，上米，中米，並米，標準価格米の5種になり，1990年には並米が廃止されて特米，上米，中米，標準価格米の4種になった。さらに1995年には，国産米A，国産米B，国産ブレンド米，指定標準米，外国産米の5種となり，米の自由化を反映したものへと変化した。

またメロンは，1985年にはプリンスメロンとアムスメロンだったが，1990年にはアムスメロンがアンデスメロンになった。それだけ消費者の選択の幅が広がっていること，好みの変化があるということであろう。

第三に，特に1995年で特徴的であるが，教養娯楽に関する新たな品物・サービスが多く登場したことである。特にそれまで一般化していなかったビデオソフトレンタル料（1990年），家庭用テレビゲーム機やサッカー観覧料，ゴルフプレー料金，テニスコート使用料，美術館入館料，競馬場入場料，カラオケルーム使用料などが追加されている。

第四に，ヘルスメーター，血圧計，コンタクトレンズ，コンタクトレンズ用剤，スポーツドリンク，浄水器等，健康関連商品とも言うべきものが加わっていることである。

第五に，廃止品目の中に1990年では婦人浴衣，1995年ではさらし木綿，婦人白足袋があることである。

1990年代の変化と特徴にある背景

さて，上記のような変化と特徴は，いったい何を意味するのだろうか。

上記第一の傾向は，明らかにすべての分野にわたる輸入品の増加，いまだかつてなかったほどの規模での外国製品の消費生活への浸透である。これは消費の国際化を意味している。この背景については特に後述する。

第二の傾向は，表面的には「奢侈化」ともいうべきものである。しかしこれは，主に農産物に現れている現象であるので，国の農業政策や農業関係行政に

よって作り出された「奢侈化」，消費者にとっては受け身の「奢侈化」といえる。しかし，奢侈化指標ともいうべき「基礎的・選択的支出項目区分」[6]の中にピックアップされているわけではない。この点については，たとえば1995年基準でみても，「選択的」品目として，いかくん製，グレープフルーツ，外食のうちのスパゲティ，にぎりずし，サンドイッチ等があげられていることからも明らかである。すなわち，「消費者物価指数年報」における「基礎的・選択的支出項目」には，本来の意味が反映されているとはいえないのである。従って，項目の算定法そのものの検討も必要であろう。

　第三の傾向として，一定の時間消費を伴う「時間消費型消費」[7]（経済企画庁1987）傾向の強まりという特徴を認めることができる。さらにこのことは，余暇活動のプラスとマイナスの両面を持つ多様性現象を示している。消費能力の内容の一面としての余暇享受能力の発達という観点からすれば，余暇活動に使用される財・サービスの多様性という点で評価に値するかもしれないが，そのことが余暇活動の充実そのものに直接つながるとはいいがたく，享受能力の発達という点で疑問が残る。

　第四の傾向は，1980年代に調査品目に加わったドリンク剤，漢方薬と並んで，健康への関心とそれへの危機感である。一見豊かになったかにみえる現代社会において，潜在的疾病ともいえる状況が蔓延していると理解することもできるが，健康関連産業によって作り出された風潮も拍車をかけているといえよう。

　第五の傾向は，戦後から引き続く傾向，すなわち伝統的日本的生活様式が衣食住のすべてにわたって，多数の消費者の生活から姿を消していく傾向が強まっているということを意味している。

---

(6) **基礎的・選択的支出項目区分**　「消費者物価指数年報」では，1975年基準の改正から，指数品目を支出弾性値の大きさに基づいて，「基礎的」支出品目と「選択的」支出品目とに区分して公表するようになった。一般的に基礎的支出は，生活必需品的な品目に対する支出とされている。しかしこの点については，伊藤(1990)がすでに「あくまでもひとつの目安以上のものではない」と指摘している。

(7) **時間消費型消費**　経済企画庁が1987年に設置した「消費・貯蓄の展望研究会」による出版物で使用された言葉。消費を「手段的消費」（生活の維持のための手段としての消費）と「目的的消費」（生き甲斐充足のための目的としての消費）とに分け，特に「目的的消費サービス」の消費には一定時間の確保が必要であるため「時間消費型消費」と呼ぶ。これに対応して「自由な時間を創造するための手段としておこなわれる消費」を「時間創造型消費」と呼ぶ。

2 採用品目のウエイトの推移からみる生活様式の変遷

　採用品目の変遷に加えて，それぞれの品目のウエイトがどう移り変わるかも，生活様式の変遷の把握にとって意味ある指標となる。しかし，品目数が増えれば個々の商品・サービスのウエイトは相対的に減ることが考えられるから，これら商品・サービスを一定の分類標識で括ってウエイトの変化をみる方が効果的である。そこで以下では，輸入関連品目，消費者物価指数中分類，特殊分類，公共料金についてとりあげる。

輸入関連品目のウエイトの変遷

　すでに1990年代の第一の特徴として，「輸入品の増加」をあげた。ここで注目されるのが，「消費者物価指数年報」に輸入関連品目指数が掲載されたのも1990年基準時からということである。おそらくその背景には，1990年7月の「日米構造協議」[8]の合意が影響していると思われる。「消費者物価指数年報」で輸入関連品目として掲載されている品目のウエイトを示したものが表6-2であるが，これによれば，1990年は合計14品目で117，1995年は合計25品目で173と，1995年のウエイトは1990年の約1.5倍にもなっている。

　輸入化の進行の背景にあるものとしては，地球規模で進展している経済活動のグローバル化[9]があげられる。その輸入品が国産品に比較して品質が高く，より安い場合には消費者に利益をもたらす。しかし，経済活動が国境を越える背

---

　[8] **日米構造協議**　1980年代後半に入って，日米両国間に大幅な貿易収支不均衡が見られたが，これは，両国間の経済構造に起因するとの認識から発足した協議。合意を見た最終報告での日本側の改善事項の骨子のうち，流通機構については，「大規模小売店舗における小売活動の調整に関する法律」の改善で，大型店出店規制の緩和，日本的取引慣行の是正，独占禁止法を強化して系列取引を監視，内外価格差の是正等（伊藤他 1992）であった。

　[9] **経済活動のグローバル化**　グローバリゼーションともいう。ヒト，モノ，カネ，情報などの移動が国境を越えて地球規模で盛んになり，政治的，経済的，文化的な境界線，障壁がボーダーレス化することによって，社会の同質化と多様化が同時に進展すること。90年代から顕著であり，これによっていわば大競争時代が開幕したともいえる。このように世界経済が一本化する傾向が強まる中で，世界的な共通ルールや基準すなわちグローバル・スタンダードを模索する動きも具体化してきている。すでにガットに変わってWTO（世界貿易機構）が1995年に確立された。

表6-2 輸入関連品目のウエイト

品　　目	1990年基準	1995年基準	品　　目	1990年基準	1995年基準
外 国 産 米	—	2	ワイングラス（輸入品）	—	3
え　　　び	33	26	な　　べ（輸入品）	—	4
牛　　肉（輸入品）	15	29	ネ ク タ イ（輸入品）	—	4
チ ー ズ（輸入品）	—	4	眼鏡フレーム（輸入品）	—	5
レ モ ン	2	1	小 型 乗 用 車（輸入品）	12	10
グレープフルーツ	3	4	普 通 乗 用 車（輸入品）	—	21
オ レ ン ジ	4	4	ゴルフクラブ（輸入品）	5	4
バ ナ ナ	9	7	テニスラケット（輸入品）	—	2
もも缶詰（輸入品）	—	3	電気かみそり（輸入品）	1	1
コ ー ヒ ー 豆	9	9	腕　時　計（輸入品）	6	4
ビ ー ル（輸入品）	—	4	た ば こ（輸入品）	13	14
ウイスキー（輸入品）	3	2	品　目　数	14	25
ぶ ど う 酒（輸入品）	2	2	ウエイト合計	117	173
コーヒー椀皿（輸入品）	—	4			

（資料）　総務庁統計局「消費者物価指数年報」各年から作成。
（出所）　松葉口・伊藤（1998, p.69）。

景には，保護主義から自由化への移行があり，特に日本の場合は貿易摩擦の結果，強国からの圧力による規制緩和が第一に考えられる。

　また，たとえ品質が高く，しかもより安いものであったとしても，それが他国の安い（搾取された）労働力によって生産されたものであったり，生産される過程で環境破壊が生じているものであったらどうだろうか。しかもそのような事実は，生産の場と消費の場が遠距離になればなるほど確認することが困難になる。

　このように，輸入化の背景にある経済活動のグローバル化は，決して無条件に推進されるべきものではない。しかし実際には，この傾向はまさに地球規模でますます強まると思われる。

「消費者物価指数」採用品目中分類のウエイトの変遷

　「消費者物価指数」採用品目を10大費目に区分した「中分類」のウエイトの変化を示したものが図6-1である。この図から主な傾向をみると，食料費のウエイトは，エンゲル係数の低下を反映して，減少し続けているのに対し，住居費は，「持ち家の帰属家賃」（持ち主から受けるサービスを仮に借家から受け

第6章 生活手段とサービスの体系の変遷 115

図6-1 中分類別ウエイトの変化

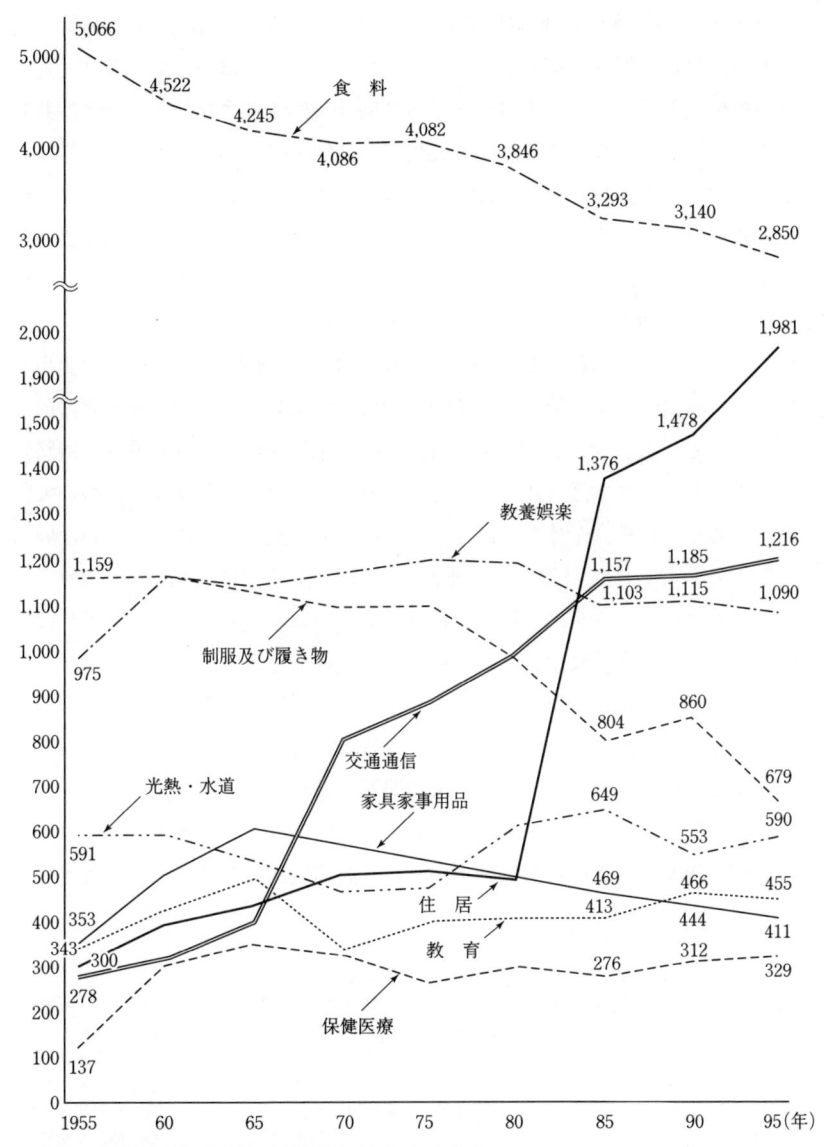

(資料) 総務庁統計局「消費者物価指数年報」各年から作成。
(出所) 松葉口・伊藤 (1998, p.70)。

るものとして評価した家賃相当額）を指定品目に入れた後に，増加し続けている。ウエイトが恒常的に増加しているものは，住居費の他に，交通通信，光熱・水道，教育，保健医療といったものであり，これらは一言でいえば，人々が社会的生活を行ううえで不可欠となる共同社会的条件すなわち「社会的共同生活手段」[11]である。なかでも，交通通信費が278から1,216へと大きく上昇し，被服及び履き物が，1,159から679へと大きく低下しているのが目立つ。

　交通通信費の上昇は，特に1870年代から指定品目となった自動車関係費の上昇を反映しており，その内訳をみれば，自動車そのものよりも，ガソリン，自動車保険料，定期点検料などのウエイトの上昇が大きい。

　かつて宇沢（1974）は，「自動車の社会的費用」を指摘した。「社会的費用」とは，ある経済活動が，第三者あるいは社会全体に対して，直接的・間接的に影響を及ぼし，被害を与える時に発生する「外部不経済」（交通事故，道路建設，混雑など，自動車通行によって発生するもの）をともなう現象について，「第三者あるいは社会全体に及ぼす悪影響のうち，発生者が負担していない部分をなんらかの方法で計測して，集計した額」（宇沢　1974，pp.79-80）のことをいう。すなわち，本来，自動車の保有者あるいは運転者が負担しなければならないはずの「社会的費用」を，歩行者や住民に転嫁して，自らはわずかな代金を支払うだけで自動車を利用することができたために，人々は自動車を利用すればするほど利益を得ることとなり，自動車の需要が増大してきたという。この「社会的費用」概念は，今日，環境問題を経済学視点からアプローチする際に着目されているものであるが，自動車保有によって，自動車そのもの以外の，それに関連する諸経費（自動車保険料，高速道路料金等）への出費が増し

---

(10) エンゲル係数　家計支出に占める飲食費の比率のこと。所得の上昇につれて家計費中に占める飲食費の割合が低下するという統計的法則であるエンゲル法則の発見者（C. L. E. Engel）にちなんでこの名がある。このエンゲル係数を用いて理論生計費ないし生活保護基準の算定をするのが「エンゲル方式」であり，標準世帯の飲食物費をマーケット・バスケット方式で計算し，これをエンゲル係数で割って生計費総額を出し，保護基準になる最低生活費を算定する。

(11) 社会的共同生活手段　「社会的共同消費手段」ともいう。特に都市的生活様式において良好な人間生活を営む際に不可欠な消費生活領域のこと。個々の家庭生活の枠を超えて，共同で利用されるものであり，私的個人消費と区別される。具体的には，共同住宅，都市交通施設，上下水道，公園，学校・保育所，医療・福祉施設など，いわゆる生活関連社会資本のことを指す。

ていることは，自動車保有者自体にも，一種の「社会的費用」が生じているといえよう。

特殊分類のウエイトの変遷——商品とサービス

「消費者物価指数」の分類のひとつに，1965年から，指定品目を主として商品であるかサービスであるかによって分類し，さらにこれを細分化した「特殊分類指数」が出されている。

総理府（総務庁）の「全国消費実態調査」は1979年調査から，「家計調査」は1980年調査から，品目分類に，財とサービスの区分を入れ，財をさらに耐久財，半耐久財，非耐久財に分けた。「消費者物価指数」の採用品目は，1965年から，サービスを，民営家賃間代，公共料金，対個人サービスに3分し，さらに対個人サービスを「外食を除く」と「外食」に分けていたが，現行では，民間家賃間代，持ち家の帰属家賃，公共サービス料金，個人サービス料金，外食に5分している。

現行特殊分類の項目とそのウエイトは表6-3，この分類のうち主なものをとりあげ，そのウエイトを示したものが図6-2である。これによれば，1990年代以降も，商品・工業製品・農水畜産物の減少，サービス経済化の進展といった動向は継続していることがわかる。

公共料金品目のウエイトの変遷

一般に，家計に占める公共料金の比重は，年間収入の高い層ほど低く，年間収入の低い層ほど高くなることが知られているが，実際にはどのように変化しているのであろうか。公共料金品目のウエイトの変遷を示した表6-4をみてみよう。

1965年から1985年改正時点までの公共料金のウエイトは，公共料金の相次ぐ引き上げを反映し，その比重は高まるばかりであったが，1990年改正時点では1,510，1995年改正時点では1,560と横ばいで推移している。1985年改正時からの変化をみれば，1990年改正時では，「入院費（分娩費・国立）」と「入院費（分娩費・公立）」が削除され，1995年改正時では，「男子学生服」と「女子学生服」が追加された。1995年改正時点では，公共料金指数品目は40品目である。

表6-3 「消費者物価指数」特殊分類とウエイト

	1985	1990	1995
総合	10,000	10,000	10,000
┌商品	5,804	5,582	5,159
│┌農水畜産物	1,152	1,009	866
││　米類	229	168	130
││　生鮮商品	923	838	733
│├工業製品	3,995	3,975	3,681
││　大企業性製品	1,940	1,860	1,852
││　中小企業性製品	2,055	2,114	1,829
││　食料工業製品	1,437	1,408	1,349
││　繊維製品	786	837	654
││　耐久消費財	552	569	546
││　その他の工業製品	1,220	1,161	1,131
│├電気・都市ガス・水道	469	418	438
│└出版物	188	180	173
└サービス	4,196	4,418	4,841
民間家賃間代	224	234	316
持ち家の帰属家賃	897	988	1,340
公共サービス料金	1,091	1,091	1,123
個人サービス料金	1,240	1,342	1,385
外食	744	763	677
┌半耐久消費財	1,212	1,223	1,002
├非耐久消費財	4,040	3,790	3,611
└公共料金	1,560	1,510	1,560

(資料)　総務庁統計局「消費者物価指数年報」各年より作成。
(出所)　松葉口・伊藤 (1998, p. 72)。

　公共料金は，国または地方公共団体が料金水準の決定や改訂に直接に関与する。従って今後は，電気代・都市ガス代・水道料などが省エネルギー問題に絡むように，環境問題解決にむけての公的規制の手段となる可能性も秘めている。第10章で紹介する環境家計簿などは，その発想に近いものであるといえよう。

3 現代消費生活の課題と求められる消費者教育・家庭科教育

今後の生活手段体系把握に向けて

　以上のように，現代日本の消費生活は，自国内の問題のみならず，他国との関係を無視できないものとなっている。国連レベルで提起された「消費形態の

第6章 生活手段とサービスの体系の変遷 119

図6-2 主要特殊分類別ウエイトの変化

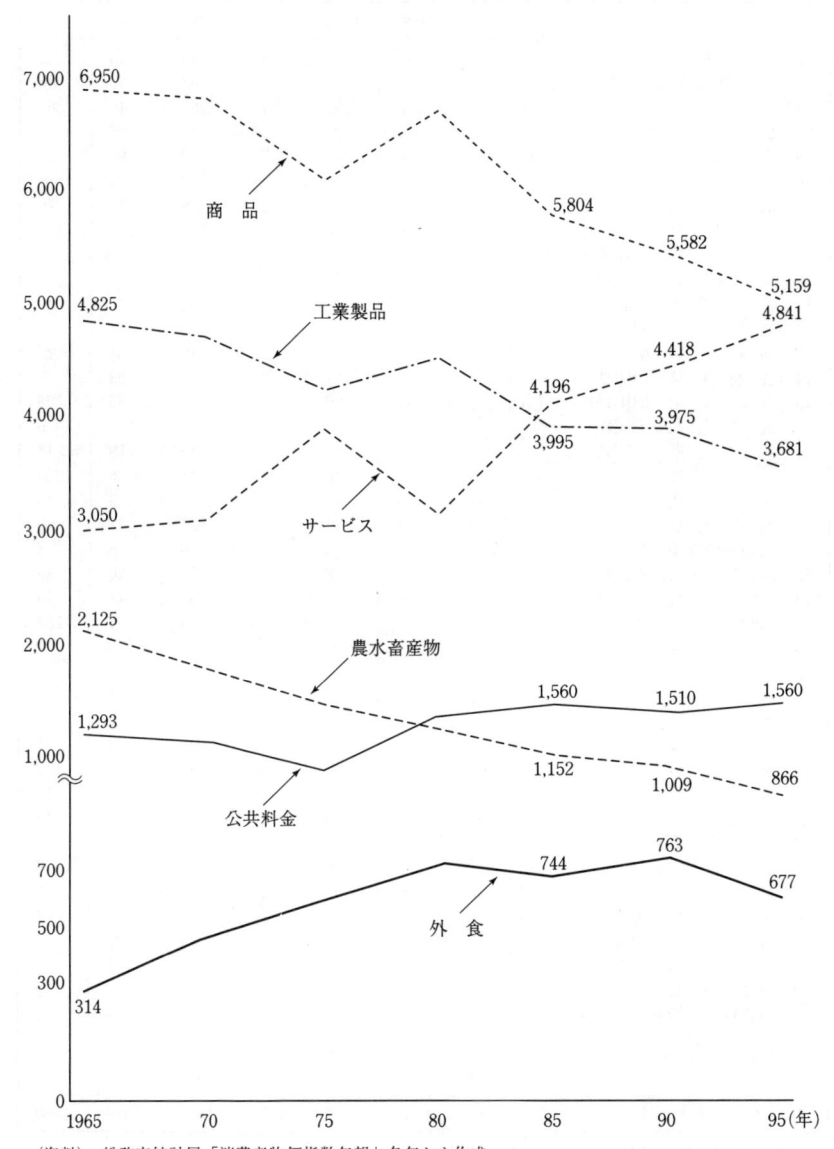

商　品: 1965年 6,950 → 1985年 5,804 → 1990年 5,582 → 1995年 5,159
工業製品: 1965年 4,825 → 1985年 4,196 → 1990年 3,975 → 1995年 3,681
サービス: 1965年 3,050 → 1985年 3,995 → 1990年 4,418 → 1995年 4,841
農水畜産物: 1965年 2,125 → 1985年 1,152 → 1990年 1,009 → 1995年 866
公共料金: 1965年 1,293 → 1985年 1,560 → 1990年 1,510 → 1995年 1,560
外　食: 1965年 314 → 1980年 744 → 1990年 763 → 1995年 677

(資料) 総務庁統計局「消費者物価指数年報」各年から作成。
(出所) 松葉口・伊藤 (1998, p.74)。

表6-4 公共料金品目とそのウエイトの推移

		1965	1970	1975	1980	1985	1990	1995
1	公営家賃	26	32	19	63	49	53	52
2	火災保険料	—	—	—	—	63	52	48
3	電気代	210	197	191	247	269	240	267
4	都市ガス代	92	78	93	113	117	93	88
5	水道料	47	52	49	75	82	85	83
6	下水道料	—	—	—	—	19	23	36
7	清掃代	29	18	17	26	26	20	20
8	診察料	241	239	148	156	119	128	123
9	入院費(分娩費・国立)	—	—	18	20	15	—	—
10	入院費(分娩費・公立)	—	—	19	20	15	—	—
11	普通運賃(旧私鉄)		51	47	40	64	45	56
12	通学定期(旧私鉄)	46			4	5	8	9
13	通勤定期(旧私鉄)				26	46	21	27
14	普通運賃(旧国鉄)				86	97	93	79
15	料金(旧国鉄)	131	154	90	49	29	36	26
16	通学定期(旧国鉄)				4	5	8	6
17	通勤定期(旧国鉄)				21	35	19	16
18	バス代	59	61	45	48	41	36	29
19	タクシー代	51	58	44	47	36	33	25
20	航空運賃	—	8	11	24	24	27	38
21	自動車免許手数料	—	4	3	5	6	8	8
22	高速自動車(国道)料金	—	—	8	18	25	26	29
23	自動車保険料(自賠責)	—	—	—	56	33	43	40
24	自動車保険料(任意)	—	—	—		49	59	104
25	はがき				5	8	9	9
26	封書				4	5	3	4
27	速達	21	21	15	1	1	1	1
28	書留				2	1	1	1
29	小包				2	1	1	1
30	通話料	63	145	182	201	187	190	175
31	運送料				8	11	17	19
32	公立高校授業料	118	42	25	42	45	52	42
33	国立大学授業料	11	6	3	8	7	12	13
34	公立幼稚園保育料	—	9	10	15	9	12	6
35	放送受診料	74	38	42	40	38	41	52
36	入浴料(大人)	52	31	20	22	13	6	4
37	入浴料(中人)	7	2	2	1	1	1	1
38	入浴料(小人)	7	2	3	1	1	1	1
39	印鑑証明手数料	—	2	2	4	4	3	2
40	戸籍抄本手数料	—	2	3	3	4	3	2
旧	市内電車賃	7	4	—	—	—	—	—
旧	電報料	1	1	1	—	—	—	—
「特殊分類」における公共料金のウエイト*		1293	1257	1091	1451	1560	1510	1560

(注) ＊各公共料金品目ウエイトの合計とは異なっている。
(資料) 総務庁「消費者物価指数年報」各年から作成。
(出所) 松葉口・伊藤(1998, p.73)。

変更」のためには，このことを射程に入れたトータルな視点による生活様式論が展開されねばならない。

「生活手段体系」の把握には，それの産出については「産業連関表」の基礎分類部門表，「工業統計表」品目編，「サービス業統計総覧」の産業小分類などによって把握することが可能である。しかし，真の意味での生活手段体系は，最終的に，消費者が購入し，消費した商品とサービスのそれである。したがって，家計調査の品目別分類項目がそれらをもっとも近似的に反映する指標となり，それに依拠した「消費者物価指数」関連統計は，消費支出の1万分の1以上のウエイトをもつ品目を基礎に作成されているという点において，より生活に必要不可欠なレベルでの生活手段体系を提示する結果となっているといえる。それゆえ，「消費者物価指数」関連統計は，「消費形態の変更」にむけての現実の消費生活様式を把握し，問題点を探るために有効的なものであると思われる。

新しい生活様式の創造と消費者教育・家庭科教育の意義

人生80年の今日，人はこの間，衣食住をはじめとして膨大な生活手段財とサービスを消費して生きていく。生活手段財とサービスを消費するためには，そのための時間と労働力の支出が必要である。したがって，生活手段財とサービスの消費の仕方は，時間の使い方，労働力の支出の様式すなわち労働様式とも関連し，トータルな生活様式を形成する。また，経済のグローバル化が進むと同時に，今日の日本は一見豊かに見えるが，見せかけのモノの豊かさの背後で，資源問題，時間の貧しさ（ゆとりのなさ），精神的飢餓状態などの問題も顕在化している。これまでの消費生活様式が企業に先導されたものであったのに対して，消費者・生活者・市民が主体的に新たな消費生活様式を形成していくことが求められている。そのためには，家庭教育，学校教育，社会教育など，あらゆる場において消費者教育が展開される必要があろう。

学校教育の中では，1989年に改訂された学習指導要領で，高等学校家庭科で「消費生活と消費者としての自覚」という項目が明記され，消費者問題と消費者の保護・権利についての学習すなわち消費者教育としての視点が明確に位置づけられた。また，2002年以降から開始される新教育課程における家庭科でも，中学校で「家庭生活と消費」，高等学校でも「家庭基礎」「家庭総合」「生活技

術」のすべてに「消費生活と環境」という項目が明確に位置づけられおり，今後の展開が期待される。

引用文献

橋本和孝（1994）『生活様式の社会理論』東信堂

IOCU (1993) *Beyond the Year 2000 : The Transition to Sustainable Consumption*, A Policy Document on Environmental Issues, Hague.

伊藤セツ（1990）『家庭経済学』有斐閣

伊藤セツ・森ます美・川島美保・居城舜子・姉歯暁（1992）『消費生活経済学』光生館

１UCN・UNEP・WWF／WWF　JAPAN（1992）『かけがえのない地球を大切に』小学館

角田修一（1982）『生活様式の経済学』青木書店

経済企画庁・消費・貯蓄の展望研究会（1987）『2001年時間と消費の予測シナリオ』ダイヤモンド社

国連事務局／環境庁・外務省監訳（1993）『アジェンダ21——持続可能な開発のための人類の行動計画』（社）海外環境協力センター

松葉口玲子・伊藤セツ（1998）「消費者物価指数関連統計にみる1990年代日本の消費生活様式の特徴」『昭和女子大学大学院生活機構研究科紀要』Vol. 7

成瀬龍夫（1988）『生活様式の経済理論』御茶の水書房

西山夘三編（1977）『住居学ノート——新しい生活科学のために』勁草書房

総務庁統計局「消費者物価指数年報」各年

宇沢弘文（1974）『自動車の社会的費用』岩波書店

WCED／大来佐武郎監訳（1987）『地球の未来を守るために』ベネッセ

読者のための参考図書

伊庭みか子・古沢広祐編著（1993）『ガット・自由貿易への疑問』学陽書房
　　——タイトルに記された問題に関して，日本，アメリカ，マレーシア，インドなど国際色豊かに問題が明らかにされている。

コーテン，デビット／西川潤監訳（1997）『グローバル経済という怪物』シュプリンガー東京
　　——進展するグローバリゼーションの問題を明らかにし，意識をグローバル化し，経済を地域化させることを提唱している。

西村多嘉子（1998）『現代流通と消費経済』法律文化社

――消費者の生活をめぐる諸環境・諸条件の変容とその問題点について，消費者視角からの解明を行っている。
佐々木佳代（1998）『地球時代の経済学』ミネルヴァ書房
　　――地球規模で連動する経済をエコロジー的状況に収束させるため，日本の置かれている位置と可能性を確認した書。
谷村賢治（1996）『消費の人間生活研究』晃洋書房
　　――第2章の「家計消費の現状」で，この4半世紀における消費構造の動きが解説されている。
鳥越皓之編（1996）『環境とライフスタイル』有斐閣
　　――衣・食・住などの生活様式と環境問題との関わりについての知識と考え方を提供してくれる。
吉田良子編著（1998）『消費者問題入門』建帛社
　　――第2章で「商品・サービスの取引をめぐる問題」が取り上げられている。
吉野正治（1980）『生活様式の理論』光生館
　　――引用文献にある西山『住居学ノート』と並んで，生活科学（家政学）や家庭科教育の方向性を示唆する書。

第7章

生活経済とアンペイドワーク

1　生活経済と労働

アンペイドワーク

　アンペイドワークとは，収入を伴わない労働，つまり無報酬労働（ただばたらき）のことである。しかし，直接その労働に収入を伴わなくとも，さまざまの形で間接的に経済的に評価されることもある。そのことについてはあとで触れるが，貨幣経済が一般化している社会では，その労働が収入を伴う（ペイドワーク）かどうかは労働する本人にとって重要な問題である。この本を読んでいるみなさんにも，そういう経験はあるだろう。

　人間にとって，あるいは地球環境にとって，その労働が意味あるかどうかと，それが収入を伴う労働であるかどうかは別問題である。人間に害をもたらしたり，地球環境を破壊する労働が，高い収入を伴ったりすることもあるし，全く無報酬で，福祉や環境を守る労働をする場合もある。全く同じ労働が，収入を伴ったり，伴わなかったりもする。それは，日常の家事労働と家事代行業の労働を例にとってもよく分かる。

　どのような労働が，どのような場合にペイドワークになったりアンペイドワークになるのだろうか。この章では，無報酬労働という概念の全体像を理解し，生活経済とどういう関わりにあるかを知る。まず，労働一般の定義と，そのなかでのアンペイドワークの位置づけからはじめたい。

人間と労働

　人間は労働する動物である。労働とは，継続的生存のために，人間が，自然と人間自身に働きかける活動のことである。労働によって人間は発達し，自然と人間を変え，それに伴ってまた自然を消費し破壊もしてきた。しかし，人間も自然の一部であり，他の生命あるものと同じ生物の一種であり，ヒト科の動物であるにすぎない。その人間が，他の生物に遅れて地球に発生しながら，労働する動物であるという特色をもつということに起因して，何億年という歴史をもつ地球の資源の形を変え，消費し，他の動植物を支配し，自然とは異質な廃棄物を地球とその周辺にまきちらしたのである。

労働は，報酬という概念の存在しない人間の歴史のはじまりにおいては，当然すべて無報酬労働であった。生産力の発展と分業の発生・発展のプロセスで，(おおざっぱな表現であるが)報酬をうけるものと，受けないものとの区別が生じるようになる。したがって労働のうちで，無報酬労働とは，報酬をうける労働（有報酬労働）の対語であり，人類史が市場経済つまり貨幣経済に影響される度合いが強くなるにしたがって，それらの労働の存在や区別が人々に自覚されるようになった。有報酬労働は，その労働の対価として貨幣あるいは相応の代替（それは，現物支給であったり，有給休暇のような「時間」であったり，租税控除であったり，その労働継続期間の経験への社会的評価であったり，社会や文化の相違によってその他さまざまな形をとるが）が何らかの形で把握され，目に見える形で記録することができる。これに対し，無報酬労働には一般に，私的記録以外，市場経済の記録としては何も残らない。従って統計記録や国民経済計算(1)の外におかれる。

　しかし，有報酬労働でも記録されないものがある。それは，労働をフォーマルセクターの労働，インフォーマルセクターの労働に区分する時のインフォーマル労働に見られる。インフォーマル労働とは，一般に，原産資源，家族所有，非公式技術に依存する小規模経営に関連するセクターの労働をいう。

　現在，地球人は，膨大な量の労働に依存して生存している。労働は生産力と生産関係，労働様式，工業国か開発途上国か，経済体制の異同によって異なってはいるが，それらは，地球規模での世界システム(2)に統合され関連付けられている。

地球上の人間労働の種類

　20世紀の終わりから21世紀の初頭においても，地球上の地域や民族によっては，貨幣経済が浸透していない所も少なくはない。そうした事実をも考慮に入れて地球上の人間労働の種類を分類すると表7-1のようになる。

---

(1) **国民経済計算** 国民経済の構造や状態を明らかにする加工統計の体系。国民所得統計がその中心。
(2) **世界システム** 国家を単位として世界をとらえる「国際システム」ではなく，世界を単一のシステムとしてとらえること。世界システム論は，アメリカのウォーラーステインらによってとなえられた。

表7-1 収入の有無別労働の分類と例示

報酬の有無別労働	含まれる労働の種類	簡単な例
無報酬労働 (アンペイドワーク)	サブシステンス労働 家庭内労働 ボランティア労働	食料の採取，水汲み，蒔集め等 衣食住の家事・育児・介護・世話 福祉，災害等すべての自発的活動
有報酬労働 (ペイドワーク)	インフォーマル労働 小規模労働 非定型労働 フォーマル労働 非賃労働 賃労働	公式に登録記録されないが収入が入る 自作物の庭先販売，手伝い等 一時的アルバイト等 公式に記録され，国民経済計算に入る労働 自営的労働，自由業，事業・経営労働 雇用者一般労働

(出所) 伊藤セツ作成。

　これらのどの労働が最も多くの人間の生存・生活に貢献しているかは単純には言い表せない。地球規模でみると賃労働となっている部分はごく一部である（ミース・マリア／奥田訳　1998）。賃労働には，武器をつくる労働も，環境を破壊する労働も，性産業労働も含まれている。また，無報酬労働と有報酬労働には，歴史的に男女役割分担を背景にしたジェンダーバイアスが存在する。たいていの女性は人が生きていく上でなくてはならない多くの労働をしている。どの労働がどのように人間の生存を支えているか。ジェンダーを視野に入れてそれらを計測し，見えない労働を見えるものにしていくことへの関心が高まってくる（久場・竹信　1999）。

報酬のある労働とない労働
　取引による現在の市場経済では，その労働内容如何を問わず，金になる労働（有報酬労働）こそ重要との価値観が優勢になっている。だが，人間にとって重要な労働がすべて報酬を伴ったり，評価されるとは限らないことを繰り返し強調しておきたい。
　しかし，そうはいっても貨幣や生活手段がなければ人は生きていくことができない。しかも，自分で生きる分の金や生活手段をどこからか得なければ，人は誰かに扶養されなければならないのである。無報酬労働への地球規模での関心は，たとえ金にはならなくても役に立つ労働をしているものは「経済力」をもつと定義し，社会的経済力を計測したり，経済活動の全体を報酬の有無とは

別に計測して，無報酬労働をするものの社会的不利益を取り除く政策の資料とするという考え方が一般的となってきた。

2 アンペイドワークがなぜ生活経済と関連するか

アンペイドワーク評価の国際的取り組み

アンペイドワークは，日本語では，無報酬労働あるいは不払い労働と呼ばれているが，英語では「評価されない」という意味の「アンレミュヌレィテド」(unremunerated) という語が使われている。他に，un-waged, non-wage, without wage ともいう。

国連，国連諸機関，特にＩＮＳＴＲＡＷ[3]（女性の地位向上のための国際調査訓練研究所）は，無報酬労働を，グローバルな視点で取り上げている（ＩＮＳＴＲＡＷ 1995）。1995年北京世界女性会議で採択された「行動綱領」[4]は，156項，206項等で，その種類，範囲，分布を問題にし，量的測定のために，生活時間調査や時間統計の必要性，生活行動の国際分類の開発が大事であることを提起した（以下「行動綱領」訳は法政大学日本統計研究所／杉橋やよい訳 (1996)『統計研究参考資料』No. 49 による）。

具体的には，「行動綱領」の重点事項Ｆ，女性と経済のパラグラフ156では，「女性は，有償労働だけでなく，かなりの無償労働を通じて，開発に寄与している。女性は，一方で，農業や食糧生産家族企業に置いて市場向けと世帯の消費向けの物資やサービスの生産に参加している。この無報酬労働――とくに農業に関連しているが――は，国民経済計算体系（ＵＮＳＮＡ）や労働統計の国際基準において，しばしば過小評価され記録不足である。他方，女性はいまだに，子どもや高齢者の世話，家族のための食事の準備，環境保護そして弱く恵まれない個人やグループに対して自発的に援助するような，無報酬の家事労働と地域社会の労働の大部分を担っている。この労働は，しばしば量的に測定さ

---

(3) ＩＮＳＴＲＡＷ　インストロー, United Nations International Research and Training Institute for the Advancement of Women を発音しやすい順に組替えた略号。本部はドミニカ共和国サント・ドミンゴにある。

(4) 北京世界行動綱領（Platform for Action）1995年の北京世界女性会議で採択された西暦2000年までに実現すべき12の重要問題領域を提示したもの。

れず，国民経済計算で評価されてもいない。女性の開発への貢献は，かなり過小評価され，したがってその社会的認識は限られたものになっている。この無報酬労働の種類，程度そして配分を十分に目に見えるようにすることはよりよい責任の分担に寄与することにもなるだろう」といっている。

無報酬労働をサテライト勘定へ

また，同じく重点事項H. 女性の進出のための制度機関のパラグラフ206（ f ）において，「(i)農業，特に自給農業，そして他の形態である非市場生産活動のような，既に国連のSNAに含まれている無報酬労働についてデータ収集を改善すること；(ii)労働市場における女性の失業や不完全雇用を過小評価する現在の測定を改善すること；(iii)適切な討論の場において扶養家族の世話や食事の用意のような国民経済計算の外にある無報酬労働の価値を数量的に評価するために，国民経済計算のコア（中心）とは別に作られるかもしれないがそれとは矛盾しないサテライト勘定(5)あるいは他の公的経済計算でできるだけ反映させて，女性の経済的貢献を認めること，および女性と男性の間に報酬のある労働と無報酬の労働の不平等な分布を目に見えるようにすることを目指して，方法を開発すること；（ g ）報酬のある労働と無報酬労働における女性と男性との差異に敏感な生活時間調査に向けて諸活動の国際的分類を開発し，性別データを収集する。国内レベルでは，各国の制約に従って，(i)報酬のあるあるいは他の無報酬の活動と同時に行われている活動を記録することを含めて，無報酬労働を，量的に測定するための定期的な生活時間調査を行う。(ii)国民経済計算外にある無報酬労働を，量的に測定し，国民経済計算の核心とは異なるが矛盾しないサテライト勘定あるいは他の公的経済計算においてその価値を正確に反映するための方法を改善するよう努める」といっている。

---

(5) サテライト勘定（satellite account）　核になる国民経済計算とは別枠でそれを取り巻く付随的（衛星）な一国規模での経済計算。

3 グローバルな視点から見た無報酬労働の種類・範囲・分布とジェンダー

無報酬労働評価の取り組み

　無報酬労働は，すでにのべたように狭義には先進国の家事・育児・介護労働，ボランティア労働，自営の家内労働等であるが，広義には，開発途上国のインフォーマルなあらゆる生存のための労働（サブシステンス労働）を含んでいる。無報酬労働についての研究は，これまで，アンペイドワークの研究として，国際的にも，国内的にも，社会科学，家政学や女性運動の視点から積み上げられていた。目黒依子氏らの「女性のアンペイドワーク研究会」（1995a；1995b）や神奈川ネットワーク運動の情報誌「UNPAID WORK」も活発に取り組んでいる。

　1997年には，「アンペイドワーク市民・議員フォーラム」が発足し，経済企画庁は同年「無償労働に関する研究会」（座長：鴨野公郎慶応大学教授）を組織し，総務庁の「1981，1986，1991年　社会生活基本調査」をもとに無報酬労働の貨幣換算を発表した（経済企画庁　1997）。続いて1998年，「1996年社会生活基本調査」をもとにした数値を発表した（経済企画庁　1998）。この計算の仕方はあとで示す。

労働する主体からの労働の分類

　無報酬労働の概念として捉えられる項目を，その労働をする主体からみるとどう分類されるかをまとめてみると表7-2のようになる。ただし，これは，あくまで労働する側から見ているので，経済学的には，あるいは社会的には，SNAに計測されているものも含まれている。社会的に計測されてはいても，労働した自分にとっては，記録もされないし，お金とは無縁な労働もある。

アンペイドワークはジェンダーの問題

　こうした無報酬労働は，多くはジェンダーと関わり合っている。無報酬労働は，家族，地域，一国経済，世界経済システムのすべてにおいて，ジェンダー

表7-2 労働する主体からみた無報酬労働の区分

①社会的「生産労働+サービス労働」	②労働力再生産労働	③社会的活動
インフォーマル生産労働 (1)買いたたかれる部分 (2)記録されない家業・農業 (3)路上での児童労働	開発途上国のサブシステンス生産労働 水汲み／薪集め／食糧の摂取／運搬	ボランティアという名で報酬を目的とせず行う社会的活動
フォーマル部分 (1)下請け，零細企業，児童労働 (2)賃労働に隠蔽された部分 ・サービス残業・持ちかえり仕事 ・低賃金・賃金格差（搾取部分） ・通勤時間	工業化された国の家事労働 (1)家族員のための家事（衣食住）労働 (2)育児労働の一部 (3)介護労働の一部	上記には，国際的・国内的に必要なイベント，非常時に必要とされる活動等，自発的，あるいはやらざるを得ない地域サービス活動をも含む。

(出所) 伊藤セツ作成。類似初出は伊藤 (1997, p.5)。

の問題でもある。概して，日常的には女性が男性より多くこの部分を担い，非日常的部分はどちらかといえばジェンダーフリーである。

　生活経済的視点で，この問題と取り組むためには，視野を広げて，隣接領域科学との提携，協力が必要である。なぜなら，無報酬労働およびその計測に関して生活経済ができることは，一部でしかない。

4 無報酬労働の認識と量的測定のこれまでの蓄積と生活経済

　以上述べたように，無報酬労働それ自体の認識，定義，種類，範囲，分布の共通認識自体が理論的に難しい。しかし，無報酬労働の認識と量的測定に関する文献は1990年代以降多数見られる。一国では，ドイツ連邦統計局 (1992) の試み，国連人間開発報告『ジェンダーと人間開発』（UNDP 1995)，国連の統計集『世界の女性—1995』（UN 1995)，INSTRAWの『支払われない貢献の測定と評価』（INSTRAW 1995) などがそれである。それぞれについて簡単にふれていきたい。

ドイツ連邦統計局による計算
　ドイツ連邦共和国では1991～92年に生活時間調査を行い，その結果に基づいて「世帯内生産」というサテライト・システムの構築を行った。この試案の考

え方を，日本統計協会理事の本多秀司氏のまとめによって紹介する（本多1996）と，次のようなものである。

① 第三者基準の採用：世帯内での活動が報酬との引き替えで，第三者によって代替可能であるかの判定で，可能であれば生産的とされ，それにたいする報酬をその活動の貨幣価値とする。

② 投入ベース⁽⁶⁾による評価：世帯内生産の労働生産性要素（効率的か，安価か）を考慮しない。

③ 市場価値アプローチ⁽⁷⁾：無給労働をするために人を雇う場合の費用はいくらかという観点。

④ 家政婦アプローチ⁽⁸⁾とスペシャリストアプローチ⁽⁹⁾の併用。

⑤ 複数の無給労働が並行する場合，主要な活動を対象とする。

⑥ 休暇旅行中の無給労働は除外する。

⑦ 移動時間の扱いは，主要活動に依拠。

⑧ ネットの賃金⁽¹⁰⁾の採用：家事労働は社会保障基金や政府部門に対していかなる請求権もふくむものではないという考えの採用。

⑨ 時間給の産出に，実質時間給と賃金コスト（社会保障負担金や有給休暇日・祝祭日を考慮）を採用。

ドイツの試算によれば，家政婦アプローチで年間に支払われた賃金の72％に相当する結果がでている。しかし算出方法のアプローチを変えれば，支払われた賃金額を上回る。

---

(6) **投入ベース** ここでは，どれだけの時間を投入したかを意味し，どれだけの量や質のサービスが算出されたかは問題にしないという意味。

(7) **市場価値アプローチ** 機会費用法（Opportunity cost method） ＯＣ法ともいう。市場に労働を提供することを見合わせたことによって失った賃金（逸失利益）で評価する方法。日本では「賃金構造基本統計調査」（労働省）を利用。

(8) **家政婦アプローチ** 家事使用人の賃金で評価する方法。アンペイドワークによるサービスと類似のサービスを市場で生産している者の賃金によって評価する代替費用法（Replacement cost method）の一つで，これを代替費用法ジェネラリスト・アプローチ（ＲＣ-Ｇ法）という。日本で利用される賃金統計は「一般在宅等勤務者の賃金実態調査」（（社）日本臨床看護家政協会）。

(9) **スペシャリスト・アプローチ** 代替費用法の一つで，専門職種の賃金によって評価する方法。ＲＣ-Ｓ法という。日本では「賃金構造基本統計調査」データを利用。

(10) **ネットの賃金** 税・社会保障費を差し引かれたあとの手取り賃金のこと。

国連人間開発報告『ジェンダーと人間開発』（UNDP 1995）

この報告書の第4章は，女性の仕事を評価する，と題されているが，国民経済計算に含まれない非SNA活動の規模を，次の手順で推計する。説明は日本経済センター主席研究員武藤博道による（武藤 1996）。

① 性別の総仕事時間をSNA時間と非SNA時間に配分する。この場合，SNA時間は通常の対価を伴う労働時間に当たり，非SNA時間には家事関連およびコミュニティ活動に費やされる時間が含まれる（表7-3）。

この表は，次のことを示している。

(a)対価が支払われるSNA時間は総仕事時間の半分弱で，半分強が非SNA時間によって占められている。(b)男子の仕事時間の約3分の2がSNA時間であるのに対し，女子は約3分の2が非SNA時間である。(c)SNA時間全体に占める男子のシェアは58％のデンマークからイタリアの73％までの幅があり，非SNA時間に占める女子のシェアは低い方ではカナダ，フインランド，ドイツの64％，高い方ではイタリアの81％にまたがっている（武藤 1996 p.4によるがUNPP（1995）訳書 p.111 ではこの部分は多少説明が異なる）。

② 非SNA時間を金額評価するために市場賃金を用いて計算する。グロスの賃金を市場賃金の指標とすると，非SNA生産は国内総生産の半分に達すると推計される。

③ 同様の計算を世界全体に適用すると，非SNA生産の規模は，16兆ドルとなり，世界GDPの約70％に達する（図7-1）。

④ 日本について「1991年社会生活基本調査」の数値で同様の手順で計算すると，総仕事時間に占めるSNA時間の割合は約3分の2となり，デンマークについで高い。これは日本の男子の家事時間が少ないことによる。市場賃金換算すると非SNA生産は約128兆（うち114兆円は女性による）となり，GNPの28％に相当する（後述）。

経済企画庁による日本の「無償労働」の計測

経済企画庁のいう「無償労働」とは，「人（自分を含む）に対価を要求することなく労働力を提供する行動」である。その範囲は，「無償労働のうちサービスを提供する主体とそのサービスを享受する主体が分離可能（第三者に代っ

表7-3 主要工業国における性別時間配分 (%)

国　名	年	総仕事時間		女　子		男　子	
		SNA	非SNA	SNA	非SNA	SNA	非SNA
オーストラリア	1992	44	56	28	72	61	39
オーストリア	1992	49	51	31	69	71	29
カ　ナ　ダ	1992	52	48	39	61	65	35
デンマーク	1987	68	32	58	42	79	21
フィンランド	1987／88	51	49	39	61	64	36
フランス	1985／86	45	55	30	70	62	38
ド　イ　ツ	1991／92	44	56	30	70	61	39
イスラエル	1991／92	51	49	29	71	74	26
イタリア	1988／89	45	55	22	78	77	23
オランダ	1987	35	65	19	81	52	48
ノルウェー	1990／91	50	50	38	62	64	36
イギリス	1985	51	49	37	63	68	32
アメリカ	1985	50	50	37	63	63	37
平　　均		49	51	34	66	66	34
日　　本	1991	66	34	43	57	92	8

(資料) UNDP, Human Develpoment Report 1995 及び総務庁「社会生活基本調査」1991による。
(出所) 武藤 (1996, p. 4)。

図7-1 女性と男性のSNA労働非SNA労働の比較

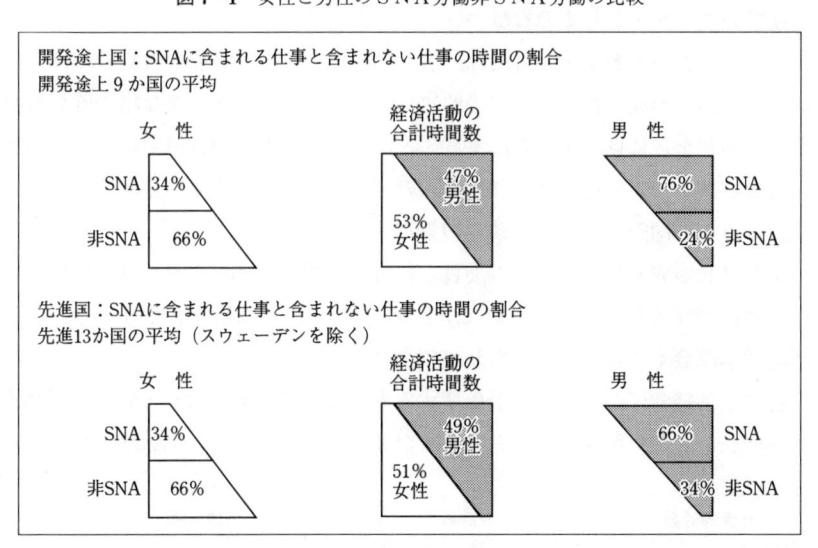

開発途上国：SNAに含まれる仕事と含まれない仕事の時間の割合
開発途上9か国の平均

女性　SNA 34%　非SNA 66%

経済活動の合計時間数　47% 男性　53% 女性

男性　76% SNA　24% 非SNA

先進国：SNAに含まれる仕事と含まれない仕事の時間の割合
先進13か国の平均（スウェーデンを除く）

女性　SNA 34%　非SNA 66%

経済活動の合計時間数　49% 男性　51% 女性

男性　66% SNA　34% 非SNA

(出所) UNDP (1995, 邦訳 p. 103)。

てもらうことが可能＝第三者基準）で，かつ市場でそのサービスが提供されうる行動」で，具体的には，家事（炊事，掃除，洗濯，裁縫・編物，家庭雑事），介護・看護，育児，買物，社会的活動である。

計算式は，1人当たり無報酬労働時間×時間当たり賃金×人口である。

時間は，総務庁「社会生活基本調査」，賃金部分には，OC法か，RC-S法か，RC-G法かのそれぞれで異なる賃金を当てはめる。

その結果，1996年の日本の無報酬労働の総評価額は約76〜116兆円で，GDP比で約15〜23％（図7-2），男女別では，女性の評価額が全体の約85〜89％を占める。経年的には，男性の構成比が徐々に上昇している（図7-3）。

行動別に男女別をみる（RC-S法）と，炊事の評価額が最も大きく，約27兆円，男女別では，女性は，家事がアンペイドワークの70％近くを占め，特に炊事が全体の約30％を占める。男性の家事は全体の約32％であり，買物が全体の40％である（図7-4）。

5　無報酬労働測定目的と家政学・生活経営学の貢献

統計のユーザーとしての貢献

これら無報酬労働測定の目的は，広くは人間の生存に必要な労働の総体への新たな認識の形成であるが，直接的には，地球上の，さまざまな場に置かれた女性の働きを目に見えるものにすることによって，女性の経済力についての考え方のパラダイム転換をはかり，女性のエンパワーメントを助けることであり，それに資する国際的，国内的政策の策定への貢献である。

IFHEのWFDプログラム委員会の将来構想（1996年1月パリ）には，この問題に関する研究が奨励されているが，（社）日本家政学会やその分科会生活経営学部会もそれと歩調をあわせてきた。

特に生活経営学部会は，国が生産する家計や消費統計の教育・研究に関わるユーザーとして，関係官庁にさまざまな要望を出してきた。無報酬労働の測定

---

(11) 社会的活動　ここでは，「社会生活基本調査」による「地域の道路や公園」の清掃，施設の慰問，災害地等への援助物資の調達，婦人・青少年活動，労働運動，政治活動，宗教活動等」を内容としている。

第7章 生活経済とアンペイドワーク　137

図7-2　GDPと無償労働総評価額

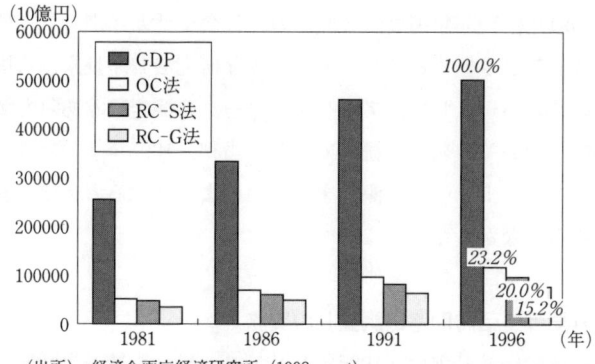

(10億円)
- GDP
- OC法
- RC-S法
- RC-G法

1996年: GDP 100.0%, OC法 23.2%, RC-S法 20.0%, RC-G法 15.2%

(出所)　経済企画庁経済研究所（1998, p.4）。

図7-3　日本の無償労働評価額の男女別内訳（RC-S法）

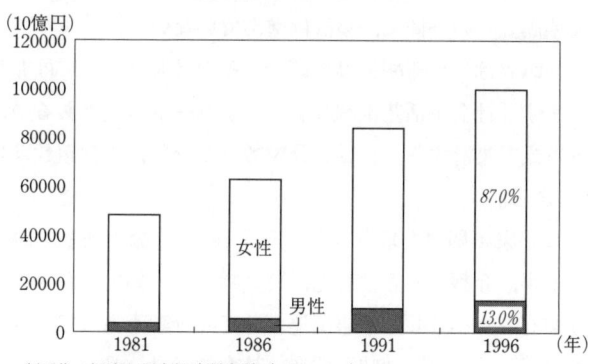

(10億円)

女性　87.0%
男性　13.0%

(出所)　経済企画庁経済研究所（1998, p.4）。

図7-4　行動別・男女別の無報酬労働の評価額（1996年，RC-S法）

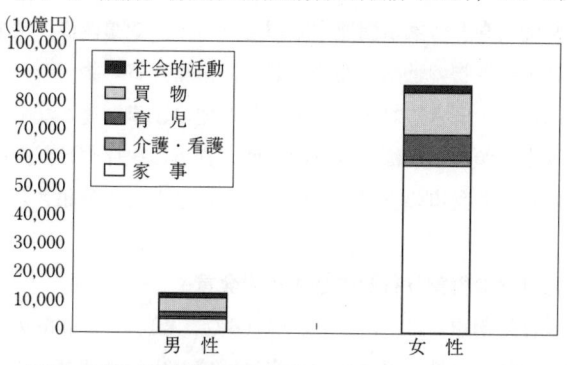

(10億円)
- 社会的活動
- 買　物
- 育　児
- 介護・看護
- 家　事

男　性　　女　性

(出所)　経済企画庁経済研究所（1998, p.4）。

関係の統計はいうまでもなく，生活時間統計である。筆者は，総務庁統計局の1990年代（1991年，1996年調査の2回）の「社会生活基本調査」に関する，同庁同局労働統計課が主催するインフォーマルな研究会（座長永山貞則元総務庁統計局長）のメンバーとして，アンペイドワークの測定にみあった調査項目の設定の必要性についての発言を続けてきた。当初，1995年までは「社会生活基本調査」とアンペイドワークの測定を関連つけようとする考えは，統計の生産者の側にはみられなかった。

総務庁統計局「生活時間基礎調査」の実施

総務庁統計局労働統計課は，1995年2月，ヨーロッパ統一生活時間調査に呼応して，「生活時間基礎調査」を実施した。指定統計である「国勢調査」と「全国消費実態調査」の谷間で，集計は進んでいない。

しかし，この調査は，無報酬労働の概念とその計測にとっては非常に重要な調査である。まず「社会生活基本調査」がプレコード方式であるのに対し，アフターコード方式で集計する。行動大分類数は9分類，中分類数は43，小分類数は129分類である。

そのうち，3．家事関連を取り出してみよう。「社会生活基本調査」の「家事関連」が，家事，介護・看護，育児，買い物の4分類でしかないのに，中分類でさえ10分類有り，小分類は家事関連だけで46分類もあって「社会生活基本調査」の，身の回りの用事，趣味・娯楽，社会的活動，受診・医療，までを含んでいる。

「生活時間基礎調査」の家事関連中分類をみると，炊事関係／清掃関係／被服関係／農園芸・生き物の世話／建築・製造・修繕／買い物・サービスの利用／家計・家政／育児／成人に対する世話／その他の家事関連となっている。

炊事関係のみ小分類を示せば，食事の支度，食事の後片づけ，趣味としての調理，他の人のための食事の支度，というふうにさらに4分類されている。

ヨーロッパ寄りかつ縦割り行政の是正への発言

1995年北京「行動綱領」は，パラグラフ206の（g）で，「報酬のある労働と無報酬の労働における女性と男性との差異に敏感な生活時間調査に向けて諸活

動の国際的分類を開発し、性別データを収集する」ことを奨励していた。しかし、国際的分類はまだできてはいない。日本はアジアの統計大国であるが、政府の生活時間分類は、ヨーロッパ統一調査に目を向けた段階である。NHKの「国民生活時間調査」は、韓国のKBS「國民生活時間調査」と連携している。中国は独自の調査を実施している。

しかし、バンコクのESCAP本部の統計部の責任者も、アジア開発途上国での統一生活時間調査分類はほとんど不可能であると判断している。

はたしてそうであろうか。「生活行動の国際分類の開発」という「行動綱領」の呼びかけに応えて、日本はヨーロッパ寄りで良しとするのではなく、特にESCAP統計部も未着手のアジアの生活時間分類や、広くジェンダー比較統計作成をも考慮に入れて、各省庁が連携した統計行政を行う方向に、日本の無報酬労働の測定も位置づけられ、実施されることが望ましいと思う。

6 生活経営学の調査からの発信

本書の執筆者の全員が、いくつかのグループに分かれて、対象地域を変えながら、1975年以来、5年に1度、「社会生活基本調査」が実施される前から、家庭経営学の生活時間研究の蓄積を継承して東京都で実施した生活時間調査に加わっている。

筆者が加わった最新の1995年調査は、日韓の共同研究として行われ、行動分類についても、ヨーロッパ統一調査の分類を参照しながら、両国の生活様式、生活文化の相違を考慮して、討議を重ねて作られ、ソウルと東京で同時期に調査が実施された。現在、結果の比較を行いながら報告書を作成している段階である。1995年日韓比較生活時間調査の項目分類中アンペイドワーク関連項目は表7-4の通りである。

この項目で実際集計してみて、無報酬労働は、決して家事労働だけではなく（家事の中にも無報酬労働の範疇に入らないものが多く存在する）、矛盾した言い方であるが、収入労働の中にも、サービス残業や、買いたたかれた低賃金労働として存在することがわかった。もちろんこれは、先にも念をおした通り、労働する側からの言い分であって、雇用する側の、その分に相当する、超過取

表7-4 1995年日韓生活時間調査の項目分類中アンペイドワーク関連項目

生理的生活時間：睡眠，食事，身の回り，医療，休息
収入労働時間：勤務，家での仕事・内職的労働，通勤
家事的生活時間：調理，食事の後片づけ，掃除・住生活管理，洗濯・衣生活管理，裁縫・編物，世話・介護，親・親戚・もてなし家事，育児・教育，買い物
社会的・文化的生活時間：テレビ・ラジオ，新聞・雑誌，読書，趣味・娯楽，学習・研究，スポーツ，団らん・家族との交わりつきあい・交際，社会的活動，消費者活動，信仰・宗教的活動，移動（通勤を除く），その他

(出所) 1995年日韓生活時間調査より。初出は伊藤（1997, p. 9）。

得部分は，国民経済計算には記録されるわけであるから，他の無報酬労働の場合と範疇は異なる。

　家事の中では，高齢社会を迎えて介護労働が社会的問題になっている。社会的・文化的活動の中にも無報酬労働が存在する。社会的活動／消費者活動に含まれる市民参加型生活支援サービス活動をどう評価するかがそれである。この場合，paid か unpaid かではなく，remunerated か unremunerated かという設定の方が具体性を持つ場合もある。つまり，その活動にかかわった期間の経験年数の社会的経歴換算とか，その活動中の疾病や事故の社会的補償とか，その他考え得る限り，直接 paid ではないが，remunerated されるとはどういうことかを考えることも重要という意味である。

　アジアの生活時間の国際比較も，無報酬労働の評価の方法の開発も，日韓から，留学生の多い中国を含め，日韓→日韓中へと発展させることも考えられる。それらの成果や問題点は，最大の生活統計の生産者である政府統計に対する要望として積極的に発言する素材となるだろう。

引用文献

本多秀司 (1996)「アンペイド・ワーク測定の試み」『女性労働研究』No. 31

INSTRAW (1995) *Measurement and Valuation of Unpaid Contribution: Accounting through Time and Output*

伊藤セツ (1997)「無報酬労働の概念」『家庭経営学研究』No. 32

女性のアンペイドワーク研究会 (1995a)『Women's Unpaid Work 女性のアンペイドワーク　国際的調査研究と資料』

女性のアンペイドワーク研究会 (1995b)『女性のアンペイド・ワーク国際的調査研

究文献リスト』
経済企画庁（1997）『あなたの家事のお値段はいくらですか？—無償労働の貨幣評価についての報告』
経済企画庁経済研究所（1998）「『1996年の無償労働の貨幣評価』のポイント」
経済企画庁経済研究所（1998）『1996年の無償労働の貨幣評価』（一部訂正）
ミース，マリア／奥田暁子訳（1998）『国際分業と女性—進行する主婦化』日本経済評論社
久場嬉子・竹信三恵子（1999）『「家事の値段」とは何か』岩波ブックレット
武藤博道（1996）「家事の経済的重要性」『統計』Vol. 47, No. 7
ＵＮＰＰ（1995）*Human Development Report 1995*, Oxford University Press
ＵＮ（1995）World's Women 1995（日本統計協会訳『世界の女性1995—その実態と統計』日本統計協会）
ＵＮＤＰ（1995）『ジェンダーと人間開発』国際協力出版会

読者のための参考図書
宮崎礼子編（1999）『現代の家庭生活と生活経営』朝倉書房
　　——アンペイド・ワークと時間のジェンダー化の論文が収録されている。
川崎賢子・中村陽一編（2000）『アンペイド・ワークとは何か』藤原書店
　　——グローバリゼーションの中で地球的規模で世界システムの視点からアンペイド・ワークをとりあげている

第8章 生活時間とアンペイドワークの評価

1 アンペイドワーク評価への期待

持続可能な生計の確保と女性の労働分担

　女性の社会経済活動への進出はめざましく，社会経済活動における男女平等の推進が強く求められている。国連社会経済委員会での1975年国際女性年を初めとする男女平等への取り組みは，そのことを如実に物語っている。最新の1995年北京女性会議で採択された『行動綱領』でも，「女性と経済」という章の156項で以下のように記している。前章でも一部引用したが，重要なので全文掲載する。

　　156.　多くの女性が経済機構の中で地位向上をなし遂げてきたとはいえ，大多数の女性，特に女性であるということ以外の障壁にも直面している人々にとって，持続する障害のために，彼らの経済的自立を達成し，自分自身と扶養家族のための持続可能な生計を確保する能力を妨げられてきた。女性はさまざまな経済分野で活躍しており，賃金労働や自営農業・漁業から非公式部門に至るまでのそれらの分野を，しばしば同時にこなす。しかし，土地，天然資源，資本，信用，技術その他の生産手段へのアクセス又は所有に対する法的及び慣行的な障害，並びに賃金格差が，女性の経済的発展を阻む働きをしている。女性は，有償労働ばかりでなく多大な無償労働をも通じて，開発に寄与している。女性は，一方で，農業，食糧生産又は家族経営の企業における市場向け及び自家消費用の物資及びサービスの生産に参加する。国連が各国に採用を勧告した国民経済計算体系（ＳＮＡ）及びその結果，労働統計の国際基準に含まれてはいるものの，この無償労働―特に農業に関連する―はしばしば過小評価され，不十分な記録しかなされていない。女性は他方で，相変わらず，子どもや高齢者の世話，家族の食事の準備，環境の保護，並びに弱い立場や障害を持つ個人及びグループを支援するボランティア活動のような家庭内及び地域社会の無償労働の大部分を担っている。この労働は数量的に測定されないことが多く，国民経済計算の中で評価されない。開発への女性の寄与はきわめて過小評価され，したがって，その社会的認知は乏しい。この無償労働のタイプ，

程度及び配分を完全に目に見える形で表すならば,責任分担の改善に寄与することにもなろう(総理府仮訳,ホームページよりダウンロード)。

女性の経済活動におけるアンペイドワークの位置づけ

女性の持続可能な生計を確保する能力の障害の主要な要因は,女性の労働がアンペイドワークという枠組みの中で,正当に評価されてこなかったことであるとするこの行動綱領の主張は,アンペイドワークの評価を,女性の経済活動を保障する重要な課題としてクローズアップさせた。何をもってアンペイドワークとするかは前章に詳しいが,上記の中で捉えられているアンペイドワークとは,①SNA(System of National Account,国民経済計算体系)[1]には含まれているが過小に評価されている労働(女性の農業労働など)と,②SNAに含まれない家事・育児労働(子どもや高齢者の世話,家族の食事の準備)や社会的活動(環境の保護),ボランティア活動とであると解釈できる。

こうしたアンペイドワークの大半は女性に担われており,そのことが女性の経済的自立を妨げる大きな要因となってきた。すなわち,女性はいくら働いてもその大半が無償労働であるから,貨幣収入に結びつかず,したがって,一般に女性が得る貨幣収入は,生計を維持できないほどに少ない。また,多くの女性が一時的にも,アンペイドワークである家事・育児労働に多くの時間を配分し,ペイドワークである社会的生産労働から離れる結果(育児休業や離職),女性自身が持続的に生計を維持することはできない。アンペイドワークを含めた労働時間量と貨幣収入との不均衡が女性の持続可能な生計の維持を妨げているのである。

どの程度不均衡であるか。次に,男女における労働と貨幣収入の不均衡の状態を概観しよう。

---

(1) SNA(国民経済計算体系) 国の経済活動の大きさを示す。国連統計委員会は,1993年にこれを改訂した。それまでは市場で売買されるモノの生産のみが勘定されていたが,この改訂で,世帯内における家族及び自分自身の消費のためのあらゆるモノの生産(自家消費用生産)も経済産出高の測定に含めることを勧告した。しかし,依然として,それには育児,高齢者の介護,料理及び清掃など,家族及び自分自身のサービスの生産は除いている。なお,日本のSNAは改訂前の基準にそっている。

2 時間分類からみたアンペイドワークの枠組み

労働時間量の把握

人は、生活に必要な財・サービスを産み出し、それを使用して生活維持の営みを行っている。財・サービスを産み出す行為が労働であり、その為に投入した労働量は、第一義的に労働に費やした時間量で把握される。

第1章で述べたように、人間と自然の循環の行為が労働であるから、その労働は、社会的生産労働に限定されないことは言うまでもない。この労働を時間量としてどのように捉えるか、その一つが、INSTRAW (1995) の考え方である。

INSTRAWは人のすべての活動の時間を、図8-1のように、SNA活動と非SNA活動に分け、さらに、非SNA活動を世帯サテライト勘定と非サテライト勘定に分けている。

SNA活動

SNA活動は市場生産労働と非市場生産労働に区分される。

市場生産労働には、非世帯領域で行われる販売を目的とした財・サービスの生産活動、すなわち資本家及び雇用者が企業活動として行っている社会的生産労働の時間と（図8-1の①）、世帯内で行われる市場に供される生産活動、すなわち農家、小生産者（自営業者）の商品の生産活動の時間（図8-2の②）が含まれる。1993年改訂以前には、この部分のみが国民経済計算体系（SNA）に含まれていた。

非市場生産労働とは、市場で取り引きされずに消費されてしまうモノを生産する労働の時間で、自家消費用の生産、無料の財の生産の時間である。これも非世帯領域での活動（図8-1の③部分）と世帯内における活動（図8-1の④部分）に分けられる。この③④の非市場生産労働の部分が、1993年の改訂によってSNAに含まれるようになった。

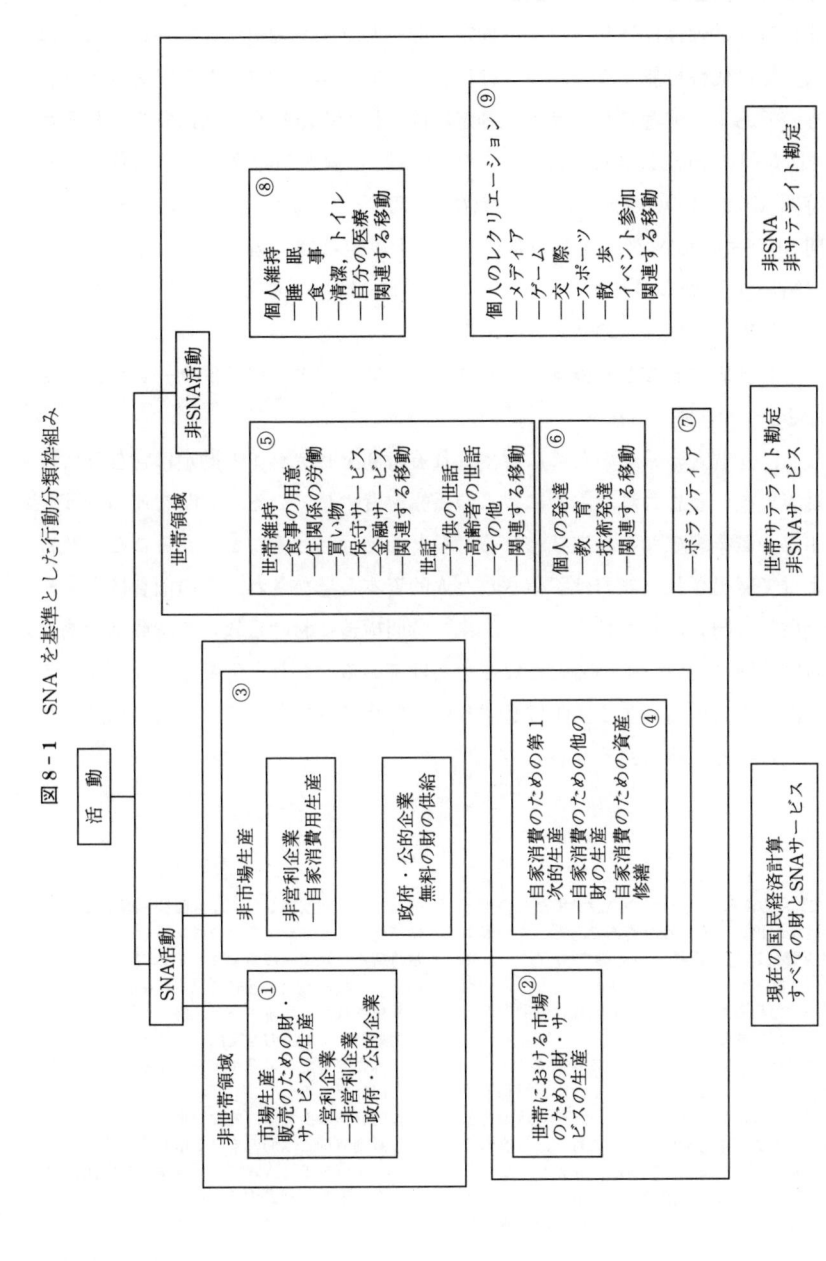

第8章 生活時間とアンペイドワークの評価 *147*

図8-1 SNAを基準とした行動分類枠組み

```
活動 ─┬─ SNA活動 ─┬─ 非世帯領域 ─┬─ ① 市場生産
     │           │               │    販売のための財・サービスの生産
     │           │               │    ─営利企業
     │           │               │    ─政府・公的企業
     │           │               │
     │           │               └─ ② 世帯における市場のための財・サービスの生産
     │           │
     │           └─ ③ 非市場生産
     │                ┌─ 非営利企業
     │                │   ─自家消費用の労働
     │                │
     │                └─ 政府・公的企業
     │                    無料の財の供給
     │
     │                ④ ─自家消費のための第1次的生産
     │                   ─自家消費のための他の財の生産
     │                   ─自家消費のための資産修繕
     │
     └─ 非SNA活動 ─┬─ 世帯領域
                   │   ⑤ 世帯維持
                   │      ─食事の用意
                   │      ─住関係の労働
                   │      ─買い物
                   │      ─保守サービス
                   │      ─金融サービス
                   │      ─関連する移動
                   │      世話
                   │      ─子供の世話
                   │      ─高齢者の世話
                   │      ─その他
                   │      ─関連する移動
                   │
                   │   ⑥ 個人の発達
                   │      ─教育
                   │      ─技術発達
                   │      ─関連する移動
                   │
                   │   ⑦ ボランティア
                   │
                   ⑧ 個人維持
                      ─睡眠
                      ─食事
                      ─清潔、トイレ
                      ─自分の医療
                      ─関連する移動
                   
                   ⑨ 個人のレクリエーション
                      ─メディア
                      ─ゲーム
                      ─交際
                      ─スポーツ
                      ─散歩
                      ─イベント参加
                      ─関連する移動
```

現在の国民経済計算　　　世帯サテライト勘定　　　非SNA
すべての財とSNAサービス　非SNAサービス　　　　　非サテライト勘定

(出所) INSTRAW (1995, p. 15) (筆者訳)。

非SNA活動とサテライト勘定

　非SNA活動は世帯サテライト勘定と非サテライト勘定に分けられ，前者は市場労働に代替可能なもの，後者は代替不可能で本人が行うことが必要とされるものである。前者のサテライト勘定には，世帯の維持や世話に費やされる時間（図8-1の⑤部分，いわゆる家事・育児労働）と個人の発達のために費やされる時間（図8-1の⑥部分，いわゆる教育の時間）と，ボランティアに費やされる時間（図8-1の⑦）が，後者の非サテライト勘定には，個人維持の時間（図8-1の⑧部分）と個人のリクリェーションの時間（図8-1の⑨部分）が含まれる。

　INSTRAWはこのサテライト勘定という概念の導入によってアンペイドワークを評価することを提案しており，この概念はアンペイドワーク評価の要となる。

　なお，⑥個人の発達のために費やされる時間をサテライト勘定に含むことには疑義も多いと思われ，説明に多くの紙幅を費やしている。概略を述べれば，OJTや職業訓練など，支払われる労働として行われることもあること，教育によって産出された能力は蓄積された人的資本[(2)]と見なされ，その消費は資本の減価償却と同義に解されること，学生の時間構造における教育の時間は労働者の労働時間に類似していることなどをあげている。これを労働と見なしサテライト勘定に含めるとする主張は必ずしも一般化されておらず，一層の論議が必要とされるところであろう。

---

(2) **人的資本**　原材料や施設設備などの生産手段とは相違する特殊な資本である。人的資本の消費とは労働過程そのものであり，それによって財・サービスが生産される。その逆の過程，すなわち人的資本の形成過程は労働力の再生産過程である。

　教育とは，財・サービス（教育ではテキストや教育サービスなど）を消費し，学習活動という「個人維持」や「リクレーション」活動をとおして人的資本を形成する。これは，労働力の再生産であり，食物や衣料品，育児サービスなどの財・サービスを消費して労働力が再生産されるのと同一である。人的資本は他の資本と相違し，たとえ消費しなくても時間の経過とともに消耗してしまう。今日の科学技術の発達は，常時新たな知識・技術を蓄積することを求めている。それはあたかも食物摂取によって人体への蓄積されたエネルギーが，財・サービスの生産活動として労働力を支出せずとも消耗し，翌日にはまた新たなエネルギー補給が必要となるのと同様である。

　人的資本の消費は，施設設備などの消費としての減価償却とは別のものと解釈される。したがってINSTRAWでは「学業」を労働に含めるが，筆者は除外する立場をとる。

過小評価される労働

　非SNAサテライト勘定がアンペイドワークの中心ではあるが，アンペイドワークはそれに留まらない。

　国際連合『世界の女性1995』（日本統計協会訳　1995, p.223）によれば，世帯内で行われる市場生産労働活動（図8-1の②部分）と，非市場の生産労働（図8-1の③，④部分）の一部も無償労働と解釈される。

　すなわち，世帯内で行われる市場生産活動（図8-1の②部分）は，その所得や生産はSNAに含まれるが，その生産過程で，世帯員によって無給の労働が提供され，労働を提供した者に所得が配分されないことが多い。この場合，労働の提供者にとっては無給，あるいは過小に評価された労働となるものである。

　また，非市場生産労働は1993年の改訂によって，世帯内における非市場生産活動（図8-1の④部分）の労働はSNAに含まれるようになった。伐採，狩猟や漁，塩や泥炭の採掘，水運び，酒造，カゴ細工，機織り，衣類縫製など，自家消費用の生産活動の時間がこれにあたり，自給自足的な生活スタイルが主流である発展途上国では，この活動に費やされる時間は長い。需要と供給のバランスの中で労働の価値が決定される現在の市場経済システムにおいては，市場経済で取り引きされることの少ない非市場生産活動によって産出された財・サービスは低額である。したがってその国の市場価格に基づいて評価されても，非市場生産活動は低額となることが多く，過小評価されたアンペイドワークとして捉えられている。

　なお，非営利企業や政府・公的機関で供給される無償の財の供給に費やされる時間（図8-1の③部分）は，労働力の再生産過程である生活が世帯単位から地域社会単位での活動へと社会化されるにしたがって拡大していく。NPOなどの活動もこれにあたる。生産，再生産過程が高度に社会化し，福祉サービスや社会保障給付など，市場経済以外のシステムが発達している国ではこの部分が大きいが，多くの国が市場経済システムが中心となっており，現在は，この部分に該当する時間は少ない。

3 男女の労働投入量と受取額の不均衡

ペイドワークとアンペイドワークの配分

上記枠組みに基づいて,INSTRAWでは,1人当たり年間時間消費 (8760時間) を,SNA活動に費される時間 (図8-1の①②③④部分),非SNAサテライト勘定に費される時間 (図8-1の⑤⑥⑦),非SNA非サテライト (⑧⑨) に分類し,その時間消費量を示している。示された数値に基づいて,ペイドワークである「市場生産活動」("Market goods & service", 図8-1の①②)[(3)]と,SNAに算入されても過小評価されると言う意味で一種のアンペイドワークである「非市場生産活動」("Non-market goods production", 図8-1の③④) と,アンペイドワークである「世帯サテライト活動」("Non-SNA Satellite", 図8-1の⑤⑥⑦) の時間量の配分割合を計算し,表8-1に示した。

表8-1によれば,フィンランド,フランスなどの市場経済が発達した国では「市場生産活動」に費やされる時間が多く,「非市場生産活動」に費やされる時間は小さい。一方,市場経済活動が充分に発達していないバングラデシュでは,「非市場生産活動」に費やされる時間が多い。すなわち,市場経済が発達した国は,生産活動の多くを「市場生産活動」が担い,未発達な国ではその多くを一種のアンペイドワークである「非市場生産活動」が担っていることを示している。

なお「世帯サテライト活動」に区分される時間は,経済の発達度合いに関わりなく大きく,フィンランドやフランスでも5割に達している。第1章で述べたように,生活の経済活動を,市場経済のみでなくすべての生活に必要な財・サービスの生産活動とすれば,今日のように市場経済が発達していても,生活の経済活動は,どの国においても市場経済に参入されない「世帯サテライト活動」の部分,すなわちペイドワークよりアンペイドワークの活動に担われてい

---

(3) **市場生産活動** 財・サービスを生産する活動のうち,市場で取引される財・サービスを生産する活動をさす。市場で取引される結果,これらの活動は経済的に評価されている。なお,この活動には世帯内での世帯員による過小評価される活動が含まれていることは先に述べたとおりである。しかしここで示した数値においては,その部分はデータの制約上分けがたいので,ここには過小評価される市場生産活動も含んでいる。

表8-1 各国の市場生産活動と非市場生産活動と世帯サテライト活動に費やす時間の割合

調査年	フィンランド	フランス	ブルガリア	ハンガリー	ポーランド	バングラデシュ
	1987	1986	1988	1987	1984	1991
市場生産活動	43.6%	39.4%	48.0%	47.6%	34.9%	21.3%
非市場生産活動	6.4%	10.6%	7.4%	14.1%	12.0%	34.9%
世帯サテライト活動	50.0%	50.0%	44.6%	38.3%	53.1%	43.8%
合計	100.0	100.0	100.0%	100.0%	100.0%	100.0%

(出所) INSTRAW (1995, p. 21).

る部分が大きいことが明らかである。

男女のペイドワークとアンペイドワークの配分

このアンペイドワークはその多くが女性に担われ、逆にペイドワークの多くは男性に担われ、男女で不均衡な配分となっている。

表8-1と同様の分類に従って示された男女の1人当たり年間消費時間から、男女の合計を100としたときの、男及び女に担われている時間量の分担割合を表8-2に示した。

「市場生産活動」「非市場生産活動」「世帯サテライト活動」の合計を全労働時間とすれば、全労働は男女でほぼ半々を担っている。しかし、その労働を「市場生産活動」「非市場生産活動」「世帯サテライト活動」ごとにみると、男女のペイド・アンペイドワーク別配分割合は大きく相違する。[4]

ペイドワークである「市場生産活動」はその大半が男に担われ、アンペイドワークである「世帯サテライト活動」はその大半が女によって担われている。女性の労働の大半がアンペイドワークであるりそれが女の経済的自立を阻んでいるといえよう。

「市場生産活動」「非市場生産活動」「世帯サテライト活動」の時間量の配分割合は、ネパールにおいては「非市場生産活動」は、都市地域で低いが農村地域では高く、タンザニアにおいては、「市場生産活動」「非市場生産活動」「世

---

(4) ペイド・アンペイドワーク別の配分割合 「市場生産活動」「非市場生産活動」「世帯サテライト活動」の合計時間を100とした時のそれぞれの活動が占める割合である。表8-2では男女計のカッコ内に示したが、それは男と女の平均値を合計した時間量（計17520時間）に対する割合であり、男女合わせた総数の平均の1人当たり年間時間量（計8760時間）に対する割合で示された表8-1とは相違している。

表8-2 タンザニアとネパールにおける市場生産労働と
非市場生産労働と非SNA労働の男女別分担割合

	タンザニア			ネパール			ネパール都市地域		
	男	女	男女計	男	女	男女計	男	女	男女計
市場生産活動	93.3	6.7	(30.6)	75.0	25.0	(39.5)	81.7	18.3	(43.2)
非市場生産活動	76.8	23.2	(29.9)	33.8	66.2	(16.3)	23.6	76.4	(8.6)
世帯サテライト活動	4.4	95.6	(39.5)	23.4	76.6	(44.2)	19.7	80.3	(48.2)
合計	53.3	46.7	100.0	45.5	54.5	100.0	46.8	53.2	100.0

(出所) INSTRAW (1995, p. 22)。

帯サテライト活動」それぞれで全労働を3分している。すなわち，これらの国では生活の経済活動の多くの部分が，「非市場生産活動」「世帯サテライト活動」であるアンペイドワークによって担われ，かつその大半が女性によって担われているのである。

日本の男女の労働投入量

日本ではどうか。総務庁「社会生活基本調査」のデータでみる。

日本の調査は労働を上記の3つに分類することはできない設計になっているので，それに近似した数値を算出した。図8-1に示したINSTRAWの分類を参考にして，「社会生活基本調査」結果から，「通勤・通学」の一部と「仕事」を「有給労働」とし，「通勤通学」の一部と「学業」「家事」「介護・看護」「育児」「買い物」「社会的活動」を「無給労働」とした。なお，筆者は「学業」は「無給労働」にあたらないとの見解を持っており，「学業」を除いた時間の合計も合わせて示した。

「有給労働」時間には，INSTRAWがアンペイドワークとした過小に評価される労働も含んでいる。すなわち無業者，有業者（「雇用されている人」

---

(5) **有給労働**（ペイドワーク）　ここでは支払い対象である勤務時間の他，サービス残業や通勤の時間も，収入の為の時間として「有給労働」に含めている。多くの賃金体系では，通勤費用の実費は賃金として支払われるが，労働時間として支払い対象時間にはならない。その点からいえば，職場の休憩時間，サービス残業時間と並んで，通勤時間はアンペイドワークである。しかし，通勤時間も収入を得るための時間として，ここでは「有給労働」時間に含めた。なお，社会生活基本調査では通勤と通学を分離することができないので，無業者の「通勤・通学」時間を通学時間と，有業者の「通勤・通学」を通勤時間と見なし，それぞれに算入した。

「会社などの役員」「雇人のある業主」「雇い人のない業主」「家族従業者」「家庭内の賃仕事」）の「有給労働」のうち，「家族従業者」「家庭内の賃仕事」の従事者が担っている「有給労働」時間は，労働の提供者にとっては無給，あるいは過小に評価されるアンペイドワーク（図8-1の②部分）である可能性が高い。有業者の雇用されている人，会社などの役員，雇人のある業主，雇人のない業主の「有給労働」時間を「有給労働（主）」，無業者，家族従業者，家庭内の賃仕事従事者の仕事時間を「過小評価される労働」として別に示した。なお，市場生産活動と時間上分かちがたく行われるであろう自家消費の生産活動はアンペイドワークである非市場生産活動（図8-1の④部分）だが，それはこの「過小評価される労働」時間にも含まれている可能性は高い。

それぞれに15歳以上人口をかけたものを日本全体が担っている労働時間，すなわち生活の経済活動時間として，男女別に表8-3に示した。また日本全体で担われている労働時間を100としたときの，男女それぞれの割合を表8-4に示した。

表8-4の「有給労働（主）」は表8-1の「市場生産活動」に，表8-4の「過小評価される労働」は表8-1の「非市場生産活動」に，表8-4の「無給労働」は表8-1の「世帯サテライト活動」に類似したものとすると，日本では全労働時間の5割（学業を除くと6割）が「市場生産活動（有給労働）」，4割（学業を除くと3割）が「世帯サテライト活動（無給労働）であり」，表8-1の諸国より「市場生産活動」の割合は高い。にもかかわらず，高度に発達した消費経済社会である日本においても，国民の労働に費やされる時間の4割（学業を除くと3割）が「世帯サテライト活動」であり，生活の経済活動は市場経済だけでは成り立っていないことを，この数値は示している。

また，これらの活動の5割以上（「学業」を含む場合は50.6％，含まない場合は52.1％）を女性が担っている。

女性の受取額

労働のインプットが生活時間で把握されるのであれば，アウトプットとして世帯に届けられる稼得高は家計から把握される。「全国消費実態調査」の結果から，女性が受け取る収入を推計した。すなわち，世帯人員2人以上の勤労者

表8-3 労働の種類別, 男女別, 15歳以上人口全体の年間総労働時間

	男	女	男女計
有給労働	112兆2539億2500万時間	51兆7814億5500万時間	164兆0353億8000万時間
過小評価される労働	3 0193 6516	8 7882 0841	11 8075 7358
無給労働	31 7430 4625	89 8680 5525	121 6111 0150
無給労働(除学業)	9 3295 9466	74 8794 2150	84 2090 1616
全労働時間	147 0163 3641	150 4377 1866	297 4540 5508
全労働時間(除学業)	124 6028 8483	135 4490 8491	260 0519 6975

(出所) 「社会生活基本調査」(1996)にもとづき筆者が作成。

表8-4 労働の種類別, 男女別, 15歳以上人口全体の年間総労働時間の割合 (%)

	母数:全労働時間			母数:全労働時間(除学業)			男女計		
	男	女	男女計	男	女	男女計	男	女	男女計
有給労働(主)	37.7	17.4	55.1	43.2	19.9	63.1	68.4	31.6	100.0
過小評価される労働	1.0	3.0	4.0	1.2	3.4	4.5	25.6	74.4	100.0
無給労働	10.7	30.2	40.9	—	—	—	26.1	73.9	100.0
無給労働(除学業)	—	—	—	3.6	28.8	32.4	11.1	88.9	100.0
全労働時間	49.4	50.6	100.0	—	—	—	49.4	50.6	100.0
全労働時間(除学業)	—	—	—	47.9	52.1	100.0	47.9	52.1	100.0

(出所) 「社会生活基本調査」(1996)にもとづき筆者が作成。

世帯においては, 勤め先収入に限って, 収入が性別に表示されているので, これらから, 女性の受け取り分を算出した。

ただしそれ以外は, 性別に表示されていないので, 便宜的に女が世帯主である比率をかけたものを女の収入と見なした。また, 勤労者以外の世帯(個人営業世帯, 商人・職人, 個人経営者, 農林漁家世帯, その他の世帯)も性別の収入は記されていないので, 年間収入に女世帯主の比率をかけたものを女の収入とみなした。算出された男女別の年間収入に, 性別のそれぞれの世帯主の数をかけたものを性別による収入(6)と見なした。

その結果, 国民の総収入に対する女の収入の割合は15%, 男は85%であり,

---

(6) **性別による収入** 本来, 収入のジェンダー統計の作成には, もっと多くの手順をふまなければならない。ここに示したのは一つの大胆な試みであり, このような考え方もあるとの受けとり方に留めていただきたい

その大半が男の収入となっている。労働時間は女が5割以上を担っているにもかかわらずである。「有給労働（主）」だけでみても男は68.4％、女は31.6％（表8-4）を担っているにもかかわらず、所得の配分は男85％、女15％であり、男に偏っている。

日本の男女の賃金格差は男を100とすると女は51（1998年、毎月勤労統計調査）であり、諸外国と比べ女の賃金が低いことが特徴である。しかし、これは常雇労働者の男女各労働者に渡された月当たり給与を比較しており、表8-5に示した国民全体の最終受取額という点からみれば、男女格差はさらに大きい。

年齢別、労働投入量と受取額の男女の配分

さらに、年齢階級別に労働時間と収入の男女の配分を算出し、図8-2、に示した。

図8-2によれば、男女の労働分担率はほぼ半々で、年齢があがるにつれ、かえって女性の労働分担率は高まる。にもかかわらず、男女合計に対する女の収入の受取額の割合（仮に女収入比率という）[7]は、30〜59歳では5％を下回り、非常に低くなる。

北京「行動綱領」は、男女の労働負担に対し所得が均衡に配分されていないことが女性の持続的な生計費取得を阻害している要因であると述べたが、日本でも、労働はほぼ半々を分担しているにもかかわらず、女性の収入の受取額はU字型カーブを描き、生計費を持続的に確保できない実態が明らかである。もちろん、日本ではどの年齢階層も生計を維持するほどには女性の収入配分が高くないことも問題である。男女のこうした格差を埋め、女性も生涯にわたり持続的に生計を維持できる社会システムづくりが必要とされよう。

---

(7) **女収入比率** 家計収入総額に占める女の収入の受取額の推計割合を称す。なお、「全国消費実態調査報告」には世帯主の職業別年齢別データがないので、男女の収入割合の算出には勤労者以外の世帯は全世帯平均の数値を代用した。また、時間データは男女別年齢階級別数値で男女の配分割合を算出し、収入は世帯主の年齢階級別データに基づいて男女別収入割合を算出しており、両者の対象は一致していない。従って、配分割合の概要を示すに留まる一試算である。

表 8-5 家計から見た男女の年間収入とその割合の推計

	2人以上世帯		単　身　世　帯		合　計
	勤労者世帯	勤労者以外	男	女	
世　帯　数	21,637,604	7,302,691	6,223,570	5,015,819	43,899,923
女世帯主比率	0.048	0.074			
年　間　収　入　(円)	7,998,000	7,521,000	4,024,000	2,964,000	
総世帯の女の収入 (10億円)	23,624.13	4,064.34	0.00	14,866.89	42,555.36 (15%)
総世帯の男の収入 (10億円)	166,923.52	50,859.20	25,043.65	0.00	242,826.36 (85%)

(出所)「全国消費実態調査報告」(1994),「国勢調査」(1995) より筆者算出。

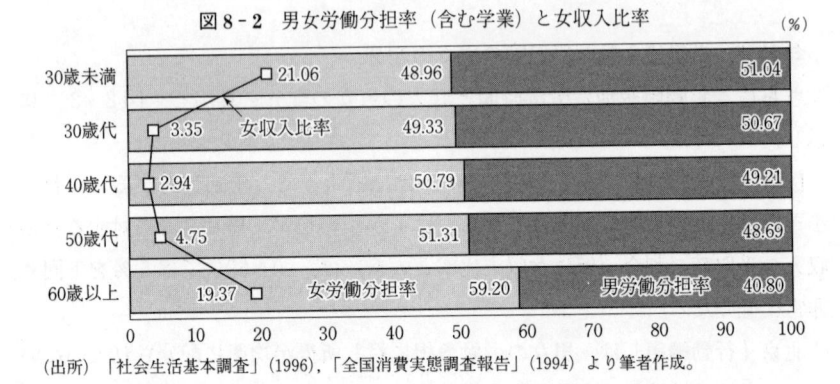

図 8-2 男女労働分担率（含む学業）と女収入比率 (%)

	女収入比率	女労働分担率	男労働分担率
30歳未満	21.06	48.96	51.04
30歳代	3.35	49.33	50.67
40歳代	2.94	50.79	49.21
50歳代	4.75	51.31	48.69
60歳以上	19.37	59.20	40.80

(出所)「社会生活基本調査」(1996),「全国消費実態調査報告」(1994) より筆者作成。

4　アンペイドワークの評価の方法と実際

諸外国のアンペイドワークの金銭評価

　先に見たように，労働時間の長さの割に男女の所得が大きく違うことは，アンペイドワークの大半を女性が担っている結果である。市場経済社会では経済力＝社会への貢献度と見なされることが多く，男女の所得格差をそのままにしておくことは，女性の貢献（主にアンペイドワークによる）を見えにくいものにしてしまう。そこで，市場経済においてアンペイドワークを見えるものにする一つの方法として，貨幣的評価が注目されている。

　最近では，政府がアンペイドワークの貨幣的評価を算出し，公表するところが増えてきている。例えばオーストラリア (1995；1996) では1995年から経済

統計白書に家事労働の金銭換算の結果を掲載している。

クラーモント（Clermont 1982；1987）は各国のアンペイドワークの貨幣的評価の方法を整理し紹介したが，そこでは，賃金ベースでの換算だけではなく，労働投入時間量，労働投入労働者数，産出総価値，非貨幣的便益量などでの評価が列記されている。氏は産出ベースが望ましいがデータが十分そろわないので，現在は賃金ベースで行われることが常道であるとする（女性のアンペイドワーク研究会　1995, p. 66）。

カナダでは投入時間量と産出量を調査し，その産出量の調査結果から評価を行う試みもなされている（Harvey　1997）。それによれば，たとえば家族4人の3回の食事12食分を，調達された方法によって分類し（調理したか，調理済みの商品を購入したか），調理した場合は定額（たとえば1食20ドル）を乗じて4食分の産出価値を計算する。ただし計算に必要なデータの収集の為の調査は複雑で負担が大きく，一般化されにくい。そこで，多くは賃金ベースによる算出を行っている。

表8-6に示した各国で行われた金銭換算結果でも，家政婦賃金換算（Housekeeper Replacement Cost），代替費用換算（Individual Function Replacement Cost），機会費用法（Opportunity Cost Method）が一般的に使用されている。

日本におけるアンペイドワークの金銭評価

日本の経済企画庁は，1996年7月に「無償労働に関する研究会」を発足させ，無償労働をＳＮＡの枠組みの中で非市場生産としてとらえ始めての金銭評価の結果を1997年5月に公表した（経済企画庁　1997）。そこでは，Ａ：機会費用法（ＯＣ法），Ｂ-1：代替費用スペシャリストアプローチ（ＲＣ-Ｓ法），Ｂ-2：代替費用ジェネラリストアプローチ（ＲＣ-Ｓ）の3つの方法で換算している。基本的には無償労働に費やした時間量に時間当たり賃金をかけて算出するが，時間当たり賃金として何を使うかによって3つの方法に分けられている。

Ａの機会費用法（ＯＣ法）は，無償労働に費やした時間をもし外で働いたと仮定すればいくら稼げたか，逆に言えば外で稼げたはずの金額を無償労働の為に失ったとする考えで，誰が無償労働をやるかによって賃金単価は相違し，全産業別の性別，年代別の平均賃金を当てはめて算出する方法である。男性の時

表8-6 アンペイド世帯生産の評価額の国際比較

国	計算年	GDP比	GNP比	出　　　所*
家政婦賃金換算 (Housekeeper Replacement Cost)				
フ　ラ　ン　ス	1975		31	Chadau & Fouquet (1981)
ア メ リ カ 合 衆 国	1976		32	Murphy (1982)
フ ィ ン ラ ン ド	1980		32	Suviranta (1982)
カ　　ナ　　ダ	1971	33	34.0	Adler and Hawrylyshyn (1978)
ニ ュ ー ジ ー ラ ン ド	1991	43		New Zealand Dept. of State (1991)
代替費用換算 (Individual Function Replacement Cost)				
カ　　ナ　　ダ	1981	35	36	Swinamer (1985)
カ　　ナ　　ダ	1971	40	41	Adler and Hawrylyshyn (1978)
カ　　ナ　　ダ	1992	41		Chandler (1994)
ア メ リ カ 合 衆 国	1970		34.3	Murphy (1978)
ア メ リ カ 合 衆 国	1976	44.1		Murphy (1982)
オ ー ス ト ラ リ ア	1976	57		Castles (1990)
ニ ュ ー ジ ー ラ ン ド	1986/1987	52		New Zealand Dept. of State (1991)
所得税による機会費用純益 (Opportunity Cost Net of Income Tax)				
フ　ラ　ン　ス	1975		44	Chadau & Fouquet (1981)
ア メ リ カ 合 衆 国	1976		51	Murphy (1982)
カ　　ナ　　ダ	1992	31		Chandler (1994)
機会費用法 (Opportunity Cost Method)				
カ　　ナ　　ダ	1981	40	41	Swinamer (1985)
カ　　ナ　　ダ	1992	48		Chandler (1994)
ア メ リ カ 合 衆 国	1976		60	Murphy (1982)
オ ー ス ト ラ リ ア	1986/1987	62		Castles (1990)
ニ ュ ー ジ ー ラ ン ド	1991	68		New Zealand Dept. of State (1991)
カ　　ナ　　ダ	1971		40.0	Adler and Hawrylyshyn (1978)
ア メ リ カ 合 衆 国	1965		47.0	Nordhaus/Tobin (1973)
ア メ リ カ 合 衆 国	1970		37.1	Murphy (1978)
ド イ ツ 連 邦 共 和 国	1980		41.8	Schettkat (1985)
ア メ リ カ 合 衆 国	1970		31.1	Weinrobe (1974)
市場価格法 (Market Cost Method)				
ア メ リ カ 合 衆 国	1973		24.4	Kendrick (1979)
ド イ ツ 連 邦 共 和 国	1980		31.9	Schettkat (1985)
サービス投入量と産出量 (Services Input & Goods Output)				
バ ン グ ラ デ シ ュ	1989/1990		25.7	Hamid (1993)

(注)　なお表中の出所の文献は割愛した。
(出所)　INSTRAW (1995, pp. 28-9)。

表8-7 活動種類別・就業形態別・配偶関係別1人当たり無償労働評価額（1996年）（OC法） (万円)

	女 性	男 性
平　　　　均	179.8	34.9
有 業 有 配 偶	199.3	36.6
無 業 有 配 偶	303.9	68.4
無　配　偶	76.5	23.9

(出所) 経済企画庁経済研究所（1998, p.9）より抜粋。

間当たり平均賃金は女性の時間当たり賃金より高額であるので，時間量の割には男性の評価額が高く算出される。

B-1の代替費用スペシャリストアプローチ（RC-S法）は，炊事，洗濯，育児，介護などをそれぞれ専門にしている人に頼むと1時間当たりいくら支払うかという考えで，市場で類似のサービスの生産に従事している専門職の賃金で換算する方法である。用いられた代替職の賃金は，炊事は調理師見習い，清掃はビル清掃員，洗濯は洗濯工，縫物はミシン縫製工，家庭雑事，買い物は用務員，育児は保母，介護は看護補助者の男女平均賃金（ただしし保母，介護補助は女平均賃金）を，奉仕的活動（社会活動）は職業別の該当職がないため産業別サービス業男女平均賃金を用いている。

B-2の代替費用ジェネラリストアプローチ（RC-S）とは，すべてまとめて家事使用人に頼むと1時間当たりの支払額はいくらかという考えで，(財)日本臨床看護家政婦協会1995年の都道府県の賃金の平均値を使用している。

なお，1998年に1996年時点の評価額を再計算した結果も公表しており，それによると，OC法では，女性の1人当たり平均年間無償労働の評価額は179.8万円，男性は34.9万円（表8-7）となり，GDP比では23.2%であった（p.136参照）。

アンペイドワークの評価方法の課題

この結果に対し，女性たちから様々な異論が続出した（日経新聞 1997）。その一つは，価値が2重に低く評価されているというものである。家事労働時間はこのデータより実際は長いはずであり，また該当職は低い賃金の職種であり，本来はもっと高い賃金が妥当であるとするという主張である。これは，表8-

6に見るように，諸外国ではGDP比，GNP比が3割を超えるものが多いにもかかわらず，日本では2割に満たず非常に低く，その要因が計算手法への疑義につらなったものとうけとれる。2つにはOC法の場合，男女の時間価値が異なり，女性はアンペイドワークでも低く見積もられるという主張である。3つには，評価額は実際には働く女性の賃金より高くなっていしまい，女性は外で働くより家事・育児をしていた方がいいという印象を与え，女性を家庭に囲う役割を果たすという主張である。

これらの批判にはあい矛盾した主張が見られるが，経済企画庁の試みに多くの批判が寄せられる背景には，家事の値段の計算の目的が明確でないことが最大の問題であるといえよう。

家事の値段はどの賃金を援用するかで高くにも安くにも見積もることができる。また，賃金や時間消費のデータは社会における経済的立場の格差が反映したものであり，そのデータを使用することは，その格差を算出結果に持ち込むことになる。また，それが実際に支払われない限りでは，家事に時間を費やしている人へのリップサービスに留まる。逆に，何らかの形で実際に支払われ，アンペイドワークのペイドワーク化が行われるとなると，算出結果の数値の差異が新たな格差を生みだし，男女平等に逆行することにもなりかねない。[8]

家事の値段の算出の目的は，国家経済が市場経済だけでなく国民の無償の労働によって少なからぬ部分が支えられていることを国が認識し，それに携わっている人々（多くは女性）が経済上不利益を被ることなく，賃金格差と時間消費格差を解消し，誰もが生涯にわたり持続可能な生計を維持できるような政策を推進することにおかれる必要があろう。久場等（1999）がいう「女性共通の，そして女性と男性共通の政策課題」として「どのような女性政策や社会政策」を展開するかが問われてくる。

---

(8) アンペイドワークのペイドワーク化　例えば，交通事故死などによる賠償金算定の際の逸失利益には，家事労働にあたる金額が見積もられ，被害者家族に支払われる。また，介護保険や育児手当の給付は，無償労働に対する支払いの一形態であるとみることもできる。

5 男女の労働と所得の不均衡の解消に向けて

労働と所得の不均衡

アンペイドワークの評価から明らかになった問題点は，第一に労働に投入した時間量と受け取った収入との男女間の格差である。同じ労働時間量に対して，女性は過小にしか所得配分されていない。それは，アンペイドワークを主に女性が担っており，その部分が経済的に評価されないばかりでなく，ペイドワークへの投入時間量に比例した所得を受けとっていないという，時間当たり賃金の格差も要因である。少なくとも，労働投入量と受け取り所得における男女間の格差の是正が望まれる。

第二には，ペイドワークとアンペイドワークの男女の時間投入量のアンバランスである。特にアンペイドワークにおける男女差は大きく，その大半が女性に担われている。

日本では，男の長時間労働が男のアンペイドワークへの参画を不可能にし，一方，長時間労働の企業構造が女を正規雇用から締め出している（大竹　1992, p.120)。男女のアンペイドワークの負担を均衡にするには，長時間労働の解消が望まれる。[9]

1日6時間のペイドワークと3時間のアンペイドワーク

「社会生活基本調査」によれば1996年の男女平均の平日の仕事時間は，国民平均で4時間33分，最も長い40～49歳層でも6時間33分にすぎない。これは，女子有業者の仕事時間の平日の6時間3分と大差ない。働き盛りの年代の誰もが平日6時間余りの労働時間を負担すれば，現在と同等の経済水準は維持できることを示している。こうしたワークシェアリングによって，主婦という名の失業者も消滅する。また，このことは，現在の経済水準を念頭においても，残

---

(9) **長時間労働の解消**　仕事と家事育児の2重の負担を担う女性が男性と同等にペイドワークに参加していくためには，労働時間の短縮が必要であることは今日では常識となっており，1998年の男女雇用均等法改定にあたっても，特に労働者代表は，女子の残業時間制限の廃止に代わって，全労働者の残業時間規制の明文化を強く求めた。

業も含め1日8時間以内という労働時間規制が可能であることを示している。

一方,週平均の家事・育児時間は男女平均で2時間2分であり,最も長い30〜34歳層で2時間57分,平日ではそれぞれ1時間57分,2時間51分である。家庭責任のある男女でも毎日3時間弱の家事・育児といったアンペイドワークを分担することによって,現在の生活を運営することが可能である。

平日6時間のペイドワークと毎日の3時間のアンペイドワークは,無理せずに,男女が平等に両者を分担できる時間量であることは,一目瞭然である。「家庭責任を持つ男女労働者の機会及び待遇の均等」（ILO156号条約）の実質化にむけて,男女とも残業も含め1日8時間以内という労働時間規制を実施したいものである。

森岡（1995）は日本的働き過ぎのメカニズムが「男は過労死予備軍,女は産業予備軍」の新たな性別役割分業を産み出し,男女の労働参画の両極化,賃金格差を広げる構図を明らかにしたが,男女の労働時間規制がこうした日本的男女性役割分業を解消し,男女の格差を解消するキーポイントであるといえよう。

引用文献

AIU保険会社（1995）『主婦の値段考1995年版』
Australian Burau of Statistics (1995) *Year Book Australia*
Australian Burau of Statistics (1996) *Year Book Australia*
Clermont, Luisella Goldschmidt (1982) *Unpaid work in the household* ILO
Clermont, Luisella Goldschmidt (1982) Luisella Goldschmidt (1987) *Economic evaluation of unpaid household work: Africa, Asia, Latin America and Oceania* ILO
Harvey, Andrew (1997) 1997年6月に行われた経済企画庁の家事労働の金銭換算の研究会の講演で紹介
本田秀司（1996）「アンペイド・ワーク測定の試み」女性労働問題研究会編『女性労働研究』No. 30 ドメス出版
INSTRAW (1995) *Measurement and valuation of unpaid contribution: accounting through time and output* U. N. & INSTRAW
伊藤セツ・天野寛子・森ます美・大竹美登利（1984）『生活時間』光生館
James, S. (1985) *The Gold Kitchen*, Housewives in Dialogue
女性のアンペイドワーク研究会（1995）『Women's Unpaid Work：女性のアンペイド・ワーク国際的調査研究と調査資料』

経済企画庁経済研究所国民経済計算部（1997）『あなたの家事の値段はおいくらですか？―無償労働の貨幣価値についての報告』
経済企画庁経済研究所国民経済計算部（1998）『1996年の無償労働の貨幣評価』
経済審議会NNW開発委員会（1973）『新しい福祉指標NNW』
United Nations (1995) *The World's Women 1995 Trends and Statistics* United Nations Publication（日本統計協会訳（1995）『世界の女性1995―その実態と統計』日本統計協会）
久場嬉子・竹信三恵子（1999）『「家事の値段」とは何か』岩波ブックレット
森岡孝二（1995）『企業中心社会の時間構造』青木書店
日経新聞（1997年7月10日夕刊）「企画庁無償労働の貨幣評価　女性たちから異論続出」
大竹美登利（1992）「真にゆとりある生活時間を」『婦人白書1992』ほるぷ社 pp. 117-127

/ 第9章

国際的にみた貧困と消費

1 世界的な貧困と消費

国際的な視点の必要性

経済発展が地球的な規模に広がると共に,格差の拡大や地球環境の危機的状況がクローズアップされている。生活経済学では,こうした問題を含め,持続可能な環境の中での人間の生活を,国際的な規模でとらえる必要がある。

1998年3月1日現在,日本が承認している国の数はアジア36,大洋州14,アフリカ53,ヨーロッパ39,NIS諸国[1]12,北アメリカ23,南アメリカ12,計189で日本を加えると190カ国,このうち国連加盟国数は185である(外務省1998)。これらの国々の中で,日本は物質的に豊かな社会だといわれているが,貧困の女性化や高齢者の問題が指摘されているし,世界では今もなお貧困が深刻な課題の一つとなっている。また,「豊かさ」とは何を意味するのか,地球規模での問い直しの段階にもきている。本章ではグローバルな視点で貧困と消費をみていこう。

貧困への注目

世界銀行(World Bank)[2]の『世界開発報告(1990年版)』は,生存に最低必要な消費水準を貧困線,貧困線以下の状態を絶対的貧困とし,1985年に所得がこの水準以下の絶対的貧困の人口を11億5000万人と推定している。このような状況に対して,国連の呼びかけで1995年に「世界社会開発サミット」[3]がコペン

---

(1) NIS諸国(New Independent States) 旧ソ連の新独立国のうちエストニア,ラトビア,リトアニアを除く12カ国
(2) 世界銀行(World Bank) 1945年設立の国際復興銀行(IBRD),1956年設立の国際金融公社(IFC),1960年設立の国際開発協会(IDA),1988年設立の多国間投資保証機関(MIGA)の4機関の総称。持続可能な経済成長と開発を促進することによって貧困を縮小し,人々の生活水準を向上させることを共通の目的とする。
(3) 世界社会開発サミット(World Summit of Social Development) 1995年3月にデンマークのコペンハーゲン市で開かれた国連主催の会議。182の加盟国(うち117カ国が元首・政府首班)と約2000のNGOが参加した。サミットは絶対的貧困の根絶,完全雇用,社会的統合,男女平等,後発開発途上国の開発,構造調整計画に社会開発目標を入れる,社会開発の資源増加,社会開発を可能にする環境作り,教育・医療の促進,国連を通じた社会開発への協力強化等を盛り込んだ「宣言」及び「行動計画」を採択した。

第9章 国際的にみた貧困と消費　167

表9-1　人間開発指標の開発度別等集計

	後発開発途上国	全開発途上国	東欧・CIS	先進国[a]	世界全体
人間開発指数					
出生時平均余命（年数）	51.2	62.2	68.1	74.2	63.6
成人識字率	49.2	70.4	98.5	98.6	77.6
初等・中等・高等教育の合計就学率	36	57	75	83	62
1人当たり実質GDP（PPPドル）	1,008	3,068	4,109	16,337	5,990
人間開発指数（HDI）	0.344	0.586	0.756	0.911	0.772
ジェンダー開発指数					
出生時平均余命（年数）					
女　性	52.3	63.6	72.9	77.9	65.3
男　性	50.0	60.7	63.3	70.4	61.9
成人識字率					
女　性	39.3	61.7	98.5	98.5	71.4
男　性	59.2	78.8	98.6	98.8	83.7
初等・中等・高等教育の合計就学率					
女　性	30.9	53.0	76.5	84.0	58.0
男　性	40.3	58.9	73.3	81.6	62.5
稼得所得割合					
女　性	34.3	32.4	40.4	38.0	33.7
男　性	65.7	67.6	59.6	62.0	66.3
ジェンダー開発指数（GDI）	0.332	0.564	0.744	0.888	0.736
ジェンダー・エンパワーメント測定（女性の割合）（％）					
国会の議席数	—	8.6	—	15.3	11.8
行政および管理職	—	—	—	—	—
専門職および技術者	—	—	—	—	—
稼得所得割合	—	32	—	37	33
ジェンダー・エンパワーメント測定（GEM）	—	—	—	—	—
人間開発と1人当たり所得水準の動向					
1人当たりGDP（1987年USドル）					
1960年	245	330	—	7,097	1,951
1970年	272	474	—	9,344	2,660
1980年	257	685	—	11,169	3,116
1990年	254	736	2,411	12,310	3,298
1995年	233	867	1,601	12,764	3,417
人間貧困状況と指数					
人間貧困指数	—				
40歳までの生存率（全人口に占める割合）（％）	29	14	10	5	13
成人非識字率（％）	50.8	29.6	1.5	1.4	22.4
安全な水を得られない人（％）	43	29	—	—	—
保健医療サービスが利用できない人（％）	51	20	—	—	—

衛生設備が利用できない人（%）	64	58	—	—	—
5歳未満の低体重児（%）	39	30	—	—	30
第5学年を修了できない児童（%）	36	22	3	1	21
受入国別の難民数（1000人）	3,424	8,556	943	3,890	12,446
実質1人当たりGDP（1985PPPドル）					
貧困層下位20%	—	768	1,505	4,811	1,759
富裕層上位20%	—	6,195	9,962	32,273	12,584
所得貧困ライン以下の人口（%）					
1日1ドル（1985PPPドル）	—	32.2	—	—	—
国別貧困ライン					
人間開発の動向					
出生時平均余命（年数）					
1960年	39.1	46.0	66.6	68.6	50.2
1995年	51.2	62.2	68.1	74.2	63.6
乳児死亡率					
1960年	170	149	55	39	129
1996年	109	65	26	13	60
安全な水の利用（%）					
1975年～80年	—	—	—	—	—
1990年～96年	57	71	—	—	—
5歳未満の低体重児（%）					
1975年	—	40	—	—	—
1990～97年	39	30	—	—	30
成人識字率（%）					
1970年	30	48	—	—	—
1995年	49	70	99	99	78
全教育レベルの総就学率					
（6歳～23歳：%）					
1980年	32	46	—	—	—
1995年	36	57	75	83	62
1人当たり実質GDP（PPPドル）					
1960年	562	915	—	—	—
1995年	1,008	3,068	4,109	16,337	5,990
南北格差（指数：北＝100）					
出生時平均余命（年数）					
1960年	57	67	—	100	—
1995年	69	84	—	100	—
成人識字率					
1970年	30	48	—	100	—
1995年	50	71	—	100	—
1人当たり1日のカロリー供給					
1970年	69	71	—	100	—
1995年	67	82	—	100	—
安全な水の利用					

1975年～80年	—	—	—	100	—
1990年～96年	—	—	—	100	—
5歳未満の死亡率					
1960年	18	23	—	100	—
1996年	10	17	—	100	—
女性の教育機会					
女性の純就学率					
初等教育					
1995年	—	—	97	98	—
指数（1985年＝100）	—	—	—	—	—
中等教育					
1995年	—	—	—	90	—
指数（1985年＝100）	—	—	—	—	—
高等教育の女子学生					
女性10万人当たり	168	679	2,737	3,717	1,369
指数（1980年＝100）	—	—	—	123	—
自然・応用科学系高等教育を受ける女性					
（女子学生の比率）	—	—	33	27	—
女性の経済社会参加					
女性の行政職・管理職（％）	—	—	37	—	—
女性の専門職・技術職（％）	—	—	50	—	—
女性の販売・サービス業従事者（％）	—	—	55	—	—
女性の事務職（％）	—	—	69	—	—
政府における女性（％）					
合　計	5	5	4	13	7
閣僚レベル	6	5	3	11	7
準閣僚レベル	4	5	4	13	7
女性の無報酬家事労働者					
（全体に占める割合）（％）	41	48	—	75	58
女性の経済活動人口比					
（対男性比）（％）	76	64	90	79	68
子供の生存と発育					
乳児死亡率	109	65	26	13	60
5歳未満の死亡率	171	95	33	16	88
15-49歳の貧血の妊婦（％）	—	—	—	—	—
専門家の立ち会いによる出生（％）	29	58	—	99	57
出生時低体重児（％）	22	18	—	7	17
妊産婦死亡率	1,100	488	62	30	430
3カ月間母乳のみ授乳の産婦（％）	46	45	—	—	—
経口補液療法利用率（％）	80	76	—	—	76
5歳未満の低体重児（％）	39	30	—	—	30
保健医療の状況					
1歳児予防接種率					

結　核 (%)	80	89	94	92	89
はしか (%)	60	79	91	86	79
エイズ患者 (10万人当たり)	7.4	3.5	0.3	5.0	3.9
結核患者 (10万人当たり)	69.9	68.6	51.3	27.6	59.7
マラリア患者 (10万人当たり)	6,765	954	—	—	—
タバコの消費					
(1970年〜72年＝100)	156	160	—	90	115
医　　師 (10万人当たり)	14	76	354	287	122
看 護 婦 (10万人当たり)	26	85	809	780	241
障 害 者 (%)	—	2.6	—	—	—
公的保健医療支出					
対GNP比 (1960年)	—	1.0	—	—	—
対GDP比 (1990年)	1.9	2.0	—	—	—
食糧の確保					
1人1人当たりのカロリー供給量					
1970年	2,090	2,131	—	3,016	2,337
1995年	2,103	2,572	2,882	3,157	2,702
1人当たりの穀物供給量					
合　　計 (kg)	143	165	163	130	157
変 化 率 (%), 1970-95	12	14	—	1	11
1人1人当たりの脂肪供給量					
合　　計 (g)	35	58	84	117	71
変 化 率 (%), 1970-95	16	77	—	20	48
1人1人当たりのたんぱく質供給量					
合　　計 (g)	50	65	88	99	73
変 化 率 (%), 1970-95	−1	25	−3	11	20
1人当たり食糧生産指数 (1980＝100)	94	139	—	103	132
食糧輸入 (商品輸入に占める割合) (%)	—	—	—	—	—
穀物による食糧援助 (1000トン)	3,290	5,935	—	—	—
食料消費 (全家計消費に占める割合) (%)	—	—	—	—	—
教育の不均衡					
総就学率					
初等教育					
合　　計	70	101	98	101	101
女生徒の男生徒に占める割合 (%)	76	87	99	99	89
中等教育					
合　　計	17	50	87	99	58
女生徒の男生徒に占める割合 (%)	69	81	104	102	85
自然・応用科学系高等教育就学生					
(全高等教育就学生に占める割合) (%)	—	—	43.2	32.5	—
研究開発に携わる科学者・技術者					
(1000人当たり)	—	0.4	3.1	3.8	1.3
公的教育支出					
対GNP比					

第9章　国際的にみた貧困と消費　171

1985年	—	4.1	—	5.1	4.9
1995年	—	3.8	4.9	5.2	4.9
政府支出総額に占める割合（％）	—	—	—	—	—
公的支出（全レベルに占める割合）（％）					
初等・中等教育	—	—	—	—	—
高等教育	—	—	—	—	—
人々の労働状況（％）					
労働人口（全人口に占める割合）	47	48	50	49	48
成人労働人口に占める女性の割合					
1970年	43	37	48	40	38
1995年	48	41	47	44	41
農業労働人口（％）					
1970年	85	72	29	18	56
1990年	76	61	19	10	49
工業労働人口（％）					
1970年	5	12	38	38	19
1990年	9	16	39	33	20
サービス業労働人口（％）					
1970年	10	17	34	45	25
1990年	15	23	42	57	31
従業員1人当たり実質稼得収入の年間増加率					
1970-80年	—	—	—	—	—
1980-92年	—	—	—	—	—
情報・通信の状況					
ラジオ（1000人当たり）	113	185	412	1,005	364
テレビ（1000人当たり）	32	145	317	524	228
印刷・文書用紙消費率（1000人当たりのトン数）	0.4	5.2	6.7	78.2	20.9
郵便局（10万人当たり）	—	—	—	—	—
主要電話回線（1000人当たり）	3	39	158	414	122
有料公衆電話（1000人当たり）	(.)	0.7	1.1	3.7	1.4
国際通話（1人当たり通話分数）	0.5	2.8	6.5	41.6	10.9
ファックス（1000人当たり）	0.1	—	1.2	23.2	
携帯電話加入者数（1000人当たり）	—	3.6	1.8	61.1	16.8
インターネット利用者数（1000人当たり）	—	0.5	2.6	17.9	4.8
パソコン利用者数（1000人当たり）	—	6.5	18.2	156.3	43.6
軍事支出と財源の不均衡な使い方					
防衛費					
100万USドル					
1985年	5,436	185,515	—	628,981	814,496
1996年	5,348	171,934	81,117	609,149	781,093
対GDP比（％）					
1985年	4	7	—	4	5

1996年	3	4	5	3	3
1人当たり（USドル）					
1985年	13	51	—	728	182
1996年	10	39	204	493	137
軍事支出（教育と保健医療支出合計に対する割合）(%)					
1960年	—	102	—	110	109
1990年〜91年	72	63	—	33	38
通常兵器の輸入	—	—	—	—	—
100万USドル	—	—	—	—	—
指数（1991年＝100）					
軍 事 力					
1000人	1,323	14,105	2,910	7,047	21,152
指数（1985年＝100）	123	96	—	78	91
資金の流れ					
対外債務					
10億USドル	136	1,583	264	—	—
対GNP比	113	41	30	—	—
債務返済比率					
1980年	—	24	—	—	—
1995年	—	19	9	—	—
純ODA受取額（100万USドル）	14,235	58,480[b]	193	—	—
1995年のGNPに占める割合（%）	14.2	0.9	—	—	—
1人当たり（USドル）	25.0	9.0	—	—	—
純対外直接投資（対GNP比）(%)	1.3	1.8	1.8	−0.5	−0.1
貿易額（対GNP比）(%)	54	56	70	39	42
輸出の輸入に対する割合（%）	64	91	97	102	
交易条件（1987年＝100）	89	97	—	103	—
経常勘定（100万USドル）	−4,999	−88,167	−4,497	473	—
進む都市化					
都市人口（総人口に占める割合）(%)					
1970年	13	25	54	67	37
1995年	23	37	66	74	45
2015年	35	49	72	79	55
都市人口増加率（%）					
1970年〜95年	5	4	2	1	3
1995年〜2015年	5	3	1	1	2
75万人以上の都市の人口					
総人口に占める割合（%）	10	16	18	30	19
都市人口に占める割合（%）	41	41	27	40	41
人口動態の現状					
推定人口（100万人）					
1970年	285.7	2,616.1	338.3	1,043.5	3,659.6
1995年	542.5	4,394.0	400.8	1,233.1	5,627.1

第9章　国際的にみた貧困と消費　173

2015年	873.7	5,892.2	403.5	1,294.7	7,186.9
人口増加率					
1970年～95年	2.6	2.1	0.7	0.7	1.7
1995年～2015年	2.4	1.5	(.)	0.2	1.2
人口が倍になる年	2022	2037	—	2223	2046
普通出生率	39.2	26.1	13.3	12.6	23.2
普通死亡率	14.1	8.7	11.8	10.1	9.0
従属人口比率	88.8	63.9	52.9	50.5	60.8
合計特殊出生率	5.3	3.2	1.8	1.7	2.9
避妊普及率	22	56	—	70	58
エネルギーの利用					
電力消費量（100万 kw/h）					
総　　量	43,741	3,574.530	1,671.471	9,300.133	12,874.663
指　　数（1980年＝100）	154	284	—	147	174
1人当たり（kw/h）					
1980年	76	387	—	6,601	1,566
1995年	81	814	4,170	7,542	2,290
在来燃料（全消費量に占める割合）					
1980年	77	22	—	1	7
1995年	84	15	2	3	7
家庭用エネルギーに占める薪の割合（％）	—	—	—	—	—
商業エネルギーの消費					
総　　量（100万トン）					
1980年	19	1,281	1,231	4,920	6,201
1994年	28	2,450	1,193	5,468	7,917
1人当たり（kg）					
1980年	53	393	3,936	4,587	1,431
1994年	53	568	2,979	4,452	1,429
キロ当たりのＧＤＰ（ＵＳドル）					
1980年	5.1	1.7	—	2.3	2.2
1994年	5.1	1.5	0.5	2.8	2.4
商業エネルギーの輸入					
エネルギー消費量に占める割合（％）					
1980年	19	−94	3	24	—
1994年	−97	−47	−14	19	—
環境悪化の状況					
国土面積（100万ヘクタール）	1,866	7,495	2,294	5,354	12,849
森林・森林地帯					
（全国土に占める割合）（％）	23	26	37	28	27
1人当たり国内再生可能水資源（年間m³）	9,940	5,975	13,124	10,804	6,918
年間淡水汲上げ量					
水資源に占める割合（％）	1.4	6.3	8.2	9.5	7.3
1人当たり（m³）	186	496	1100	1069	626
年間森林伐採率	—	—	—	—	−0.3

年間再植林率	—	—	—	—	—
1人当たり CO$_2$ 排出量（トン）	0.2	2.0	8.9	11.4	4.1
マングローブの消失（％）	—	—	—	—	—
国民所得勘定					
GDP総額（10億USドル）	93	4,801	832	22,788	27,846
農　業（対GDP比）（％）	36	14	10	3	5
工　業（対GDP比）（％）	21	36	37	31	33
サービス業（対GDP比）（％）	43	49	52	66	63
消　費（対GDP比）（％）					
民　間	—	60	61	60	63
政　府	—	12	17	16	15
国内総投資額					
（対GDP比）（％）	—	28	23	23	23
国内総貯蓄額					
（対GDP比）（％）	—	27	22	24	21
税収入（対GDP比）（％）	—	—	—	—	—
中央政府支出（対GDP比）（％）	—	—	—	33	—
輸　出（対GDP比）（％）	—	27	31	20	21
輸　入（対GDP比）（％）	—	28	32	19	21
経済実績の動向					
GNP（10億USドル）	100	4,745	809	22,332	27,077
1人当たりGNP（USドル）	215	1,141	2,013	18,158	4,880
GNP増加率（1980～95）（％）	2.1	4.1	—	2.2	2.6
1人当たりGNP増加率（％）					
1965年～80年	0.4	3.0	—	—	—
1980年～95年	−0.4	2.1	—	1.7	0.9
年平均インフレ率（％）					
1985年～95年	39.9	127.4	—	9.5	28.6
1995年	102.9	24.2	170.8	9.1	12.1
GDPに占める輸出の割合の伸び率（％）	0.7	3.3	—	2.3	2.5
GDPに占める税収入の伸び率（％）	—	—	—	—	—
予算総額の過不足（対GNP比）（％）					
1980年	—	—	—	—	—
1995年	—	−1.8	—	−2.6	−2.5

（注）　a. 東欧・CISを含む。b. OECD開発援助委員会（DAC）被援助国リストパート1掲載の国・領土への純ODA総額。
（出所）　国連開発計画（1998, p. 242-247）より抜粋。注は原出典にかんしては割愛した。

ハーゲンで開かれ，1996年を「貧困撲滅のための国際年」，1996～2005年を「貧困撲滅のための10年」と定め，貧困撲滅に向けての行動計画が採択された。

不平等と不均衡

貧困の問題は，世界的な消費の拡大の一方で，消費の不平等と不均衡が増大していることを反映している。表9-1は，国連開発計画（UNDP）[4]が集計した人間開発にかかわるさまざまな統計データの一部を示したものである。たとえば，開発途上国では29％（後発開発途上国では43％）の人が安全な飲料水を得られず，半数以上の人が十分な衛生設備を利用できないでいる。1日1ドル以下で生活している人は32％で，30％の人が文字の読み書きができない。特に後発開発途上国では5歳未満の子どもの39％は低体重児であり，1人当たりのカロリー供給量は25年間でほとんど増えていない。1000人当たりの主要電話回線は先進国414に対して開発途上国は39，後発開発途上国では3回線にすぎない。20億人が電気のない生活を送っているといわれる中で，先進国のエネルギー消費量は莫大な数値を示し，1人当たりの CO_2 排出量は開発途上国の6倍近くを示している。

2 貧困と開発

消費と人間開発

こうした状況に注目し活動している国際機構の一つに国連開発計画（UNDP）があげられる。2章でふれたように，折しも，国連開発計画が発表した1998年の『人間開発報告書』[5]のテーマは「消費パターンと人間開発」であった。そこでは，消費の形態が人間開発のための消費であるべきことを条件として，環境，開発，技術，およびモラルに関する議論を整理し，人間開発に悪影響を及ぼす消費形態への批判を展開し，人間開発のための持続可能な消費環境を創

---

[4] **国連開発計画**（UNDP: United Nations Development Programme） 国連の2つの技術協力を統合して1965年に設置された機関。国連の主たる資金供給源で，財源は加盟諸国からの自発的拠出金。UNDPの活動は持続可能な人間開発をめざし，各国の貧困解消および草の根の開発に関する能力の増強，環境保護および天然資源の持続可能な利用，経営者の育成，開発途上国の技術協力，技術の移転と適応，女性の地位の向上などに重点が置かれている。

出するには何をすべきかが提案されている。「人間開発」については，人間のエンパワーメント，参加，ジェンダー平等，公平な成長，貧困の緩和，および長期持続性への関心に基づいた人間中心の開発の必要性が強調されている。世界の国々でこれらがどのような状況にあるかをみる指標のいくつかが公表されているので，以下にとりあげる。

人間開発の達成度

国連開発計画は，人間開発の尺度として人間開発指数（HDI：Human Development Index）を発表してきた。これは，あらゆる発展段階を通じて，人々が健康で長生きできること，必要な知識と情報を得られること，人並みの生活水準に必要な資源を得られることを人間開発に不可欠な3つの能力とし，その総合的な達成度を指数化したものである。具体的には平均寿命，教育達成度（成人識字率と初・中・高等教育就学率），1人当たりの実質GDP（PPPドル）[6]によって測定される。国連開発計画は，人間開発の概念は人間開発指数よりずっと広範囲であることや，数量化の困難性を認めた上で，「しかし人間開発の単純な合成尺度のおかげで，この問題への関心を効果的に高めることができる」としている。

表9-2は算出された174か国中の人間開発指数の上位国と下位国のデータ等を抜粋したものである。カナダは1人当たりGDPでは12位だが，無料教育や福祉の充実から5年連続で1位となっている。次いで，フランス，ノルウェー，米国の順である。一方，開発途上国の中でもキプロス，バルバトスは上位に入っている。同表では参考に，1人当たり実質GDPに比べて人間開発指数に特徴のある国をいくつかあげてある。ベトナムやタンザニアは1人あたり実質GDPは低いものの人間開発指数は比較的高く，ブルネイやクェートなどの石油産出国はGDPの高さに比べて人間開発指数は比較的低い。必ずしも経済的

---

(5) **人間開発報告書**（Human Development Report）　国連開発計画は1990年から「人間開発報告書」を発表している。そこでは，アマルティア・セン（インド出身の開発経済学者・1998年度ノーベル経済学賞受賞）が発展させた「人間開発」の福祉概念が基になっている。「人間開発」は人々の選択の拡大過程をさす。各年のテーマについては，章末の「参考図書」を参照。

(6) **一人当たりの実質GDP**（購買力平価，PPPドル）　その国の通貨での購買力平価を基準にしてUSドルに換算した1人当たりのGDP（Gross Domestic Product＝国内総生産）。

第9章 国際的にみた貧困と消費　177

表9-2　人間開発指数

HDI順位	出生時平均余命(年数)1995	成人識字率(%)1995	初・中・高等レベルの合計就学率(%)1995	1人当たり実質GDP(PPPドル)1995	1人当たり調整実質GDP(PPPドル)1995	平均寿命指数	教育指数	GDP指数	人間開発指数(HDI値)1995	1人当たり実質GDP(PPPドル)順位マイナスHDI順位[a]
上位国 1 カナダ	79.1	99.0	100[b]	21,916	6,231	0.90	0.99	0.99	0.960	10
2 フランス	78.7	99.0	89	21,176	6,229	0.90	0.96	0.99	0.946	12
3 ノルウェー	77.6	99.0	92	22,427	6,232	0.88	0.97	0.99	0.943	5
4 米国	76.4	99.0	96	26,977	6,259	0.86	0.98	0.99	0.943	-1
5 アイスランド	79.2	99.0	83	21,064	6,229	0.90	0.94	0.99	0.942	10
6 フィンランド	76.4	99.0	97	18,547	6,219	0.86	0.98	0.99	0.942	17
7 オランダ	77.5	99.0	91	19,878	6,226	0.88	0.96	0.99	0.941	11
8 日本	79.9	99.0	78	21,930	6,231	0.91	0.92	0.99	0.940	2
9 ニュージーランド	76.6	99.0	94	17,267	6,197	0.86	0.97	0.98	0.939	17
10 スウェーデン	78.4	99.0	82	19,297	6,223	0.89	0.93	0.99	0.936	12
上位国 11 スペイン	77.7	97.1	90	14,789	6,187	0.88	0.95	0.98	0.935	19
12 ベルギー	76.9	99.0	86	21,548	6,230	0.87	0.95	0.99	0.933	0
13 オーストリア	76.7	99.0	87	21,322	6,230	0.86	0.95	0.99	0.933	0
14 英国	76.8	99.0	86	19,302	6,223	0.86	0.95	0.99	0.932	7
15 オーストラリア	78.2	99.0	79	19,632	6,225	0.89	0.92	0.99	0.932	5
中位国 16 スイス	78.2	99.0	76	24,881	6,254	0.89	0.91	0.99	0.930	-12
17 アイルランド	76.4	99.0	88	17,590	6,198	0.86	0.95	0.98	0.930	8
18 デンマーク	75.3	99.0	89	21,983	6,231	0.84	0.96	0.99	0.928	-9
19 ドイツ	76.4	99.0	81	20,370	6,227	0.86	0.93	0.99	0.925	-3
20 ギリシャ	77.9	96.7	82	11,636	6,140	0.88	0.92	0.97	0.924	15
21 イタリア	78.0	98.1	73	20,174	6,227	0.88	0.90	0.99	0.922	-4
22 イスラエル	77.5	95.0	75	16,699	6,195	0.88	0.88	0.98	0.913	6
23 キプロス	77.2	94.0	79	13,379	6,178	0.87	0.89	0.98	0.913	8
24 バルバドス	76.0	97.4	77	11,306	6,136	0.85	0.91	0.97	0.909	13
25 香港(中国)	79.0	92.2	67	22,950	6,233	0.90	0.84	0.99	0.909	-19
下位国 170 ブルンジ	44.5	35.3	23	637	637	0.33	0.31	0.09	0.241	-1
171 ハンガリー	47.0	31.0	18	565	565	0.37	0.27	0.08	0.236	1
172 ブルキナファソ	46.3	19.2	19	784	784	0.36	0.19	0.11	0.219	-7
173 ニジェール	47.5	13.6	15	765	765	0.38	0.14	0.11	0.207	-6
174 シェラレオネ	34.7	31.4	30	625	625	0.16	0.31	0.08	0.185	-3
参考 35 ブルネイ	75.1	88.2	74	31,165	6,283	0.84	0.84	1.00	0.889	-33
54 クウェート	75.4	78.6	58	23,848	6,234	0.84	0.72	0.99	0.848	-49
122 ベトナム	66.4	93.7	55	1,236	1,236	0.69	0.81	0.18	0.560	26
150 タンザニア	50.6	67.8	33	636	636	0.43	0.56	0.09	0.358	20

(注) イタリックの数字は人間開発報告事務局による推定。ここに示されていないが、同じHDI値の国は少数第4位の値をもとづいて順位づけられている。
a. 正数はHDI順位が1人当たり実質GDP(PPPドル)順位よりも高いことを示し、負数はその逆を示す。b. 最大値100。
(資料) 第1列：UN1996年のデータをもとに算出；第2列：UNESCO1997；第3列：UNESCO1997；第4列：断りのない限りWorld Bank 1997の推計をもとに算出した。
(出所) 国連開発計画 (1998, p. 164-166)。注は原出典にかんしては割愛した。

繁栄と人間の開発とが直結しているわけではないことがわかる。先進国と開発途上国の比較については表9-1の初めに示されているので参照されたい。

人間貧困と生存権の剥奪状況

人間貧困という概念は，同報告において1997年から導入された。貧困とは物質的な困窮だけでなく，人間開発にとって最も基本的な機会や選択肢が奪われていることをも意味している。人間開発指数が全般的な進歩を測定しているのに対して，人間貧困指数は進歩の分配を反映し，剥奪状況の程度，その地域で進歩から取り残された人々の割合を示すものとされる。貧困には開発途上国の貧困を測定する HPI-1 (Human Poverty Index) と，先進国の人間貧困を測定するＨＰＩ-2がある。

表9-3は，比較可能なデータの得られた77の途上国についての貧困を測定したＨＰＩ-1について，上位国と下位国の指数を抜粋してある。使われた変数は，40年未満で死亡すると見られる人の割合，読み書きできない成人の割合，保健医療サービスや安全な水を利用できない人の割合，5年未満の低体重児の割合などである。3％のトリニダード・ドバゴから62％のニジェールまで大きな差がみられる。また，人間開発指数に比べてＨＰＩが高い国ほど人間開発の結果が不均等に配分されていることを示している。

表9-4は，先進17カ国を対象にした先進国のための人間貧困指数ＨＰＩ-2を示している。これは1998年から導入されたもので，ＨＰＩ-1と同じ3つの側面に加えて社会的疎外の状況に焦点があてられている。1人当たりの所得で1位の米国は最下位の17位で，実社会での識字能力に欠ける人の割合が20％を越え，貧困ライン以下の人の割合も20％に近いなど，貧困率が最も高くなっている。この新しい人間貧困指数では，先進国人口の7～17％が貧困層に入ることになるという。低い消費水準と人間の剥奪状況は，必ずしも途上国の問題ではなく，約2億人が60年まで生きられないと予想され，1億人以上のホームレス，3700万人以上の失業など，社会的な疎外が指摘されている（ＵＮＤＰ　1998）。

貧困の女性化

1995年に北京で開催された第4回世界女性会議では，貧困の女性化が構造的

表9-3 開発途上国の人間貧困指数（HPI-1）

	国	人間貧困指数 (HPI-1)の値(%)	HPI-1の順位 a	HPI-1の順位 マイナスHDI順位	HPI-1の順位 a マイナス1日1ド ルの貧困ライン順位 a
上位国	トリニダード・トバゴ	3.3	1	-4	—
	チ　リ	4.1	2	0	-13
	ウルグアイ	4.1	3	—	—
	シンガポール	6.5	4	3	—
	コスタリカ	6.6	5	2	-15
	ヨルダン	10.0	6	-15	-1
	メキシコ	10.7	7	-1	-9
	コロンビア	11.1	8	-1	-4
	パナマ	11.1	9	3	-13
	ジャマイカ	11.8	10	-9	0
下位国	モザンビーク	48.5	68	-2	—
	セネガル	48.6	69	4	1
	イエメン	48.9	70	10	—
	ギニア	49.1	71	0	21
	ブルンジ	49.5	72	-1	—
	マリ	52.8	73	-1	—
	エチオピア	55.5	74	2	15
	シエラレオネ	58.2	75	-2	—
	ブルキナファソ	58.2	76	1	—
	ニジェール	62.1	77	1	3

（注）　HDIと1日1ドルの貧困ライン順位は77カ国を全体として付け直した。
　　　a　マイナスの値はHPI-1順位がHDI順位より高いことを意味し，プラスの値はその反対を意味する。
（出典）　人間開発報告書事務局。
（出所）　国連開発計画（1998, P. 34）より抜粋。

な問題としてとりあげられ，絶対的貧困者のほとんどが開発途上国に集中し，その中でも女性の数は男性の数に比べ不均衡な増加が著しい状況を踏まえ，貧困の中に暮らす女性の能力を高めることを認める公平な社会開発が，持続可能な開発に対する基盤であることが示されている。たが，1998年の人間開発報告

　(7) 剥奪（Deprivation）　社会的価値物を獲得する際の不平等性，すなわち貧困やその他さまざまな不利な状態をさし，それは力の基盤へのアクセス機会がないことに通じる。貧困は社会的な力の剥奪の一形態とみなされる。人間生活における剥奪状況の性質は地域や国の社会的，経済的状態によっても異なる。貧困と剥奪状況の存在は先進国でも大きな問題である。なお，本文で示したHPI-2では，生存の剥奪状況，知識の剥奪状況，経済的資源供給の剥奪状況，社会的疎外が尺度となっている。

表9-4 先進国の人間貧困指数（HPI-2）

国	生存の剥奪状況 60歳まで生きられないであろう人の割合 (%) 1995	知識の剥奪状況 機能的非識字人口の割合[a] (%) 1995	所得の剥奪状況 貧困ライン以下の人の割合[b] (%16—65歳) 1990	社会的疎外 長期失業，12カ月以上 (全労働人口に占める割合) 1995[c]	人間貧困指数 先進国の人間貧困指数 (HPI-2) 値(%)	HPI-2順位	1人当たり実質GDP (PPPドル) 順位
スウェーデン	8	7.5	6.7	1.5	6.8	1	13
オランダ	9	10.5	6.7	3.2	8.2	2	10
ドイツ	11	14.4	5.9	4.0	10.5	3	8
ノルウェー	9	—[d]	6.6	1.3	11.3	4	2
イタリア	9	—[d]	6.5	7.6	11.6	5	9
フィンランド	11	—[d]	6.2	6.1	11.8	6	14
フランス	11	—[d]	7.5	4.9	11.8	7	7
日本	8	—[d]	11.8	0.6	12.0	8	4
デンマーク	12	—[d]	7.5	2.0	12.0	9	3
カナダ	9	16.6	11.7	1.3	12.0	10	5
ベルギー	10	18.4[e]	5.5	6.2	12.4	11	6
オーストラリア	9	17.0	12.9	2.6	12.5	12	11
ニュージーランド	10	18.4	9.2[f]	1.3	12.6	13	16
スペイン	10	—[d]	10.4	13.0	13.1	14	17
英国	9	21.8	13.5	3.8	15.0	15	12
アイルランド	9	22.6	11.1	7.6	15.2	16	15
米国	13	20.7	19.1	0.5	16.5	17	1

(注) a．国際成人識字調査（IALS：International Adult Literacy Survey）で報告の文章識字レベル1に基づく。データは1995年またはその前後のもの。
　　b．貧困は個人可処分所得の中間値の50%を基準に測定。データは1990年またはその前後のもの。
　　c．国際労働機関（ILO）により算出された標準失業率。
　　d．データ入手不可能。HPI-2の計算では，国際成人識字調査が行われたすべての国（ポーランドを除く）の平均値である16.8%を使用した。
　　e．データはフランドル地方のもの。
　　f．先進国（東欧・CISは除く）の非加重平均。
(出所) 国連開発計画（1998，P.37）。原出典は割愛した。

書では，人間貧困指数についての男女別集計は掲載されておらず，次にあげるジェンダー開発指数の項目「出生時平均余命，成人識字率，初・中・高等教育合計就学率，稼得所得割合」についての男女別集計がなされている他は，指標等に貧困の女性化を明示するデータが乏しいといわざるをえない。せめて男女別の統計が示されることが必要であろう。

ジェンダー平等の達成度

　人間開発指数は国全体の平均的な状況を表すもので，国内の様々なグループ間の格差や分配が反映されていないことへの問題が指摘されてきた。その一つ

にジェンダー格差があげられる。1995年から，人間開発指数（HDI）に男女間の不平等度分を加味して下方修正したジェンダー開発指数（GDI：Gender-Related Development Index）が算出されるようになった。

表9-5は人間開発指数の上位国と下位国についてジェンダー開発指数を抜粋したものである。ジェンダー開発指数の順位では，カナダが1位でノルウエーと続き，米国は6位である。ジェンダー格差が大きいほど，その国のジェンダー開発指数は人間開発指数に比べて低くなっている。下位の国ではそれぞれの項目にジェンダー格差が目立っており，後発開発途上国全体では，成人識字率は女性39.3％に対して男性59.2％，初・中・高等教育合計就学率は女性30.9％に対して男性40.3％，稼得所得割合は女性34.3％に対して男性65.7％（表9-1）という状況である。

表9-6は人間開発指数の上位国のジェンダー・エンパワーメント測定（GEM：Gender Empowerment Measure）を示したものである。ジェンダー・エンパワーメント測定は女性が経済的，政治的生活に積極的に参加できるかどうかの一端を表すとされる。専門職や政治経済の分野で女性がどれだけ意思決定に参加しているかを測定している。女性が国会議席の4割と専門・技術職の約6割を占めるスウェーデンが1位で，ノルウエー，デンマークと北欧3か国が続く。人間開発指数，ジェンダー開発指数と比べて順位が異なる傾向がみられ，トリニダード・ドバコ17位，バルバドス18位など一部の途上国は先進国より上に位置している。

3 世界の中の日本

日本の数値

1993年に人間開発指数が1位だった日本は，徐々にランクが下がり，1998年には8位となった。男女間格差を加味したジェンダー開発指数は163か国中13位，政治経済など意思決定への参加からみるジェンダー・エンパワーメント測定では測定可能な102か国中38位と，1997年の34位からさらに後退している。人間開発指数に比べてジェンダー格差が際立つ結果となっている。1997年の報告書を引用した『男女共同参画の現状と施策』（総理府 1997）では，これらが

182

表9-5 ジェンダー開発指数

	HDI順位		ジェンダー開発指数(GDI)順位	出生時平均余命(年数) 1995		成人識字率(%) 1995		初・中・高等教育合計就学率(%) 1995		稼得所得割合(%) 1995[a]		ジェンダー開発指数(GDI値) 1995	HDI順位マイナスGDI順位[b]
				女性	男性	女性	男性	女性	男性	女性	男性		
上	1	カナダ	1	81.8	76.3	99.0	99.0	100.0[c]	100.0[c]	38.0[d]	62.0[d]	0.940	0
	2	フランス	7	82.6	74.4	99.0	99.0	91.0	87.0	39.1	60.9	0.925	−5
	3	ノルウェー	2	80.5	74.7	99.0	99.0	93.0	92.0	42.4	57.6	0.935	1
	4	米国	6	79.7	73.0	99.0	99.0	98.0	93.0	40.3	59.7	0.827	−2
位	5	アイスランド	4	80.9	77.4	99.0	99.0	81.0	82.0	41.9	58.1	0.932	1
	6	フィンランド	5	80.0	72.6	99.0	99.0	100.0[c]	92.0	42.0	58.0	0.929	1
	7	オランダ	12	80.4	74.5	99.0	99.0	88.0	93.0	34.1	65.9	0.905	−5
	8	日本	13	82.8	76.7	99.0	99.0	77.0	79.0	34.1[d]	65.9[d]	0.902	−5
国	9	ニュージーランド	8	79.4	73.9	99.0	99.0	96.0	91.0	38.8	61.2	0.920	1
	10	スウェーデン	3	80.8	75.9	99.0	99.0	84.0	81.0	44.7	55.3	0.932	7
下	165	ガンビア	154	47.6	44.4	24.9	52.8	34.0	42.6	37.5[d]	62.5[d]	0.277	0
	166	モザンビーク	156	47.8	44.8	23.3	57.7	20.5	29.0	41.9[d]	58.1[d]	0.264	−1
	167	ギニア	157	46.0	45.0	21.9	49.9	16.2	32.4	40.2[d]	59.8[d]	0.258	−1
	168	エリトリア	155	51.8	48.7	25.0	25.0	25.1	31.8	34.3	65.7	0.269	2
位	169	エチオピア	158	50.3	47.2	25.3	45.5	15.1	24.1	33.3[d]	66.7[d]	0.241	0
	170	ブルンジ	159	46.1	42.9	22.5	49.3	20.1	25.1	42.3[d]	57.7[d]	0.230	0
	171	マリ	160	48.7	45.4	23.1	39.4	13.9	22.3	39.1[d]	60.9[d]	0.229	0
	172	ブルキナファソ	161	47.4	45.3	9.2	29.5	14.9	23.5	39.6[d]	60.4[d]	0.205	0
国	173	ニジェール	162	49.2	45.9	6.7	20.9	10.7	18.6	37.1[d]	62.9[d]	0.196	0
	174	シエラレオネ	163	36.3	33.3	18.2	45.4	23.7	35.7	29.2[d]	70.8[d]	0.165	0

(注) イタリックの数字は人間開発報告事務局による推定。
a. データは1995年または入手可能な最新のデータ。
b. この列で使用のHDI順位は、163ヵ国を母集団として計算したものである。正数は、GDI順位がHDI順位より高いことを、負数はその逆を示す。 c. 最高値100。 第1章の表1.9を参照のこと。
d. 賃金データなし。男性に対する女性の非農業従事者の賃金比率には賃金データ入手可能なすべての国の平均である75%を推定値に使用した。

(出所) 国連開発計画 (1998, P. 167-169) より抜粋。原出典は割愛した。

第9章 国際的にみた貧困と消費 183

表9-6 ジェンダー・エンパワーメント測定（GEM）

HDI順位		GEM順位	国会の議席数 （女性の割合%）[a]	行政職および 管理　職 （女性の割合%）[b]	専門職および 技　術　者 （女性の割合%）[b]	女　性　の 稼得所得の割合 （%）[b,c]	GEM値
1	カ　ナ　ダ	7	21.2	42.2	56.1	38[d]	0.720
2	フ ラ ン ス	31	9.0	9.4	41.4	39	0.489
3	ノ ル ウ ェ ー	2	36.4	31.5	61.9	42	0.790
4	米　　　国	11	11.2	42.7	52.6	40	0.675
5	アイスランド	6	25.4	27.7	53.5	42	0.723
6	フィンランド	5	33.5	25.3	62.5	42	0.725
7	オ ラ ン ダ	9	28.4	20.3	44.0	34[d]	0.689
8	日　　　本	38	7.7	8.9	43.3	34	0.472
9	ニュージーランド	4	29.2	34.0	49.1	39	0.725
10	スウェーデン	1	40.4	38.9	64.2	45	0.790
11	ス ペ イ ン	16	19.9	31.9	43.0	30[d]	0.617
12	ベ ル ギ ー	19	15.8	18.8	50.5	34	0.600
13	オーストリア	10	24.7	23.9	46.1	34[d]	0.686
14	英　　　国	20	11.6	32.9	44.2	38	0.593
15	オーストラリア	12	20.5	43.3	25.5	40	0.664
16	ス イ ス	13	20.3	28.3	24.9	32	0.654
17	アイルランド	21	13.7	22.6	45.0	27	0.554
18	デンマーク	3	33.0	19.2	46.8	42	0.739
19	ド イ ツ	8	25.5	25.8	49.0	35	0.694
20	ギ リ シ ャ	51	6.3	22.0	44.2	32	0.438

(注) a．データは1997年12月15日現在のもの。0の値は計算の都合上0.001に置き換えた。b．データは入手可能な最新年度のもの。c．中央アフリカ、フィンランド、ギリシャ、アイルランド、ルクランド、ノルウェー、スウェーデンは製造業の賃金を使った。d．賃金データなし、男性に対する女性の非農業従事者の賃金比率には賃金データ入手可能なすべての国の平均である75％を推定値に使用した。
(資料) 第2列：I P U 1997；第3，4列：I L O 1997；第5列：以下のデータをもとに人間開発報告書事務局が算出：1人当たり実質 GDP（PPP ドル）の算出はWorld Bank 1997；Summars and Hsston 1991；OECD 1997；および表9-2に記載の人間開発報告書事務局の推計値。労働人口の男女比はI L O 1996，男性賃金に対する女性賃金はI L O 1997：U N 1995：Psacharopolous and Tzannatos 1992。
(出所) 国連開発計画（1998，P. 170-172）より抜粋。原出典は割愛した。

開発途上国の平均すら下回っている点を指摘し，女性の政策方針参画を阻害する要因として「男性優位の組織運営」をあげている。また，男女共同参画審議会が提出した男女共同参画社会基本法の制定を求める答申においては，政策・方針決定過程への参画について，男女が社会の対等な構成員として配慮されなければならないことが示されている。

指標化のもつ意味と限界

とはいえ，ここで注意すべきは，一連の指数化への疑問である。人間開発指数が8位とは一体何を意味するのか。こうした指数が発表される度に生活実感との乖離が指摘されてきているが，いくつかの項目について数値を指数化し総合（平均）したもので順位づけを行うことによって，それぞれの元の要素が示す内容や意味が考慮されなくなるという問題が生じる。

たとえば，1998年の報告書においてジェンダー・エンパワーメント測定の元となる項目の日本の数値（表9-6）をみると，国会の議席数は7.7％と1割に満たず，行政・管理職に占める割合も8.9％と同様である。それでもなお，102か国中38位という順位が導きだされるのである。また，国際比較で用いられる各国の数値そのものの見方にも注意が必要である。1例をあげると，人間開発報告の指標データにも使われている労働時間のデータ（本章では紙面の制約上掲載していない。報告書では32表）は，ILOの労働統計年鑑から利用される頻度の高いものである。そこでは日本の週間実労働時間（製造業1人当たり，1993-96年）は38時間で，カナダ39時間，フランス39時間，ノルウェー37時間，米国42時間，フィンランド38時間，オランダ38時間……とみていくと，日本の長時間労働の実態が見えてこない。この数値には日本独特の「サービス残業」は含まれず，月休，年休も考慮されないのであるから，サラリーマンが実際にサービス残業を含めて働いている年間の労働時間とは異なるのはいうまでもない。

伊藤陽一は，先行論議をふまえて人間貧困指数の批判的検討（伊藤 1999, pp.13-14）を行い，現行人間貧困指数の作成を以ってこの理論の具体化とするのは無理があり，結果的には誤った判断を導く点を指摘している。そこでは，指標選択への具体化の妥当性，総合化とランキング批判，原データの妥当性，

指数論視角からの評価・批判，現行指標がもたらす誤解（伊藤 1999, p.14）等が明らかにされ，批判的利用と改善・活用の方向が示されている。すなわち，国際比較可能な統計データの整備と収集は一層充実させていかねばならないが，原データの数値が妥当なものであるか，どのような項目をとりあげるのか，さらにそれらを指数化することの意味を吟味する必要があることはいうまでもない。

4 国際比較と統計

国際比較統計の利用

本章でとりあげたUNDPの指標については，人間開発の要素には多分に数量化になじまない部分が多く，国や地域全体についての数値では民族や人種間の格差は示されないという指摘がなされている。「人間開発報告書」では，本文でこれらについて部分的な統計の提示も試みられるようになってきたのはそのためでもあろう。また，貧困を扱うなら，問題となっている貧困の女性化がとらえられるようなジェンダー統計を用いる方法が必要である。

いうまでもなく，文化や歴史，民族，生活様式の異なった各国の生活条件を，統計上の条件も異なる既存のデータを用いて比較することには問題も多い。ここでの国際比較は，統計資料的限定の上での試みであることに注意を払う必要がある。また，本書の第3章，第7章でもふれたように，ジェンダーと開発の問題では，貧困の悪循環にとどまらず，女性の開発への参加を保障し，エンパワメントしていくためのジェンダー格差の是正が注目されている。国際連合（日本統計協会訳 1995）『世界の女性1995――その実態と統計』や『ＰＲＢ世界の女性1998データシート』（横浜市女性協会等訳）などでもジェンダー統計の国際比較が試みられているが，特に，第8章で示したように生活時間の国際比較は重要な要素となってくる。

生活経済と国際比較

ビルギッタ・ヘッドマン（伊藤陽一他訳 1998, p.42）は「ジェンダー統計の生産には，政府のすべてのデータが性別に収集されるだけでなく，データの収

集と提示において使われる概念と方法が社会のジェンダー問題を適切に反映し，かつジェンダーに基づく偏りをもたらすあらゆる要因を考慮していることが必要である」と述べている。本章でとりあげた指数をはじめ統計全体に共通して考慮されなければならない大切な視点である。統計にあらわれた数値がどのような条件で集計されたものであるかを見極め，社会の何を明らかにしようとするものなのか，数値が何をあらわすのかの意味を問い直すなど，問題提起を通して議論を深めていくことが大切であろう。

　生活経済学では，経済全体がグローバル化している現状の中で，人々の生産と消費の営みを世界的な規模でみることが求められている。本章でふれたように，消費が不均衡に拡大していく中で貧困ライン以下の生活をしている10億人以上の人々や，持続可能な消費と生活経済の関係を考える上で必要な国際比較データについて，各自で検討してみよう。

(なお，本章の原稿締め切り時には，UNDP 1999年版は発表されていなかったため，1998年版を用いた。毎年新しいものが出ているので，参照されたい)

引用文献

外務省編集協力（1998）『世界の国一覧表』世界の動き社

ヘッドマン，ビルギッダ他／伊藤陽一・中野恭子・杉橋やよい・水野谷武志・芳賀寛訳（1998）『女性と男性の統計論——変革の道具としてのジェンダー統計』梓出版社

伊藤陽一（1999）「UNDP 人間貧困指数の検討——国際機関による指標の批判的検討の一環として」『経済統計学会第43回全国総会予稿集』

国際連合（1995）日本統計協会訳『世界の女性1995——その実態と統計』日本統計協会

労働問題リサーチセンター編（1995）『女性の地位指標』大蔵省印刷局

総理府（1997）『男女共同参画の現状と施策』大蔵省印刷局

ＵＮＤＰ（1998）*Human Development Report 1998*, Oxford University Press（国連開発計画（1998）『人間開発報告書　1998』国際協力出版会）

㈶横浜市女性協会訳『ＰＲＢ　世界の女性　1998データシート』同協会

読者のための参考図書

国際連合広報局，国際連合広報センター監訳（1997）『国際連合の基礎知識』世界の動き社

　　——国際連合の創設50周年記念総会に合わせて出版された改訂版。国連の成立，

目的,機構に始まりテーマ別の活動内容や関連機関などに解説されている。
UNDP (1998) Human Development Report 1998, Oxford University Press(国連開発計画(1998)『人間開発報告書 1998』国際協力出版会)
1990年から毎年発表されている。各年のテーマは次の通り。
1990年(人間開発の概念と測定) 1991年(人間開発の財政) 1992年(人間開発の地球的側面) 1993年(人びとの社会参加) 1994年(「人間の安全保障」の新しい側面) 1995年(「ジェンダー」と人間開発) 1996年(経済成長と人間開発) 1997年(貧困と人間開発) 1998年(消費パターンと人間開発) 1999年(グローバリゼーションと人間開発)

第10章 持続可能な消費・生活様式へ

1 持続可能な消費・生活様式とは何か

消費生活と環境問題

　今日，人類共通の課題となっている「地球環境問題」は，北側を中心とした先進国の過剰消費の問題と南側を中心とした途上国の人口問題であるといわれている。図10-1に示すように，世界の20％（北側先進国の住人の大多数と南側途上国の特権階級）の人々が80％の資源を消費しているということが，90年代に入ってから指摘されるようになった。私たち日本人はまぎれもなく北側先進国に属しているのであり，資源を大量に消費しながら物質的に豊かな社会で生活している。しかも紙や食料などの大半を輸入に頼っており，その一方でこれらを輸出している途上国では，輸出のための生産によって環境が悪化している例が多く見られるのである。

　このような地球環境問題を解決するため，新たな価値観の創造が求められている。たとえば，消費生活と環境問題を考える際に多くの示唆を与えてくれる環境倫理学では，その考え方は概ね次の3つに集約される（加藤　1990）とされている。第一に，人間だけでなく，生物の種，生態系，景観などにも生存の権利があるという「自然の生存権の問題」，第二に，現世代は，未来世代の生存可能性に対して責任があるという「世代間倫理の問題」，第三に，地球の生態系は開いた宇宙ではなくて閉じた世界であるという「地球全体主義」である。なかでも「世代間倫理」の考え方の提唱者であるシュレーダー・フレチェットは，「人格的発展の向上のために消費を制限すること」を提起している（シュレーダー－フレチェット／京都生命倫理研究会訳　1993）。彼女は，自ら進んで欲求を抑えることは，物質的事物の消費が与えるまやかしの幸福から人を解放すること，自ら進んで質素にするというライフスタイルによって，やみがたい消費から解放され，あわただしくない生活が送れ，自分の欲望が減るにつれて自由と喜びが増すことを発見する可能性がある，と指摘する。この意味するところは，「世代間の公平」と「世代内の公平」[1]を実現するための「消費」であり，今日の我々の消費行動にとって示唆に富むものであるといえよう。

　今日，我々に求められているのは「持続可能な消費」すなわち，地球の生態

図10-1 地球規模での所得と経済の不均衡

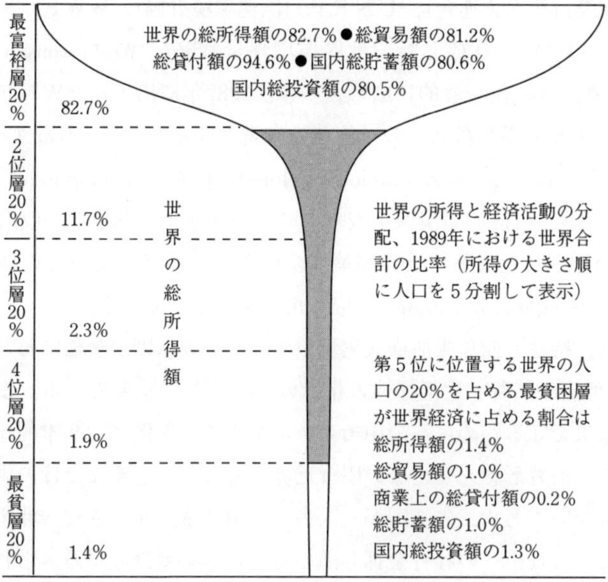

最富裕層20％　82.7％
世界の総所得額の82.7％●総貿易額の81.2％
総貸付額の94.6％●国内総貯蓄額の80.6％
国内総投資額の80.5％

2位層20％　11.7％

3位層20％　2.3％

世界の総所得額

世界の所得と経済活動の分配、1989年における世界合計の比率（所得の大きさ順に人口を5分割して表示）

4位層20％　1.9％

最貧層20％　1.4％

第5位に位置する世界の人口の20％を占める最貧困層が世界経済に占める割合は
総所得額の1.4％
総貿易額の1.0％
商業上の総貸付額の0.2％
総貯蓄額の1.0％
国内総投資額の1.3％

(出所)　アジェンダ フォー チェンジ日本語版共同編集グループ (1997, p. 14)。

系の保全を目的とし，将来の世代が基本的な欲求を満たす機会を現世代が奪うことなく（世代間の公平性），現世代の必要と願望を社会間及び社会内各層間に公平に満たす（同世代内の公平性）ような消費形態なのである。

持続可能な消費・生活様式に関する国際的動向

「持続可能な消費」(Sustainable Consumption) という言葉は，もともと「持続可能な開発」(Sustainable Development)[2] という言葉に対応して使用されたも

---

(1) **世代間の公平と世代内の公平**　「持続可能な開発」論議の中では，この2つの公平性 (equity) が問われることが多い。もともとは『地球の未来を守るために』をまとめたブルントラント委員会で審議された。一般に「世代内」とは，先進国と途上国などの「社会間」および「社会内各層間」のことを指し，「世代間」とは，将来の世代にむけたものである。

(2) **持続可能な開発**　"Sustainable Development" の日本語訳に関しては，「持続的開発」「持続的発展」「持続可能な開発」「持続可能な発展」「永続的発展」等，多岐にわたる。その論点は主として "development" の訳し方にあるが，本稿では，自立的・内発的な「発展」の意味も含めて「持続可能な開発」として使用する。

のである。その「持続可能な開発」を国際的公的文書の中で使用したのは，IUCN（国際自然保護連合），UNEP（国連環境計画），WWF（世界自然保護基金）が1980年に作成した『世界環境保全戦略』（World Conservation Strategy）であり，その後一般的に広めたのは，1987年に出されたWCED（環境と開発に関する世界委員会）の『地球の未来を守るために』（Our Common Future）である。しかし"Sustainable Development"の"development"は非常に曖昧であるため，『世界環境保全戦略』の西暦2000年に向けての改訂版として1991年に発行された『新・世界環境保全戦略——かけがえのない地球を大切に』では，"Sustainable Living"という用語を使用している。

　同書では，持続可能な生活様式実現のための行動原則が全編にわたり提示され，「持続可能な消費」生活様式の指針の一つとして重要である。また，先の『地球の未来を守るために』の中でも，エネルギーを例に，基本的な人間の欲求について，消費形態を変えない限り世界中の人々が必要なだけの供給を行うことはできないことや，先進国が一人当たり消費量を減少させ，非汚染型エネルギー源とその技術への移行を押し進めることの必要性等が述べられている。

　これらの問題提起に対し，1992年の国連環境開発会議（通称「地球サミット」）で採択された「アジェンダ21」では，その第4章「消費形態の変更」の中で，「持続可能な消費と生産」の必要性が明記された。さらにこの「持続可能な消費」という言葉を積極的に採用し，生産と消費における消費の役割を明確したのはNGOの側である。1993年には国際消費者機構（IOCU：1995年にCIに変更）が「持続可能な消費への転換」という政策文書を発表し，次代に生きるものにとっても，公正，安全な生活を保障する「持続可能な消費」を実現するために，価値観を変え，ライフスタイルを切り替えることによる，世界レベルでの消費の削減を決議している。また，地球の友・オランダは，「環境容量」という概念を提唱し，将来の世代が現在と同じ量を使用できる可能性

---

(3) **国連環境開発会議**　人類が地球環境問題に取り組むために1992年6月にリオデジャネイロで開催され，世界約180か国の人々が集まった国連始まって以来の画期的イベント。世界中からNGO（非政府組織）が一堂に会し，その後の国連会議の新しいスタイルとなった。また，地球規模の協力関係により，世界中のあらゆる人々にとっての良い環境と健全な経済を同時に実現するための行動計画「アジェンダ21」が採択された。この歴史的成文は700頁に及び持続可能な開発に関するあらゆる分野を網羅している。

を損なわずに，どの程度のエネルギー，水，その他資源の利用や消費活動，あるいは環境汚染が許されるのか，世界中の人々が公平に持ちうる一人当たりの利用の許容限度を算出している（地球の友・日本他　1994）。

消費形態の変更と価値観の変更

　第6章で記したように，「アジェンダ21」第4章の「消費形態の変更」では，「持続可能な消費を支持する価値観」の必要性が明記されている。また，UNDP（国連開発計画）の『人間開発報告書』1998年版は「消費パターンと人間開発」であり，そこでは次のように記されている。

　　今世紀に達成された歴史的進歩のひとつにこうした消費拡大がある。今日消費者は未曾有の豊かさを享受している。しかしながら，10億以上の人々が消費の急激な拡大から依然取り残されている。また，消費の増加そのものが，不平等や環境への負担や競って消費に走る風潮が及ぼす社会への悪影響など，消費拡大に伴う問題を生み出している。グローバリゼーション[5]によって，世界中の新興市場に新製品が流通し，新たな機会が創出されているが，同時に製品の安全と消費に関する情報の必要性も高まりつつある。

そして，持続可能な消費を可能にする具体的行動のためのアジェンダを以下のように7項目あげている。

　1．すべての人々の最低消費需要をみたすことをすべての国の明確な政策目標とすること。
　2．貧しい消費者と豊かな消費者の双方にとって，環境的に持続可能な技術と方法を開発し適用する。

---

　(4) **国際消費者機構**　オランダ，ベルギー，イギリス，アメリカ，オーストラリアの5カ国の消費者団体を中心に，1960年にオランダのハーグに創立された。当初は，商品テストの共同化や情報交換などを行っていたが，やがて国連食料農業機構（FAO），世界保健機構（WHO）などの国際機関において，消費者を代表して意見を述べるなど，幅広い活動をするようになった。途上国の問題をも積極的に取り上げており，多国籍粉ミルク企業の不適正な販売を規制する「国際乳幼児食ネットワーク」や「国際農薬行動ネットワーク」，「国際消費者監視行動網」（コンシューマー・インターポール）などがある。1995年にCI（Consumers International）に名称変更すると同時に，事務局もロンドンに移転した。

　(5) **グローバリゼーション**　第6章を見よ。

3．誤った補助金を廃止し，環境破壊をもたらす消費から人間開発を促進する消費へと誘う税制を再構築する。
4．消費者教育と情報，環境保護に関する政府の取り組みを強化する。
5．消費の世界的な影響を管理する国際的なメカニズムを強化する。
6．消費者の権利，環境保護，貧困撲滅，ジェンダー平等，子供の権利などの諸運動間のより強固な協力関係を構築する。
7．地球規模で考え，足もとから行動を起こせ。世界中の地域社会で芽生えている人々の率先力を基盤に，市民社会，民間部門，政府による行動の相乗効果を高める。

このように地球規模的視野で「消費」のあり方を変えることが重要な課題となっており，そのためには従来の価値観を変えなくてはならないのである。

2 生活を問い直す環境配慮型消費者行動

消費行動から生活を組み替える

環境問題への関心の高まりとともに，市民レベルで工夫する取り組みが多く見られるようになってきた。

たとえば1988年にイギリスで『ザ・グリーン・コンシューマー・ガイド』(The Green Consumer Guide)，1989年にはアメリカで『よりよき世界のための買い物』(Shopping for a Better World) というガイドブックが発行された。さらに「グリーン」を超えた『エシカル・コンシューマー』(The Ethical Consumer) というものもある。その後，日本でも1994年に『地球にやさしい買い物ガイド』が発行され，全国のスーパー・生協・コンビニエンスストア等を対象に，環境問題への取り組み等7つの項目に関して評価している。

環境に配慮して買い物をする人のことを「グリーン・コンシューマー」[6]と呼

---

(6) グリーン・コンシューマー 『ザ・グリーン・コンシューマー・ガイド』の著者であるイギリスのジュリア・ヘイルズによれば，グリーン・コンシューマーとは，「物を購買する場合に，まず環境の保全への影響や，健康に対する功罪を価値判断の基礎として，選択し行動する消費者である」と定義される。また，戸田(1995)によれば，グリーン・コンシューマリズムとは，「消費の量（一人当たりの消費量を減らす）と質（環境にやさしい製品を選ぶ）を変えていくことによって，環境にやさしいライフスタイルにしていこうというもの」である。

び、そのような消費者主導によって環境配慮型社会をつくりだそうとする考え方を「グリーンコンシューマリズム」と呼ぶが、このような動きは、「持続可能な消費」を実現するうえで、情報提供という側面のみならず、社会に対して価値観変更のインパクトを与えるという意味で重要である。

『地球にやさしい買い物ガイド』(グリーン・コンシューマー・ネットワーク 1994) では、グリーン・コンシューマーとしての10原則が以下のように示されている。

① 必要なものだけを買う。
② ごみは買わない。容器は再使用できるものを選ぶ。
③ 使い捨ての商品は避け、長く使えるものを選ぶ。
④ 使う段階で環境への影響が少ないものを選ぶ。
⑤ 作るときに環境を汚さず、作る人の健康をそこなわないものを選ぶ。
⑥ 自分や家族の健康や安全をそこなわないものを選ぶ。
⑦ 使ったあと、リサイクルできるものを選ぶ。
⑧ 再生品を選ぶ。
⑨ 生産・流通・使用・廃棄の各段階で資源やエネルギーを浪費しないものを選ぶ。
⑩ 環境対策に積極的なお店やメーカーを選ぶ。

本章では、以上のようなグリーン・コンシューマーとしての行動を、環境配慮型消費者行動と称して使用する。1990年に入ってから、各省庁や各自治体等から、「環境に配慮した30の行動」など、消費生活行動をチェックするための副読本が数多く出版されるようになっている (通産省 1996；鎌倉市 1997)。

環境家計簿

家計における消費支出と環境がどのように関わっているのかを検討してみると、消費支出の全てについて何らかの環境問題が関係していることがわかる (山田 1996)。たとえば食料費については、ごみと水の汚れが生じてくる。光熱・水道費からは大気汚染、水消費・水質汚濁が出てくる。家具・家事用品と被服・履き物の購入からはごみが出てくる。保健医療費は健康管理と関係している。交通通信費からは、自動車が粗大ゴミになり、運転による大気汚染、騒

音発生などの公害問題が起こる。教養娯楽費についても，そのための物品購入，外食，旅行などから，家庭ごみのみならず産業廃棄物などの環境問題が生じるのである。

消費生活の見直しあるいはライフスタイルの転換にむけて，上記の視点からアプローチしたものとして，環境家計簿がある。ここでは代表的なものとして，環境庁作成のものをあげるが，その他，各自治体や生活協同組合によって作成されたものなどもあり，その目的によって，様式も異なっている。

環境庁作成の環境家計簿（環境庁 1996）は図10-2のようなものになっている。地球温暖化問題を解決するため，その主要な原因とされている二酸化炭素（CO_2）の排出量を減らすこと，及び家計の節約にもむすびつけることを目的としている。そのため，生活行動をチェックするというものではなく，「電気」「ガス」「水道」「灯油」「アルミ缶」「スチール缶」などの各種エネルギーの消費量を記帳することによって，各家庭での二酸化炭素の排出量を計測する形になっている。また，家計と関連づけた工夫をして家計費のチェックもできるようになっており，さらに環境に配慮した行動に役立つ情報も多数盛り込まれているため，消費生活行動を改めるための参考となる。

環境配慮型消費者行動の課題

日常生活を環境配慮型にするためにはどのような行動を取ればよいかについて考えてみてほしい。ごみはなるべく出さないようにする，出す時には決められたとおり分別して出す，環境配慮型商品を購入する等々，さまざま方法が考えられるだろう。しかしこれらを実行するためには，新たな知識すなわちごみを出さないようにするための知識，分別収集に関する知識，環境配慮型商品に関する知識等々を必要とするのである。そしてその知識を習得するためには，そのための時間が必要となる。つまり，人間には24時間という誰もに平等に与えられた時間があるわけだが，私たちは地球環境問題への対応のために，新たな時間を割かなくてはならなくなったのである。環境配慮型消費者行動に関する危険性はこの点にある。つまり，地球環境問題への対応を家庭レベル，個人レベルの議論にのみ終始させてしまう危険性である。問題の根本はあくまでも社会システムにあることを忘れてはならない。

第10章 持続可能な消費・生活様式へ

図10-2 環境家計簿

4月 APRIL

今月のテーマ
環境にやさしい製品の購入に心がけましょう。

環境にやさしい製品の目印としてはエコマークがあります。エコマークがついている製品は環境保全に役立つことをあらわしています。
②再生紙など、リサイクルされた原料を使用している製品は、製造によって発生するCO₂の量が少ないばかりか資源の節約にもなります。
③食品の容器などは、リユース（ビールビンなど）やリサイクル（アルミ缶など）できるものを選ぶことが重要です。

4月の行動目標

行動目標	達成度採点				
	1週	2週	3週	4週	5週
①エコマークのついた製品を選ぶ					
②リサイクル原料を使用した製品を選ぶ					
③容器はリサイクルできるものを選ぶ					
④					

●4月から、入学、就職、転勤などで新生活を始める方も多いと思います。新しい生活のためにいろいろなものが必要になりますが、少しでも環境にやさしい製品の購入を心がけましょう。

4月のCO₂排出削減目標

	CO₂排出量	季節補正*	4月の基準排出量	目標
月の電気	kg ×	=	kg ⓐ	基準排出量の10%減
月のガス	kg ×	=	kg ⓑ	(ⓐ+ⓑ+ⓒ+ⓓ+ⓔ)×0.9
月の水道	kg ×	=	kg ⓒ	
月の灯油	kg ×	=	kg ⓓ	= kg以下
月のその他	kg × 1.0	=	kg ⓔ	

*季節補正…巻末38～40ページをご覧ください。

4月のCO₂排出結果

項目・単位	1週	2週	3週	4週	5週	合計	係数	CO₂排出量	金額
電気 kWh							× 0.12 =	kg	円
都市(LP)ガス m³							× 0.64(1.8) =	kg	円
水道 m³							× 0.16 =	kg	円
灯油 ℓ							× 0.69 =	kg	円
ガソリン ℓ							× 0.64 =	kg	円
アルミ缶 本							× 0.05 =	kg	
スチール缶 本							× 0.01 =	kg	
ペットボトル 本							× 0.02 =	kg	
ガラスビン 本							× 0.03 =	kg	
紙パック 本							× 0.04 =	kg	
食品トレー 枚							× 0.002 =	kg	
ごみ kg							× 0.24 =	kg	
合計								kg	円

（出所）環境庁地球環境部（1996）。

また，何が環境に良いのかという科学的知見には，常に時代の制約とともに論議の錯綜がある。たとえば，紙おむつと布おむつを比べて（図10-3），どちらが環境配慮型かを決定するのは，一般消費者にとっては困難なことである。しかも，合成洗剤と石鹸の問題のように，論者によって意見が異なる場合もある。科学的解明の努力と，正確な情報提供・情報開示は，環境配慮型消費者行動を進めていくうえでの課題であるといえよう。

環境配慮型消費者行動（環境・消費）とジェンダー
　ところで，環境配慮型消費者行動の実行状況に関して，各種調査が実施されているが，おもしろいことに，男性よりも女性の方が実行率が高いという結果がよくみられる。
　たとえば，ショッピングバッグを使用するように心がけたり，エコマーク[7]の付いた商品を購入したりすることなどの多くは，個人的消費すなわち家事労働と関連した行動であるからである。生産の男性性に対する消費の女性性はここに起因するといえよう。
　このことは実は，よりグローバルな問題につながっていく。たとえば日本は森林資源が豊かであるにも関わらず，他国の森林資源を利用しているが，私たちが日常的に大量に紙を使用することは，その一方で，森林資源を日本向けに輸出している国々では，豊かな生態系と調和してきた伝統文化が破壊されていくことを意味するのである。つまり，先進国の消費のあり方は途上国における開発の問題とつながっている。そして主として途上国における環境破壊は，女性や子どもなどに，より多くの悪影響を及ぼし，それゆえ女性たちが環境に関して敏感になるといえるのである。従って，ジェンダーと開発（GAD）の関わりと同時に，さらに環境との関わり（GED）[8]が認識されなければならない。

---

(7) **エコマーク**　1989年に環境庁の指導で，(財)日本環境協会がエコマーク事業を開始した。エコマーク認定の基本的要件は，第一に，商品の製造，使用，廃棄等による環境への負荷が，他の同様の商品と比較して相対的に少ないこと，第二に，その商品を利用することにより，他の原因から生ずる環境への負荷を低減することができるなど，環境保全に寄与する効果が大きいこと，とされている。1999年3月末現在で70商品類型，2899商品が指定されている。実際には，対象商品類型の拡大，基準の設定の問題等，改善すべき課題もあるが，消費者としては，商品購入の際の表示として重視したい。

第10章 持続可能な消費・生活様式へ

図10-3 布おむつと紙おむつのどちらが環境配慮型か
（1日平均10回で2年間おむつを取り替えるとした場合）

原材料コスト

布おむつ	紙おむつ
1枚200円×40枚=8,000円 おむつカバー 2,000円×15枚=30,000円 おむつライナー 5円×7,300回=36,500円 洗剤　7,300円 水代 150ℓ/回×7,300枚 　×1回/20枚=55 m³ 140円/m³×55 m³=7,700円 合　計　89,000円	40円/1枚×7,300枚 =292,000円

● 紙おむつの方が3.3倍コスト高。

環境負荷：BODで比較

布おむつ	紙おむつ
生活排水の平均BODは200ppm BOD負荷 55 m³×200mg/ℓ=11kg	紙おむつの大人用、子供用 荷重平均すると、製品1枚59 gである。紙おむつの成分 は紙66%、プラスチック34%で あるから、紙は38.9 g、プ ラスチックは20.1 gとなる。 38.9 g×7,300枚=284kg 284kg×0.35ℓ/g× 500mg/ℓ=49.7kg

● 紙おむつの方がBOD負荷だけで約4.5倍大きい。プラスチックも147kgごみとして発生する。
● ケース10のティッシュの計算に同じ。

処理コスト

布おむつ	紙おむつ
下水道料 70円/m³×55 m³=3,850円	ごみ処理費 168 g/1枚×7,300枚 =1.23 t 1.23÷0.3=4.1 m³ 4.1×10,500円/m³ =43,000円

● 紙おむつが11倍コスト高。
● 家庭ごみ中の紙おむつの実測値の平均値である。

結論　布おむつの方が紙おむつより環境にやさしい。

（出所）高月紘（1997, p. 19）。

例としてインドのチプコ運動を紹介したい。チプコとは，抱きつくという意味で，1972年インドの少数民族の女性達が，自分たちの生活資料源である森林の伐採に反対するため，体を鎖で木にしばりつけ抱きついて抵抗した運動である。男性たちは日頃，生活資料の採集に関与していないために，森林伐採による環境破壊が自分たちの生活をおびやかすことへの認識がうすく，森林の売却による収入を手に入れようとしたのである。

「アジェンダ21」第24章は「持続可能かつ公平な開発に向けた女性のための地球規模の行動」であった。この章は，「主たるグループの役割の強化」の中で筆頭にあげられていることから推察されるように，環境問題解決に向けて女性の果たす役割が期待されているのである。また，1995年に北京で開催された第4回世界女性会議での「行動綱領」でも，優先項目として「女性と環境」があげられていた。しかし，環境に対する女性の役割を強調することは，逆に女性のみにその役割を担わせることになる危険性も，十分に考慮しなくてはなるまい。国連レベルで提起されている環境に対する女性の役割の強調の背景には，実は環境とジェンダーの問題があるのであり，このことは消費生活におけるジェンダーの問題と通底しているのである。

3 持続可能な社会にむけて——持続可能な未来のための教育

国際的に制度化された環境教育

「持続可能な消費」を実現するにあたり，消費者教育の果たす役割は大きいと思われるが，特に今後は環境教育と関連づけた消費者教育が重要になるであろう。すでに後述の文部省『環境教育指導資料』においても，「環境教育は，消費者教育の視点も併せ持つものである」と明記されている。

---

(8) GADとGED　GADとは Gender and Development，GEDとは Gender, Environment and Development の略である。地球サミットが「国連環境開発会議」であるように，環境と開発は密接に関連しているが，GADあるいは WID (Women in Development) の議論は，「環境と開発」議論とは別次元で展開されてきた。それが1985年のナイロビ会議や1992年の地球サミットを機にようやく両者が結びつき，GEDあるいはWED (Women, Environment and Development) が登場し，さらに第4回世界女性会議へと受け継がれた。一連の流れの中で，チプコ運動を国際舞台で紹介したインドのヴァンダナ・シヴァは重要な役割を果たしている。

環境教育は，1972年の国連人間環境会議（通称ストックホルム会議）で採択された「人間環境宣言」において，「〔教育〕19．環境問題についての若い世代と成人に対する教育は……恵まれない人々に十分に配慮して行うものとし……個人，企業及び地域社会が環境を保護向上するよう，その考え方を啓発し，責任ある行動をとるための基盤を拡げるのに必須のものである。」と位置づけられたところから始まったといえる。その後1975年に，UNESCOがUNEPと共同でIEEP（国際環境教育計画）をスタートさせ，1975年の国際環境教育ワークショップ（通称ベオグラード会議），1977年の環境教育政府間会議（通称トビリシ会議）の開催など，国際会議の舞台を通じて，環境教育の枠組み作りや国際的な合意形成を図った。その成果は「ベオグラード憲章」「トビリシ勧告」として公表されている。

　日本では，1970年の「アメリカ環境教育法」，1975年の「ベオグラード憲章」が紹介されたことなどによって，1970年代中頃から環境教育の取り組みが活発化した。その後，文部省から1991年に中高等学校編，1992年に小学校編，1995年に事例編の3冊の「環境教育指導資料」が発行され，第15期中央教育審議会第1次答申では環境問題への対応が取り上げられ，2002年以降の新教育課程の学習指導要領へとつながっている。1993年の「環境基本法」及び1994年の「環境基本計画」においても，環境教育が明文化されている。

---

(9) **人間環境宣言**　1972年にストックホルムで開催された国連人間環境会議において採択された宣言。7項目の前文と26項目にわたる原則でなりたっており，宇宙船地球号の視点を前提として，先進国に対しては経済成長から環境保護へ，途上国に対しては，開発の推進と援助の増強をうたっている。この宣言を受けて，109項目にわたる具体的な行動計画（勧告）が採択されたが，その第96項が環境教育を扱っている。日本においては，この国連人間環境会議を契機に，公害教育や自然保護教育にとどまらない広い視点からの環境教育が定着することとなったと理解されている。

(10) **ベオグラード憲章**　1972年の国連人間環境会議では，「環境教育の目的は，自己を取り巻く環境を自己のできる範囲内で管理し，規制する行動を，一歩ずつ確実にすることのできる人間を育成することである」という理念が打ち出された。この理念を踏まえて，1975年にベオグラードで開催された国際環境教育会議では，環境教育のねらいを明確にしたベオグラード憲章が採択された。この憲章では，個人及び社会集団が具体的に身に付け，実際に行動を起こすために必要な環境教育の目標として，「関心」「知識」「態度」「技能」「評価能力」「参加」の6項目が示された。

(11) **トビリシ勧告**　1977年ソ連邦グルジア共和国のトビリシで開催された「環境教育政府間会議」の勧告である。この勧告では，環境教育の目的が「認識」「知識」「態度」「技能」「関与」の5つのカテゴリーで示されたが，これらは現在でも世界の環境教育の目的の中心となっている。

このように環境教育は，国際的に制度化された教育であるといえる。

新しい流れ──持続可能な社会のための教育への転換

「ベオグラード憲章」や「トビリシ勧告」に示された環境教育の目的・目標は，今日においても国際的な合意事項として踏襲されているが，1980年代に入って登場した「持続可能な開発（Sustainable Development）」という概念を受けて，環境教育の新たな方向付けが行われつつある。

1975年に創設されたUNESCOの環境教育セクションは，1994年に「環境・人口教育セクション」に改められた。これに象徴されるように，今日の環境教育は，環境破壊，資源保全，自然に関する教育だけでなく，人間の生活の質の向上のための教育へと変化している。

1997年12月にUNESCOはギリシャ政府と共同で，ギリシャのテサロニキ市において「環境と社会：持続可能性に向けた教育とパブリック・アウェアネス」と題する国際会議を開催した。この会議で採択された「テサロニキ宣言」では，次のように記されている。

> 11. 環境教育は今日までトビリシ環境教育政府間会議の勧告の枠内で発展し，進化して，アジェンダ21や他の主要な国連会議で議論されるようなグローバルな問題を幅広く取り上げてきており，持続可能性のための教育として扱われてきた。このことから，環境教育を「環境と持続可能性のための教育」と表現してもかまわないといえる。

このように，今日の環境教育は「持続可能な社会のための教育」といってよく，したがって，消費者教育，グローバル教育，開発教育，異文化理解教育，多文化教育等，現代的課題ともいうべきものに対応したさまざまな名称の教育を内包したものといえよう。

学校教育における可能性──家庭科と総合的学習

2002年以降開始される新教育課程では，小学校3年生から総合的学習[12]が導入される。その総合的学習の内容の具体例として，「国際」「情報」「健康・福祉」とともに「環境」もあげられている。しかし総合的学習の内容に関しては，各学校の裁量にまかされるため，総合的学習の時間で必ずしも環境教育が実施さ

れるとは限らない。また，特に「持続可能な消費」のためには，環境教育と関連づけた消費者教育が重要である。従って学校教育においては，家庭科での展開が期待される。

各教科の内容をみてみれば，家庭科において，小・中学校ともに「環境に配慮した工夫」あるいは「消費生活」が明記され，高等学校でも「内容」の一つに「消費生活と環境」が明確に位置づけられた。従って，「持続可能な消費」のための教育が，学校教育の中に位置づけられたと理解してよかろう。

家庭科は本来，総合的性格を有しているため，総合的学習ともリンクさせやすい。たとえば現行の「食物」領域で扱われている「賞味期限と製造年月日」を例にみれば，これは廃棄物という「環境」の問題，表示という「情報」の問題，世界レベルでの賞味期限一本化の要請という「国際理解」の問題，食品添加物という「健康」の問題にまで発展する。この点では，すでに神戸大学発達科学部附属住吉小学校における「総合学習」の優れた実践がみられる（野上 1994）が，さらにつけ加えるならば，「表示」の文字の大きさの問題を扱うことによって，「食と高齢者福祉」，家族の中で「食」の買い物・調理に携わる担い手の問題を扱うことによって，「食とジェンダー（人権問題）」などへと，さらに発展させることができる。

ただし現行の家庭科では，ともすれば「生活技術」の習得，換言すればハウツウ的なレベルに終始しがちになる危険性も否定できない。また，たとえこの危険性を認識し，優れた授業が行われたとしても，当然一教科では限界がある。他教科あるいは総合的学習などと関連づけ，教科の枠を超え，さらには学校という枠を超えて，地域と連携した実践が行われてはじめて，「持続可能な消費」のための教育は効果的なものとなるのである。

非営利（市民）セクターの可能性

これまで述べてきたように，各個人が環境に配慮した消費生活を送ることは

---

(12) **総合的学習** すでに小学校1・2学年では，従来の理科および社会を廃止して，新たに「生活科」が導入されているが，2002年以降開始される新教育課程においては，第3学年以降は，各教科の授業時数を削ることによって，「総合的な学習の時間」が導入される。その標準授業時数は，第3・4学年が105時間，第5・6学年が110時間となっており，小学校にある9教科のうち，国語と算数以外の7教科の各時数よりも多い。

重要である。しかし，そのための責任を個人の行動のみに転化させてしまう危険性は考慮しておく必要があるだろう。政策あるいは生産の場をいかに改善していくかについて考えていかなければ，結局は市民が尻拭いをする役目を担うだけであり，社会そのものは変わらない。そこで重要なのが，NGO／NPOなどの非営利（市民）セクターの役割である。[13]

　なぜならば，政府（公的セクター）や企業（私的セクター）を変えるには，一消費者の力のみでは不可能であり，市民として連帯することによって，一定の影響力を及ぼすことが必要なのであり，そのような「場」としての機能を非営利（市民）セクターは担うからである。

　またそこには，学校型教育を超えた教育機能がある。この点に関して少し説明しよう（図10-4）。消費者は従来「家族・世帯」の一員として，「公的セクター」「私的セクター」との経済的関わりをもってきた。消費者問題に限定すれば，「私的セクター」が加害者的立場にたった時に，「公的セクター」は「私的セクター」に対して規制を加え，消費者を保護する役割を担った。しかし，「家族機能の縮小」「政府の失敗」「市場の失敗」等によって，3つのセクターそれぞれに担いきれない部分が生じ，この部分を担うべく成長したのが「非営利（市民）セクター」であり，民主主義的な「公共領域」（public sphere）を形成しているといってよい。

　従来，保護される客体であった消費者が，非営利セクターの担い手となった時には，地域の中で主体的働きをすることが可能となる。たとえば生産者との対話を通じ，あるいはワーカーズ・コレクティブなどへの参加により自ら生産者になることによって，生産の現状を知り，それによって自らの消費のあり方を問い直すと同時に，「私的セクター」「公的セクター」の改善点がより鮮明に見えてくる。また，その中では「対話する能力」も磨かれる。こうして「市民・生活者としての消費者＝生活環境を醸成し新たな生活環境を形成する消費

---

　(13) **非営利（市民）セクター**　国民経済を3つのセクターに区分する場合，国家と地方自治体を担い手とする「公的セクター」，営利企業を担い手とする「私的セクター」，非営利企業を担い手とする「第三セクター」に区分するのが国際的に一般化している見解であるが，日本でいう「第三セクター」とは，「公的セクター」と「私的セクター」の混合形態，すなわち官民共同出資による経済事業を指す。従って本稿では，営利目的にはなく社会的目的を実現するための開放的，自律的，民主的な組織の総称としてこの用語を使用する。

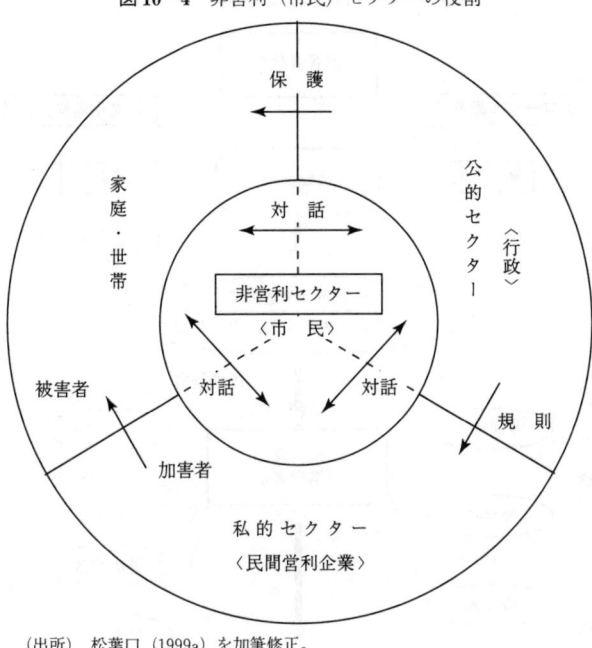

図10-4 非営利（市民）セクターの役割

```
                    保　護
                      ↑
        ┌─────────────────────────┐
     家庭        対　話         公的
     ・      ←―――――→       セクター
     世帯    ┌─────────┐       〈行政〉
             │非営利セクター│
             └─────────┘
              〈市　民〉
             ↙ 対話  対話 ↘
    被害者                        規　則
       ↘                       ↙
              加害者
        └─────────────────────────┘
              私的セクター
             〈民間営利企業〉
```

（出所）　松葉口（1999a）を加筆修正。

者」が形成されるのである。

新たな価値観／生活様式の創造

　さて，持続可能な社会のためには，私たちは禁欲生活を送らなくてはならないのだろうか。もしそうであるならば，そのような社会は仮に成立したとしても長続きはしないだろう。

　本章で述べてきたことを図に表せば，図10-5のようになろう。我々人間はすべて消費なくしては生活できず，その消費はすべて環境に何らかの形でつながっている。従って，従来の価値観を変え，生活様式（ライフスタイル）を変えることによって，新たな生活様式を形成するしかない。

　国連開発計画（1998）『人間開発報告書――消費パターンと人間開発』では，次のように記されている。

　　消費が他人の幸福に悪影響を及ぼさずに人々の能力を高め，その生活を豊

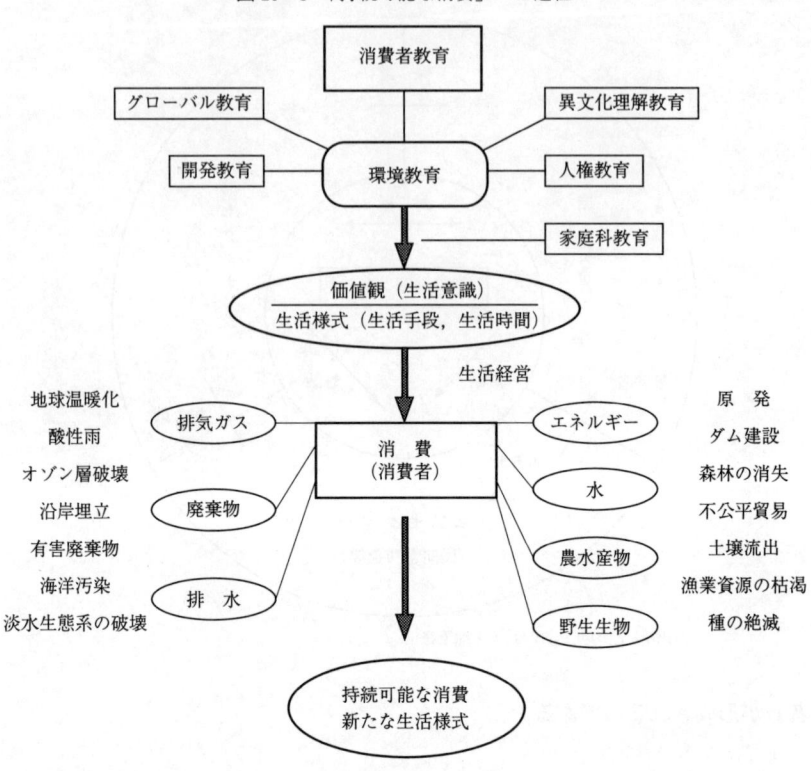

図10-5 「持続可能な消費」への過程

```
                    ┌─────────┐
                    │消費者教育│
                    └─────────┘
   ┌──────────┐         │         ┌──────────────┐
   │グローバル教育│        │        │異文化理解教育│
   └──────────┘         │         └──────────────┘
      ┌────────┐    ┌────────┐    ┌────────┐
      │開発教育│    │環境教育│    │人権教育│
      └────────┘    └────────┘    └────────┘
                        │         ┌────────────┐
                        │         │家庭科教育  │
                        ▼         └────────────┘
            ┌───────────────────────────┐
            │価値観（生活意識）          │
            │生活様式（生活手段，生活時間）│
            └───────────────────────────┘
                    │ 生活経営
                    ▼
  地球温暖化                              原　発
  酸性雨     排気ガス   消　費   エネルギー  ダム建設
  オゾン層破壊         （消費者）  水       森林の消失
  沿岸埋立   廃棄物              農水産物   不公平貿易
  有害廃棄物                               土壌流出
  海洋汚染   排　水              野生生物   漁業資源の枯渇
  淡水生態系の破壊                         種の絶滅
                    │
                    ▼
            ┌───────────────┐
            │持続可能な消費  │
            │新たな生活様式  │
            └───────────────┘
```

(出所) 松葉口 (1999b)。

かにする場合，消費は人間開発に明らかに寄与する。消費が現世代に対するのと同様に将来の世代に対しても公正なものである場合，さらに消費が個人や共同体に活発さと創造性をもたらす場合，それは人間開発に明らかに寄与する。

すなわち，消費が真に我々の生活の豊かさを実感させるようなものであるならば，それは人間発達につながるものなのである。従って，消費そのものを否定する必要はない。積極的にシューマッハのいう「小さいことは美しい」(small is beautifull) あるいはフロムの「ある存在」(to be) という新たな価値観を形成すること，すなわち物質的には質素でも精神的には豊かで満足できる社会のあり方を考え，同時にそのような価値観を形成する努力が，地球上の人類

すべての課題になるといっても過言ではないだろう。そういう意味では，「生活の質」(quality of living) と「(物質的) 生活水準」(standard of living) は必ずしも一致するものではなく，この観点はひいては「生活経済」のパラダイム転換をも導くものであるともいえよう。

引用文献

アジェンダ フォー チェンジ日本語版共同編集グループ (1997)『アジェンダ フォー チェンジ〈日本語版〉』ほんの木

グリーン・コンシューマー・ネットワーク (1994)『地球にやさしい買い物ガイド』講談社

鎌倉市 (1997)『環境保全行動指針』鎌倉市

環境庁地球環境部 (1996)『WEEKLY 環境家計簿』環境庁地球環境部

加藤尚武 (1991)『環境倫理学のすすめ』丸善ライブラリー

国連開発計画 (1998)『人間開発報告書—消費パターンと人間開発』国際協力出版会

高月紘 (1997)「環境クイズ」『廃棄物学会誌　市民編集創刊号』廃棄物学会

松葉口玲子 (1999a)「『持続可能な消費』のための消費者教育に関する一考察」『消費者教育』第19巻，日本消費者教育学会

松葉口玲子 (1999b)「家庭科における環境教育・消費者教育の授業実践」『家庭科教育』第73巻11号，家政教育社

野上智行 (1994)『環境教育と学校カリキュラム』東洋館出版社

シュレーダー‐フレチェット，K. S.／京都生命倫理研究会訳 (1993)『環境の倫理 (上)』晃洋書房

地球の友・日本，「環境・持続社会」研究センター (1994)『ともに生きる地球』日本消費者連盟

戸田清 (1995)「日常生活と環境思想」小原秀雄監修『環境思想の系譜3 環境思想の多様な展開』

通産省産業政策局編 (1996)『リサイクル実践講座』大蔵省印刷局

山田国広 (1996)『1億人の環境家計簿』藤原書店

読者のための参考図書

ブライドッチ，ロッシ・チャルキエヴィッチ，エヴァ・ホイスラー，ザビーネ・ワイヤリンガ，サスキア／壽福眞美監訳 (1999)『グローバル・フェミニズム』青木書店

——女性，環境，持続可能な開発をめぐる論議に関する最先端レポートであり，女性運動，環境保護運動，開発運動の思想的結びつきを探究している。
ダイアモンド，アイリーン・オレンスタイン，グロリア・フェマン編／奥田暁子・近藤和子訳（1994）『世界を織りなおす』學藝書林
——エコロジーとフェミニズムとの関係を論じた論文・エッセーの集大成ともいえる書。
ダーニング，アラン／山藤泰訳（1996）『どれだけ消費すれば満足なのか』ダイヤモンド社
——貧困でも過剰でもない，充足のライフスタイルを可能にするため，消費生活のレベルを引き下げることを提言している。
アースデイ日本編（1994）『ゆがむ世界ゆらぐ地球』学陽書房
——環境を守りながら，人間らしく生きていくには何が必要なのか，食べ物，住まい，人権の擁護などの視点からわかりやすく解説されている。
エキンズ，ポール編著／石見尚・中村尚司・丸山茂樹・森田邦彦訳（1987）『生命系の経済学』御茶の水書房
古沢広祐（1995）『地球文明ビジョン』日本放送協会
——生活の質を優先する新しい社会・経済システムやライフスタイル・価値観を，世界各地での様々な試みを紹介しながら展望している。
グレイグ，スー・パイク，グラハム・セルビー，デイビッド著／阿部治監修／（財）世界自然保護基金日本委員会訳（1998）『環境教育入門』明石書店
——環境教育を持続可能な社会のための教育と捉えた場合の，理論と実践の両面をわかりやすく示している。
ヘンダーソン，ヘイゼル／尾形敬次訳（1999）『地球市民の条件』新評論
——『生命系の経済学』（ポール・エキンズ編著／石見尚・中村尚司・丸山茂樹・森田邦彦訳（1987）御茶の水書房）で，新たな生活経済論を展開したヘンダーソンの最近著。
加藤尚武編（1998）『環境と倫理』有斐閣アルマ
——自然と人間との関係を問い直す「環境論理学」の内容を，最新の議論と事例で解説している。特に第8章と第10章が，本章との関係が深い。
鬼頭秀一（1996）『自然保護を見直す』ちくま新書
——欧米の環境倫理思想の系譜を鳥瞰しつつ，非西欧を射程に入れた新たな枠組みを提示する書。随所に生活・フェミニズムへの目配りがされている。
松葉口玲子（2000）『持続可能な社会のための消費者教育—環境・消費・ジェンダー』近代文芸社

――環境・消費・ジェンダーをグローバルに関連づけ，市民参加の場として非営利セクターの役割も射程に入れて，地球規模での社会的公正を実現する消費者教育の視座を示している。

あとがき

　本書は，編者をのぞけば，すべて若手の研究者によって書かれている。1990年代の終わりまでに出された多くの生活経済論のなかに，あえてこの一書を投じるのは，持続可能な生活様式視点とジェンダー統計的視点の両方を入れた生活経済の本をテキストとして使ってみたいと考えたからである。編者は，これまで関連図書としては，宮崎礼子氏との共編『家庭管理論』（有斐閣，1978年；〔新版〕1989年），『家庭経済学』（有斐閣，1990年），共著『消費生活経済学』（光生館，1992年），小谷正守氏との編著『消費経済と生活環境』（ミネルヴァ書房，1999年）を出してきた。

　これらの経験から，21世紀にも連なっていく視点を結びつけ，あらたなテキストを，若手のみなさんの力をかりて書くことを思い立った。編者は，これまで，北星学園女子短期大学や東京都立立川短期大学（現都立短大），昭和女子大学と3つの大学を教育と研究の場としたが，昭和女子大学でのこの10年あまりは，特に大学院生活機構研究科の博士課程で博士論文のテーマをもった気鋭の院生のみなさんから大いなる刺激を受けた。今は，それぞれ職を得て活躍中の元院生のみなさんに，章を分担していただいている。また，宮崎礼子先生の直接のお弟子さんで，本当に若いときから共同研究で苦楽をともにした天野晴子さんにも加わっていただいた。

　編者は，この10年，社会政策学会や（社）日本家政学会などの学界のつきあいでも多忙をきわめていた。このような時，博士課程の院生が常に側にいたということはかえってありがたいことであった。

　第1章は，「生活経済論のパラダイム」として編者が，1990年代の類似書の動向を紹介しながら，本書の独自性を明らかにしようとしたものである。第2章「家族とジェンダー」は従来は生活経済の単位に世帯を置いていたが多様化し，個人化している家族を念頭に置き，家庭科教育とジェンダー問題と取り組んでいる堀内かおるさんに書いていただいた。第3章「消費と人間そしてジェ

ンダー」は，編者が，1997年ソウル大学消費者学部で行った招待講演をもとにアレンジしたものである。第4章「変わる企業社会　日本の労働と収入」と，第5章「家計消費統計のジェンダー分析」は，サラリーマンの収入の源泉を個人（単身男女の勤め先収入）と世帯（夫妻の寄与率，共働き）の両視点でジェンダー視点を入れた分析を，組織文化論が得意な斎藤悦子さんが担当した。第6章「生活手段とサービスの体系の変遷」は，松葉口玲子さんが，編者の『家庭経済学』(1990年) の手法を敷衍して，データを新しくする役割を引き受けてくださった。第7章「生活経済とアンペイドワーク」と，第8章「生活時間とアンペイドワークの評価」は，(社) 日本家政学会の生活経営学 (旧家庭経営学) 部会で1997年にそれぞれ報告した内容をもとに，編者と大竹美登利さんが書いている。多少の重複が避けられなかった点お許しいただきたい。第9章「国際的にみた貧困と消費」は，編者の旧共著『消費生活経済学』にあった生活条件の国際比較を，UNDPの資料で天野晴子さんが新しいものにしてくださった。第10章「持続可能な消費・生活様式へ」は松葉口玲子さんのもっとも得意とする分野である。環境配慮型の消費者行動も組み込んだ，持続可能な消費様式をめざすジェンダー視点からの生活経済論を，みなさんといっしょに勉強したい。

　ミネルヴァ書房の北坂恭子さんには大変お世話になりました。お礼を申し上げます。

　2000年4月

　　　　　　　　　　　　　　　　　　　　　　　　　　　　伊藤　セツ

さくいん

ページ数太字は脚注。

あ

RC-G法　136
IEEP（国際環境教育計画）　201
IFHE　136
アジェンダ21　200
アメニティ　11
アンペイドワーク　16, **126**, 145
ESCAP統計部　139
育児・介護休業法　**28**
育児期ストレス　37
INSTRAW　**129**
インフォーマルセクター　127
WID　**50**
ウエイト　113
エコマーク　**200**
エコロジー　9
エシカル・コンシューマー　194
SNA活動　146
NGO／NPO　204
FAO　53
エンゲル係数　**116**
援助交際　31

か

階級・階層　**46**
外部不経済　116
核家族　38
　——世帯　24
学習指導要領　121
拡大家族　38
家計調査　**107**
家事・育児労働　145

家事の値段　160
過小評価される労働　153
家事労働　32, 51
家政学部　2
家政婦アプローチ　**133**
家政婦賃金換算　157
家族　22
家族の個人化　41
価値観　190, 205
カップル　22, 35
家庭　23
家庭科　203
家庭科教育　118, 121
「家庭責任を持つ男女労働者の機会及び待遇の均等」（ILO 156号条約）　162
GAD　**50**
GADとGED　**200**
家父長制家族　35, 38
貨幣的評価　156
カルチュラル・スタディーズ　**53**
環境家計簿　195
環境教育　200, 202
環境経済学　**13**
環境配慮型消費者行動　194, 198
環境容量　192
環境倫理学　190
機会費用法（OC法）　136
企業　62
企業社会　62
規制緩和　**17**
帰属意識　74
基礎的・選択的支出項目区分　**112**

金銭評価　156
グリーン・コンシューマー　**194**, 195
計画経済　**17**
経済活動のグローバル化　113
経済のサービス化　**3**
公共料金品目　117
合計特殊出生率　24
厚生経済学　**7**
公的セクター　204
高等教育進学率　29
行動綱領　144, 200
高度経済成長期　110
効率化　76
小売物価統計調査　**107**
国際家族年　**22**
国際高齢者年　38, **40**
国際消費者機構　**193**
国民経済計画　**127**
国民経済計算体系（SNA）　129, 144, **145**
国民年金制度　35
国連環境開発会議　106, **192**
個人的消費　47, 48,
子どもに対する虐待　37
子どもの権利条約　**28**
雇用形態　63
雇用の多様化　64, 66, 67
雇用の流動化　64, 66
今和次郎　**8**

さ
サービス　117
サービス残業　**76**
財　117
サテライト勘定　**130**
サブシステンス労働　130
ジェンダー　16, 17, **23**, 32, 35, 176, 180, 185
　──・エンパワーメント測定（GEM）
　　180, 184
　──・センシティブ　24, 40

──・バイアス　32, 128
──・フリー　26
──開発指数　180
──規範　40
──秩序　23, 32
──統計　**16**, 84, 86, 185
──分析　84, 85, 86, 87
──問題　85
自家消費用の生産活動　148
時間　196
時間消費型消費　**112**
自己啓発　74
自己決定　28
自己決定権　16, 30
自己責任　32, 38
市場価値アプローチ　**133**
市場経済　**17**
市場生産活動　**150**
市場生産労働　146
指数採用品目　**107**
持続可能な開発　**191**, 192
持続可能な消費　17, 46, 106, 190, 191, 203
持続可能な生計の維持　145
持続的発展　**11**
実支出　90
実収入　89
私的セクター　204
社会化　148
社会政策学会　5
社会的活動　136, 145
社会的共同生活手段　**116**
社会的費用　116
社会保険料の支出　90
社会保障給付　90
奢侈化　111
終身雇用と年功賃金制度　**63**
生涯未婚率　24
昇給カーブ　71
少子高齢化　24

少子高齢社会　24
消費　47
　――形態の変更　106, 119
　――支出　90
　――生活アドバイザー　51
　――とジェンダー　53
　――と女性　49
　――能力　112
　――の国際化　111
　――の女性性　50
　――労働　51
消費者　47
　――者教育　118, 121, 203
　――者物価指数　107
食生活家事労働　51, 92
食とジェンダー　54
女性と共同組合　51
自律性　74
新教育課程　121
シングル　25
　――単位社会　35
人事考課　67
新自由主義　17
人的資本　148
スペシャリスト・アプローチ　133
税　90
生活科学　4
生活科学部　2
生活環境学部　2
生活経営学部会　16
生活経済学　6
生活経済論　3
生活手段　106, 107
生活水準　207
生活の質　16, 207
生活の社会化　80
生活の単位　9
生活福祉重視型　11
生活様式　106, 107, 121, 190, 191, 205

性差別　67
生産　5
生産的消費　47, 48, 52
生態系　48
性的自己決定　31
性と生殖に関する権利（リプロダクティブ・
　　ヘルス・ライツ）　30
性別による収入　154
性別役割分業　26, 32
生命系の経済　13
生命系の経済学　10
世界環境保全戦略　192
世界銀行　166
世界システム　127
世界社会開発サミット　166
世帯　24, 85
世帯サテライト活動　150
世帯サテライト勘定　148
世帯主　24
世代間の公平と世代内の公平　191
セーフティネット　80
選択的夫婦別姓　35
全労働時間　151
総合的学習　203
相対化の時代　15

た――――――――――――――――
第1次産業　58
第3次産業　58
第2次産業　58
代替費用換算　157
代替費用ジェネラリストアプローチ法（RC-
　　S法）　136, 157
第4回世界女性会議　56, 100, 178, 200
脱青年期　28
WHO　53
WFDプログラム　136
男女共同参画社会基本法　40
男女共同参画社会　40

男女雇用機会均等法 **28**
単身世帯 **88**
単独世帯 24
地球温暖化 196
地球の友・オランダ 192
地球の未来を守るために 192
チプコ運動 200
中分類（消費者物価指数） 113, 114
長時間労働の解消 161
貯蓄 93
賃金格差 79, 155
賃金体系 63
勤め先収入 89
テサロニキ宣言 202
同一価値労働同一賃金 **79**
投入ベース **133**
特殊分類（消費者物価指数） 113, 117
トビリシ勧告 201

な

NIEs **17**
NIS 諸国 166
二種類の消費 47
日米構造協議 113
日本学術会議 **6**
日本的経営 62
日本的男女役割分業 162
人間開発 46, 176
人間開発指数（HDI） 176
人間開発報告書 **176**, 193
人間環境宣言 **201**
人間発達 46, 185
人間貧困指数 178, 180, 184
能力開発 **74**, 75
能力主義管理 64
能力主義的賃金 64

は

パートタイマー **67**

パートナー 22
剥奪 **179**
パラダイム転換 **2**
HEIB **51**
非ＳＮＡ活動 134, 146, 148
非営利（市民）セクター **204**
非サテライト勘定 146, 148
非市場生産活動 150
非市場生産労働 146
非消費支出 90
ヒューマンエコロジー **10**
貧困 100, 166, 176, 178, 185
貧困の女性化 100, 178, 185
ファミリー・アイデンティティ **22**
夫婦間暴力 37
夫婦共働き世帯 95
夫婦別姓 35
フォーマルセクター 127
負債 93
文化経済学 13
文化研究 53
平均初婚年齢 24
ベオグラード憲章 **201**
北京世界行動綱領 **129**, 155
変革の道具 102
変革の武器 102
母子世帯 98
ボランティア活動 145

ま

マーシャル，A. **7**
民主的家族 38
無給労働 152
無償労働 134, 144, 149
無報酬労働 127
メガ・コンペティション **17**
目標管理 74

や ─────────────
ヤングアダルト　28
有給労働　**152**
有償労働　144
有報酬労働　127
輸入化　114
輸入関連品目　113
輸入品の増加　110
ヨーロッパ統一生活時間調査　138
余暇享受能力　112

ら ─────────────
ライフコース　26, 35

離婚率　25
リスクマネージメント　**11**
リストラクチュアリング　**63**
労働　4
　──強化　76
　──時間量　146
労働力　4
　──再生産過程　**15**
　──率　28
老齢人口割合　24

執筆者紹介 (所属，執筆分担，執筆順，＊は編著者)

＊伊藤セツ（編著者紹介参照：第1章，第3章，第7章，あとがき）

堀内かおる（横浜国立大学教育人間科学部助教授：第2章）

斎藤悦子（岐阜経済大学経済学部専任講師：第4章，第5章）

松葉口玲子（岩手大学教育学部助教授：第6章，第10章）

大竹美登利（東京学芸大学教育学部教授：第8章）

天野晴子（日本女子大学家政学部助教授：第9章）

《編著者紹介》

伊藤セツ（いとう・せつ）

1939年　北海道生まれ。
北海道大学大学院経済学研究科博士課程単位取得退学。
北星学園女子短期大学，東京都立立川短期大学を経て
1989年　昭和女子大学大学院生活機構研究科教授　経済学博士。
　　　　（社会政策学，生活経営学）
主　著　『家庭管理論』（共編）有斐閣，1978年。
　　　　『家事労働』（共著）光生館，1981年。
　　　　『生活時間』（共著）光生館，1984年。
　　　　『生活時間と生活様式』（共編）光生館，1989年。
　　　　『家庭経済学』有斐閣，1990年。
　　　　『消費生活経済学』（共著）光生館，1992年。
　　　　『消費経済と生活環境』（共編）ミネルヴァ書房，1999年。
　　　　『福祉環境と生活経営』（共著）朝倉書店，2000年。

MINERVA 福祉ライブラリー㊴
ジェンダーの生活経済論

| 2000年 8月30日　初版第1刷発行 | 検印廃止 |
| 2005年10月20日　初版第3刷発行 | |

定価はカバーに
表示しています

編著者　伊　藤　セ　ツ
発行者　杉　田　啓　三
印刷者　今　西　典　子

発行所　株式会社　ミネルヴァ書房
　　　　607-8494　京都市山科区日ノ岡堤谷町1
　　　　　　　　　電話代表　(075)581-5191番
　　　　　　　　　振替口座　01020-0-8076番

©伊藤セツ, 2000　　冨山房インターナショナル・新生製本

ISBN 4-623-03160-8
Printed in Japan

● MINERVA 福祉ライブラリー・A5判美装カバー

ルイス・ローウィ&ダーレン・オコーナー著
①高齢社会を生きる高齢社会に学ぶ
香川正弘・西出郁代・鈴木秀幸訳

誰もが安心して生きられる
②地域福祉システムを創造する
岡本榮一・保田井進・保坂恵美子編著

③たのしく学ぶ高齢者福祉
伊東眞理子著

④かわる生活環境わかる健康福祉
佐久間淳著

⑤福祉を学ぶ福祉を支える
喜多祐荘・安藤順一・平中忠信・田中利宗編著

⑥新しい高齢者福祉
川村匡由著

⑦わかりやすい家族関係学
山根常男・玉井美知子・石川雅信編著

⑧老いて学ぶ老いて拓く
三浦文夫編著

⑨お年寄りのケア知恵袋
橋本正明編著

⑩誰でもできる寝たきりおこし大作戦
澤村誠志監修／兵庫県社会福祉事業団編

バーバラ・メレディス著
⑪コミュニティケアハンドブック
杉岡直人・平岡公一・吉原雅昭訳

アーサー・グールド著
⑫福祉国家はどこへいくのか
高島進・二文字理明・山根祥雄訳

⑬現代生活経済論
馬場康彦著

⑭介護・福祉のための医学概論
片山哲二著

⑮地域福祉社会学
金子勇著

⑯社会福祉のなかのジェンダー
杉本貴代栄編著

⑰教育と福祉のための子ども観
増山均著

アラン・ウォーカー著
⑱ヨーロッパの高齢化と福祉改革
渡辺雅男・渡辺景子訳

⑲どうしますあなたと私の老後
児島美都子＋地域福祉を考える会編

⑳日本福祉制度史
百瀬孝著

ステファン・ローズ編
㉑ケースマネージメントと社会福祉
白澤政和・渡部律子・岡田進一監訳

㉒現代社会保障・社会福祉の基本問題
堀勝洋著

ピーター・デカルマー他編著
㉓高齢者虐待
田端光美・杉岡直人監訳

㉔高齢者の暮らしを支えるシルバービジネス
シニアライフプロ21編

㉕スウェーデン・超高齢社会への試み
ビヤネール多美子著

㉖実践ケアマネジメント
山崎きよ子著

㉗欧米の住宅政策
小玉徹他著

㉘欧州統合と社会保障
岡伸一著

㉙初めて学ぶグループワーク
野村武夫著

㉚生きがいある長寿社会 学びあう生涯学習
香川正弘・佐藤隆三・伊原正躬・荻生和成著

㉛防災福祉コミュニティ
倉田和四生著

㉜援助を深める事例研究の方法
岩間伸之著

アードマン・B・パルモア著
㉝高齢期をいきる高齢期をたのしむ
浅野仁監修／奥西栄介・孫良訳

㉞子どもを見る変化を見つめる保育
天田邦子・大森隆子・甲斐仁子編著

㉟福祉国家への視座
大山博・炭谷茂・武川正吾・平岡公一編著

パット・セイン著
㊱イギリス福祉国家の社会史
深澤和子・深澤敦監訳

OECD 著
㊲OECD諸国・活力ある高齢化への挑戦
阿部敦訳

㊳介護実習への挑戦
泉順編著

ミネルヴァ書房刊
http://www.minervashobo.co.jp/